미슐레의
민중

미슐레의 민중

쥘 미슐레 지음 조한욱 옮김

LE PEUPLE

JULES MICHELET

교유서가

쥘 미슐레(Jules Michelet, 1798년 8월 21일~1874년 2월 9일)

옮긴이 서문

이 책은 프랑스의 역사가 쥘 미슐레의 『민중』을 우리말로 옮긴 것이다. 퇴임 이후 잠바티스타 비코의 『새로운 학문』과 『비코 자서전』에 이어 이 책을 번역한 데는 여러 가지 이유가 있다. 그중 결정적인 것이 학교에서 '서양사학사'나 '역사학 개론' 같은 과목을 가르칠 때 원전 번역의 필요성을 절감했기 때문이다. 위대한 역사가나 역사철학자의 글을 학생들이 직접 읽으면서 깊이 있는 향취를 느끼도록 하려 해도 번역되어 나온 저작이 별로 없었다. 웬만한 철학의 고전은 거의 국내에 번역본이 출간되었지만, 역사학이나 역사철학의 고전은 이름으로만 남아 있는 경우가 많았던 것이다.

나부터 시작하자는 마음이 나의 가장 큰 관심사인 비코의 원전 번역에 가닿았다. 내 학위 논문의 주제가 비코의 『새로운 학문』이 미슐레를 통해 전파된 과정을 살펴보는 것이었으니 어찌 보면 나는 미슐레 학자이기도 하다. 따라서 번역 작업이 비코에서 미슐레로 이어진 것은 자연스러운 귀결이었다. 이제 나는 베네데토 크로체의 『사상과 행동으로서의 역사』를 번역하고 있다. 내 능력의 한도에서만이라도 서양사학사의 고전으로 꼽히는 여러 책들을 번역하려는 것인데, 나는 더 많은 분들이 이 작업에 동참해주기를 간절히 바라고 있다.

이 책의 저본은 뤼시앵 르포르Lucien Refort가 주를 달고 편집하여 1946년 파리의 마르셀 디디에르 출판사에서 발간되었다. 르포르는 이미 1924년에 『미슐레의 역사 저작 속의 예술 *L'art de Michelet dans son œuvre historique*』이라는 저서로 프랑스학술원상을 받았던 학자로서, 특히 19세기와 20세기 프랑스문학의 전공자로 알려져 있다. 이 판본에는 르포르의 주가 방대하게 달려 있는데, 그 대부분은 미슐레가 본문에서 말하고 있는 내용을 에밀 졸라, 빅토르 위고, 알퐁스 라마르틴 등 그 당시의 다른 문학자들이나 사상가들이 어떤 방식으로 공감하며 토로했는지를 밝히고 있다. 일반 독자들에게는 생소한 분야일 것 같아 본문 이해에 직접적으로 도움이 되지 않는 한 생략했지만, 미슐레는 물론 이 시기의 역사나 문학에 관심이 있는 사람들에게 이 판본은 보고寶庫가 될 것이다.

번역 과정에서 일리노이대학교 출판부에서 발간된 존 맥케이John P. McKay의 영역본의 도움도 받았다. 그런데 더 큰 도움은 다른 곳에서 찾아왔다. 좀더 신뢰할 만한 또다른 영역본이 있었던 것이다. 『민중』이 프랑스에서 출판된 것은 1846년인데 이미 1845년부터 영국에서는 이 책의 번역이 진행되고 있었다. 그리하여 프랑스어 원본과 번역본이 시차 없이 거의 동시에 출판되기에 이른다. 영국 출판사에서는 정당하게 판권을 얻어 그 책을 간행하게 되었다고 광고까지 했고, 그 책의 초두에는 "나의 새로운 저작 『민중』에 희생된 번역자의 시간에 감사한다"라는 미슐레의 헌사도 수록되어 있다. 그는 자신의 원고가 나오는 대로 바로바로 번역자에게 보냈던 것이다.

번역자는 영국의 런던 태생으로서 보르도에 설립된 왕립대학교에서 1840년부터 '현존하는 외국어'의 교수로 활동하던 찰스 콕스이다. 그는 보르도 와인 분류법의 선구자로도 알려져 있는데 프랑스 역사가들의 저작을 영어로 많이 번역했고, 특히 미슐레의 저작을 번역한 사람으로 성가가 높다. 인터넷에서 검색이 되어 읽게 된 콕스의 번역 원문은 내게 몇 가지 놀라움을 안겨주었다.

일단 19세기 중엽에 나온 이 번역이 1973년에 나온 맥케이의 번역보다 훨씬 원본에 충실하다는 것이다. 맥케이는 어떤 이유에선지 미슐레가 집필하면서 작성했던 주석을 아주 일부만 옮겨놓았다. 가독성을 위해서였다는 그의 설명은 별로 납득이 되지 않는다. 콕스는 미슐레의 원주를 거의 다 옮겼다. 더 놀라운 건 콕스의 번역이 맥케이의 책에서 똑같이 반복되는 경우가 너무 많다는 것이다. 맥케이가 콕스의 번역을 참조하지 않았더라면 결코 나올 수 없는 일인데, 그럼에도 맥케이의 책에서는 콕스를 조금도 언급하지 않는다. 게다가 맥케이의 번역에서는 문맥을 잘못 파악한 것으로 보이는 구절까지 여러 군데 나타난다.

미슐레의 집필과 거의 동시에 이루어진 콕스의 번역에 80여 년 뒤에 출간된 르포르 판본의 주가 반영되지 않은 것은 당연하다. 여기에서는 당시 상황을 이해하는 데에 참조가 될 경우 르포르의 주를 옮겼다. 따라서 이 책에는 세 가지 종류의 각주가 혼재하고 있다. 먼저 미슐레의 주는 '원주'라고 밝혔다. 그 나머지의 주 일부는 르포르의 판본에서 옮긴 것이고, 일부는 우리 독자들에게 도움을 주기 위해 내가 작성한 것이다.

『비코 자서전』에 이어 이번에도 강건모씨의 섬세하고 치밀한 편집의 도움을 크게 받았다. 편집자와 교유서가의 여러 분들에게 고마움을 전한다.

2021년 5월

조한욱

차례 LE PEUPLE JULES MICHELET

3부 사랑을 통한 해방: 조국

서문

에드가르 키네[1]에게

이 책은 한 권의 책을 넘어서네. 바로 나 자신이기 때문이지. 따라서 자네와도 연관된다네.

감히 말하거니와 이 책은 나 자신이자 자네라네, 친구여. 공유하든 안 하든 우리의 생각이 언제나 일치했다고 여겨온 자네가 옳았네. 우리는 같은 심장을 갖고 살았던 것일세. 혹자는 놀랄지 몰라도 우리 사이의 조화야 자연스러운 일 아닌가. 각자의 일은 달라도 그 모두가 조국 프랑스에 대한 열정과 이념이라는 살아 있는 뿌리를 기반으로 하고 있지 않은가.

1_ 에드가르 키네(Edgar Quinet: 1803~1875)는 1843년 대중을 대상으로 한 개방 대학인 콜레주 드 프랑스(Collège de France)에서 동료 역사가인 쥘 미슐레(Jules Michelet: 1798~1874)와 프랑스 보수 세력의 핵심이었다고 할 수 있는 제수이트 교단에 대해 대단히 비판적인 강의를 펼쳤다. 1824년 미슐레가 26세, 키네가 21세였던 당시 철학자 빅토르 쿠쟁(Victor Cousin: 1792~1867)의 집에서 만나 쌓아왔던 교분이 절정에 도달했던 것이다. 키네는 선거를 통해 대통령의 자리에 오른 루이 나폴레옹 보나파르트가 쿠데타를 일으켜 황제의 자리에 올라 나폴레옹 3세가 되자 망명길에 올랐다.

그렇다면 민중에 대한 이 책이 나 자신이기 때문에 자네 자신이기도 하다는 것을 받아들이게. 어쩌면 군속 가족 출신인 자네[2]와 사업자 가족 출신인 내가 근대 민중의 성장한 두 면모를 대표할 수도 있지 않을까.

나는 이 책을 나 자신으로, 나의 삶과 나의 심장으로 만들었네. 이 책은 연구라기보다는 경험으로 쓰인 것이지. 이 책은 나의 고찰을 통해, 친구와 이웃들과의 관계에서 얻은 것이라네. 나는 이 책을 길 위에서도 쌓아올렸지. 행운은 언제나 꾸준히 궁구하는 사람에게 보탬이 되려 하는 법. 궁극적으로 나는 무엇보다 내 젊은 시절의 기억으로부터 이 책을 찾아냈다네. 민중과 그들의 노고, 고통을 알기 위해 나의 기억에 질문하는 것만으로도 충분했지.

왜냐하면 친구여, 나 역시 내 손으로 일을 했기 때문이네. 나는 '일하는 사람'이라는 현대인의 참된 이름을 한 가지 이상의 의미에서 받을 자격이 있네. 나는 책을 쓰기 이전에 책이라는 물질을 만들었지. 생각을 모으기 전에 글자를 〔즉, 활자를〕 모았고, 여전히 공장의 암울함과 오랜 노동의 피로를 잊지

2_ 에드가르의 부친 제롬 키네(Jérôme Quinet)는 병참 장교였지만 열렬한 공화주의자로서 나폴레옹이 1799년의 브뤼메르 18일의 쿠데타를 통해 실질적인 독재자의 자리에 오르자 군대를 떠나 수학과 과학의 연구에 몰두한 학자이기도 했다.

않고 있다네.

슬픈 시절이었지. 그 시기는 제국의 말년이었고, 내게는 모든 것이 한꺼번에 사라지는 것처럼 보였다네. 나의 가족, 나의 운명, 나의 조국 모두가.

의심의 여지없이 내가 이룬 최고의 것들은 그런 시련에서 비롯된 것이지. 인간으로서, 역사가로서 나의 작은 가치는 그 시련에 기인한다네. 나는 그 시련은 물론, 가장 보잘것없는 상황에서 알았던 고운 영혼을 가진 사람들에 관한 연민의 기억으로부터 민중이 품은 '희생의 미덕'이라는 심원한 감정에 대한 충분한 지식을 간직해왔지.

누구 못지않게 민중의 지나간 역사를 잘 알고 있고, 그들과 일상을 함께한 내가 그들에 대해 말할 수 있게 됐을 때, 나는 진실을 써야 한다는 강렬한 충동을 느꼈네. 나의 『역사』[3]의 집필 과정은 나로 하여금 실제적인 문제에 몰두하도록 이끌었고, 민중이 거론되는 책에 눈길이 닿을 때마다 놀랍게도 그들 대부분이 나의 기억과 어긋나 있음을 일깨워주었다네. 그리하여 나는 책을 덮고 가능한 한 사람들 속으로 들어갔지. 고독한 작가는 군중 속으로 몸을 던져 소음을 듣고 말을 기록했

3_ 1833년 「중세」로 시작하여 「프랑스혁명」과 「근대」를 거쳐 1873년 「19세기」로 완결되기까지 평생에 걸쳐 23권으로 집필한 『프랑스 역사』를 가리킨다.

다네. 실로 그들은 기억 속의 그 민중이었네. 외형은 달라졌지만 내 기억은 나를 조금도 속이지 않았던 걸세. 그리하여 나는 사람들에게 물으러 돌아다니면서 그들의 입으로 그들 자신의 처지를 들었네. 그것은 훌륭함을 칭송받는 작가들에게선 들을 수 없었던 상식의 목소리였다네.

이러한 의문이 시작된 건 10년 전 리옹에서였네.[4] 나는 가장 긍정적인 태도를 가진 실용적인 사람들과 도시 문제를 연구하고, 우리의 경제학자들이 그리도 간과하고 있는 농촌의 실정을 연구하며 다른 지역에서도 그것을 계속해왔네. 믿기 어렵겠지만 내가 그렇게 수집한 새로운 정보는 어떤 책에도 없는 것이었어. 천재나 대단히 탁월한 학자들과의 대화 다음으로 민중과의 대화는 분명 큰 교훈이 된다네. 베랑제,[5] 라므네[6] 또는 라마르틴[7]과 이야기할 수 없다면 밭에 가서 농부와 이야기를 나누어보게. 중산층과의 대화에선 무엇을 배울 수

4_ 1839년 미슐레는 리옹에 엿새 동안 머물렀다. 그러나 심도 깊은 진지한 물음은 1844년의 두번째 방문에서 이루어졌다. 그 물음은 생테티엔, 루앙, 셰르부르의 여행으로 완성되었다. 셰르부르의 방문은 1845년의 일이었다.

5_ 피에르 장 드 베랑제(Pierre Jean de Béranger: 1780~1857)는 당대 프랑스인들이 가장 애호하던 시인이자 작곡가였다. 그러나 사망 이후 곧 잊히게 되었다.

6_ 펠리시테 드 라므네(Félicité de Lammenais: 1782~1854)는 가톨릭 성직자로서 철학자이자 정치이론가였다. 그는 당대에 가장 영향력 있는 지식인으로 꼽혔고 가톨릭교회의 개혁에 힘썼다.

7_ 알퐁스 마리 드 라마르틴(Alphonse de Lamartine: 1790~1869)은 시인이자 정치가로서 1848년 혁명의 결과인 프랑스 제2공화국의 초석을 닦았다.

있을까? 살롱에 대해 말하자면 나는 그곳을 나설 때면 언제나 가슴이 쪼그라들어 얼어붙어 있곤 했지.

역사에 대한 나의 다양한 연구는 여러 역사가들이 침묵하고 있었던 대단히 흥미로운 사실들을 발굴해냈네. 예를 들면 혁명 이후 소규모 토지 소유의 추세와 변화 같은 것 말일세. 이와 비슷하게 나의 현장에서의 물음은 통계에서 잡히지 않는 많은 것들을 내게 가르쳐주었지. 한 가지 사례를 말해볼까. 누군가는 사소하다고 치부할지 모르지만 내게는 중요하고 모두의 관심을 받아 마땅한 사례라네. 1842년 무렵 가난한 가정에서 임금이 줄거나 또는 최소한 화폐 가치가 떨어져 실질 임금이 줄었음에도 불구하고 면 제품의 구입이 엄청나게 늘어난 일이 있었네. 이 사실은 다른 장점들과도 관련돼 있는 청결 문제에 향상을 가져왔기에 그 자체로도 중요하지만, 집안 살림과 가정의 안정을 증진시킨다는 측면에서도 더욱 예사로 넘길 일이 아닐세. 무엇보다도 여성의 영향력을 향상시켰지. 조금밖에 벌지 못하는 여성은 면 제품을 구입하기 위해 남편의 수입을 사용할 수밖에 없었네. 여성들의 집안 살림은 경제, 질서, 절약을 뜻했지. 여성의 영향력 증가가 곧 도덕의 향상이었던 걸세.[8]

이러한 사례는 통계자료집이나 경제에 관한 많은 저작들이 정확할지는 몰라도 민중을 이해함에 있어서는 충분하지 않다는 것을 보여주었다는 점에서 유용하다네. 그러한 자료들은 편협한 시각에서 채택한 부분적이고 인위적인 결과만을 제공하기에 오해의 소지가 많지.

이러한 추상적인 방법에 단호하게 반대하는 작가나 예술가들은 민중에 대한 연구에 삶의 감정을 전달해야 할 것으로 보이네. 그들 중에서도 가장 뛰어난 일부는 이러한 거대한 주제를 채택했고, 그들의 재능은 그들을 실망시키지 않았다네. 그들은 크게 성공했지. 지금까지 오래도록 상상력이 빈약했던 유럽은 우리 문학의 결실을 열렬하게 받아들였네. 영국인들은 오늘날 논평을 위한 기사밖에는 쓰는 것이 거의 없지. 독일의 책들에 대해 말하자면 요즘 독일인들 외에 누가 그 책을 읽는단 말인가.

유럽에서 많은 인기와 권위를 누리고 있는 프랑스의 책들

8_ 〔원주〕 모든 제조업자들이 증언하듯이 이렇듯 방대한 면 제품의 구매는 다른 제품과 가구도 어느 정도 구입했다는 사실을 의미했다. 우리는 은행의 예금 창구에서 가내 하인보다 노동자들이 더 적은 돈을 예치한다 할지라도 놀라서는 안 된다. 가내 하인들은 가구를 사지 않고 옷가지도 거의 사지 않는다. 왜냐하면 주인들로 하여금 그들에게 옷을 입힐 수단을 잘 알고 있기 때문이다. 사람들이 으레 그렇듯 경제의 향상을 예금의 향상으로 측정해서는 안 되며, 예금하지 않은 것이 모두 다 선술집에서 먹고 마시는 데 쓰인 것이라고 믿어서도 안 된다. 가족 중에서도 특히 아내는 무엇보다도 자신의 작은 집이 청결하고 애착이 가고 쾌적하게 만들어 선술집에 가려는 생각을 없애려고 한다. 이것은 꽃에 대한 취향까지도 설명해주는데, 그 취향은 오늘날 빈곤계급까지 도달했다.

이 진정 프랑스를 대변하고 있는지, 아니면 어떤 예외적이거나 대단히 불리한 단면만을 보여주고 있는 것이 아닌지 검토하는 일은 중요하다네. 우리의 단점과 결함밖에 찾아볼 수 없는 그림들 때문에 우리는 외국 열강들 사이에서 엄청난 피해를 입지 않았던가. 작가들의 재능과 솔직함, 그리고 잘 알려진 그들의 원칙적인 관대함은 그들의 말에 압도적인 무게를 부여했네. 세상은 그들의 책을 프랑스 스스로 참혹한 판단을 내린 것으로 받아들였지.

프랑스는 자국에 반하는 이러한 현상이 심각하여 다른 국가들 앞에 벌거벗은 꼴이었네. 다른 나라들은 어떤 방식으로든 옷을 입어 가리고 있었고. 독일은 물론 영국까지도 그 모든 설문조사와 정보의 공개에도 불구하고 비교적 덜 알려져 있네. 영국은 중앙집권화가 되어 있지 않기 때문에 스스로를 볼 수 없지.

벌거벗은 몸에서 가장 잘 보이는 것은 이러저러한 결함이 있는 부위가 아니겠나. 결함은 한눈에 띄는 법이지. 만일 누군가가 기꺼이 우리의 결함에 돋보기를 들이대서 그 잔인하고 무정한 빛이 자연적인 피부 병변을 겁에 질린 눈에 거대하게 보이게 한다면 무슨 일이 일어날 것인가.

이것이 바로 프랑스의 실상이라네. 프랑스의 절제 없는 행동이라든가 이해관계와 관념의 영향이라는 부인할 수 없는 결함 때문이라고 충분히 설명할 수 있었던 것들이 그 강력한 작가들의 손에서 끔찍한 괴물이 되었던 거네. 이제 오늘날 유럽은 프랑스 자체를 괴물로 보고 있지.

정치세계에서 '명예로운 부류의 결속'보다 이런 현상에 더 기여했던 것은 없다고 보네. 영국이건 러시아건 독일이건 모든 귀족은 프랑스에 대항하는 증언으로서 한 가지 사실만 보여주기만 하면 되었지. 그것은 위대한 작가들의 손으로 프랑스 스스로가 그린 자화상으로서, 그 작가들 대다수는 민중의 친구이자 진보의 지지자였네. "그렇게 그려진 민중은 세상의 위협이 아니었던가? 우리는 그들을 타파하기에 유리한 순간이 올 때까지 그들을 포위하고 감시하기에 충분한 군대와 요새를 가졌는가?"

부유한 유한계급 가정의 불행을 드러낸 어떤 불후의 고전소설들은 유럽인들의 정신 속에 프랑스에는 더이상 가정이 존재하지 않음을 확인시켜주었네.[9] 큰 재능과 끔찍한 망상이 결합된 또다른 소설들은 우리 도시의 평범한 일상이 경찰이 전과자와 도주한 용의자를 추적하는 것이라고 묘사할 지경에

9_ 조르주 상드(George Sand: 1804~1876)의 소설들을 가리킨다. 조르주 상드는 아망틴 뤼실 오로르 뒤팽(Amantine Lucile Aurore Dupin)의 필명이다.

이르렀지.[10] 세부 사실의 묘사로 경탄할 만한 풍속작가 하나는 혐오스러운 시골의 선술집을 즐겨 그렸는데, 그곳이 부랑배와 도둑의 소굴이라고 했네. 이렇듯 끔찍한 밑그림의 아래에 그는 이것이 프랑스 주민 대다수의 이름이라고 감히 기술했다네.[11]

유럽은 열렬히 경탄하며 읽었고 사소한 세부 사실까지 숙지했네. 사실로 보이는 미미한 우연으로부터 전체적인 진실을 손쉽게 이끌어낸 것이네.

어떤 국민도 그러한 시련을 견디지 못하지. 우리 스스로를 비방하고 우리의 상처를 노출시키고 실로 우리의 수치를 찾아내려고 하는 이 특출한 열광은 장기적으로 치명적이 될 것이네. 많은 사람들이 더 좋은 미래를 재촉하기 위해 저주한다는 것을 나는 알고 있네. 그들은 그들 자신의 이론이 우리를 위해 마련하고 있다는 행복을 우리가 더 빨리 즐기도록 하기 위해 그 악을 과장한다네.[12] 그러니 조심하고 조심해야 하네.

10_ 1842년부터 1843년까지 신문에 연재되었던 외젠 쉬(Eugène Sue: 1804~1857)의 소설 『파리의 미스터리*Les Mystères de Paris*』를 가리킨다.

11_ 오노레 드 발자크(Honoré de Balzac: 1799~1850)는 1844년에 집필한 『농민들*Les Paysans*』에서 민중 중에서도 특히 농민들이 고귀하다는 생각이 허황한 것임을 폭로하려고 했다. 미슐레는 이 작품이 "민중과 민주주의"에 위배되는 수치스러운 작품이라고 맹렬하게 비난했다.

12_ 〔원주〕 오늘날에는 철학자, 사회학자, 정치가들 모두가 사람들의 정신에서 프랑스라는 관념을 약화시키려고 하는 듯 보인다. 몹시 위험하다. 이 국민은 무엇보

그것은 위험한 유희이므로. 유럽은 이러한 재간에 대해 알려고 하지 않고 있지. 우리가 우리를 비열하다고 말하면 유럽은 기꺼이 그것을 믿을 걸세. 이탈리아는 16세기에 진정한 강국이었네. 미켈란젤로와 크리스토퍼 콜럼버스의 나라도 힘이 넘쳤네. 그러나 마키아벨리의 목소리가 이탈리아가 비참하고 수치스럽다고 선언하자 세계는 그 말을 그대로 받아들여 이탈리아로 행군했던 것이네.

고맙게도 우리는 이탈리아가 아니지. 또한 세계가 프랑스를

다도 가장 숭고한 의미에서 '참된 사회'를 뜻한다는 것을 생각하라. 사회적 관념과 분리시킨다면 그것은 대단히 약화된다. 프랑스 국민의 영광이자 신념이었던 혁명의 프랑스는 무질서와 부조리, 완전한 무(無)에 불과했다고 프랑스의 정부는 50년 동안 국민에게 말해왔다. 반면 혁명은 옛 프랑스를 말소시켰고 그 국민에게 그들의 과거에서 기억해야 할 가치가 있는 것은 없다고 말했다. 옛 프랑스는 기억에서 사라졌는데 새 프랑스는 창백해졌다. 그 국민[의 정신]이 백지장이 되어 스스로를 잊지 않았다는 것은 정치가들 때문이 아니었다.
지금 이 순간 그들은 어찌 나약하지 않을 수 있겠는가? 그들은 스스로를 알지 못한다. 모든 일이 그들의 삶이었던 아름다운 결속의 감정을 잃도록 만들었다. 그들은 영혼을 빼앗겼다. 그들의 영혼은 프랑스를 위한 감정인 것으로서, 그것은 살아 있는 프랑스인들의 위대한 형제애이며, 옛 시대의 프랑스인들과의 영광스러운 연대이다. 프랑스는 그의 시대를 포함하고 간직하고 있으며 그 움직임을 희미하게 감지하고 있지만 인식하지는 못한다. 대성당 오르간의 은은한 저음처럼 때때로 그들 내부에서 들어야 한다고 속삭이는 장엄한 목소리에 대해 누구도 그들에게 말하지 않는다.
사려 깊은 연구자들이여, 저자와 작가들이여, 우리 모두는 민중에 대한 거룩하고 신성한 의무를 갖고 있다. 그것은 우리의 유감스러운 역설과 경박한 재치 경쟁을 버려야 한다는 것이다. 그것은 프랑스로 하여금 정치가들이 민중으로부터 프랑스를 숨기고 프랑스에 대한 관념을 흐리게 만들고 조국을 경멸하게 만드는 데 도움이 되었을 뿐이다.

찾아와 두루두루 살펴보려 한다면 우리의 군대는 그들 최고의 날을 만난 듯 그들을 맞을 테지.

다른 나라들은 이 민중이 어떤 사람들이 그린 그럴듯한 초상화에 조금도 부합하지 않는다는 사실을 아는 것으로 충분하다네. 우리의 위대한 화가(즉, 작가)들이 언제나 믿을 수 없다는 것이 아니라, 일반적으로 예외적인 세부 사실이나 기껏해야 모든 부류에서 일부의 우발적인 사실과 사물의 부차적인 측면을 그렸다는 것이네. 민중의 위대한 면모는 그들에게 잘 알려져 있고 사소하고 범속한 것처럼 보였네. 그들에게 민중은 결과였음이 확실했기에 때때로 민중을 일상적인 삶과 동떨어진 곳에서 찾으려 했던 걸세. 선동과 소요 속에서 태어난 그들은 그렇게 말하기 위해 충분히 세련되고 강력한 힘과 격정과 감흥과 사실적인 감각까지 겸비했네. 대체적으로 그들에게 결여된 것은 거대한 화합을 위한 인식이었지.

낭만주의자들은 예술은 무엇보다도 추한 것 속에서 찾을 수 있다고 믿었네. 예술의 가장 확고한 효과는 도덕적 추악함 속에 존재한다고 여긴 거지. 그들에게는 가족의 유대보다는 변덕스런 사랑이, 노동보다 도둑질이, 일터보다 처형장이 더 시적인 것처럼 보였다네. 만일 그들 스스로 개인적 고통을 통해 이 시대의 삶의 현실 속으로 깊이 내려간다면 그들은 가족과 노동과 민중의 가장 초라한 삶 속에서 신성한 시를 볼 수 있게 될 것이네. 이런 것을 보고 느끼는 것은 결코 기계적인 일이 아니네. 여기에는 무대장치를 설치할 필요도 없지. 부드러운 빛을 보고 어둠과 작고 소박한 것들을 들여다보기 위해 만들어진 눈만으로 충분하다네. 집의 구석구석과 렘브란트의 음영을 볼 수 있는 가슴도 도움이 되겠지.

우리의 위대한 작가들은 그곳을 볼 때마다 놀라워했네. 그러나 대체적으로 그들은 자신의 눈길을 기상천외하고 과격하고 변덕스럽고 예외적인 곳으로 돌렸지. 더구나 그들은 스스로가 예외적인 것들을 그리고 있다고 예고하려 하지도 않았네. 그들의 독자들 중에서도 특히 외국의 독자들은 일상적인 것을 그리고 있다고 믿었다네. "그 국민은 그러하다"라고 그들은 말했지.

그리고 나는, 그들로부터 나왔고 그들과 함께 살고 일하고 고통받았으며 그 누구보다도 그들에 대해 잘 알고 있다고 말할 권리가 있는 나는, 이제 앞으로 나서 이러한 견해에 맞서 민중의 성격을 확립하고자 하네.

나는 민중의 성격을 그림이나 극의 단면처럼 표면적으로 규정하지 않았네. 나는 그것을 바깥에서 들여다보는 것이 아니라 내부로 들어가 경험하려 했네. 또한 이러한 과정에서 나는 민중이 지녔으되 알아채지 못한 한 가지 친숙한 사실을 이해하게 되었다네. 어떻게? 나는 그것의 역사적 기원을 추적하면서 그것이 시간의 깊이로부터 나온다는 것을 목격한 걸세. 현재의 현실에 집착하는 사람은 외려 현실을 보지 못하는 법이지. 외형적인 것을 모사하는 데 만족해하는 사람이 제대로 보는 법조차 알지 못하는 것처럼. 민중의 성격을 공정하게 보고 그것을 충실하게 옮기려는 사람은 그것이 감추고 있는 것을 알고 보아야 하네. 해부 없이는 그림도 없지.

이 작은 책에서 해부학을 가르칠 수는 없네. 여기에서는 방법과 준비 작업과 학술적인 세부 사항은 제쳐두고 우리의 방식과 일반적인 결과의 현상황에 대한 기본적인 고찰 몇 가지를 제시하는 것으로 충분할 걸세.

그렇지만 여기서 이 한마디는 해야겠네. 민중에 대한 나의 오랜 연구 기간을 통틀어 언제나 나에게 충격을 주어왔던 그들의 중요하고 가장 현저한 특징은 결핍의 무질서와 비참한 악덕 속에서도 풍요로운 감정과 선한 심성을 잃지 않았다는 것이네. 그런데 부유한 계층에게서는 그것을 거의 찾을 수 없었지. 게다가 누구라도 이것을 알아챌 수 있었다네. 콜레라가 창궐하던 시기에 누가 고아들을 입양했는지 아는가? 가난한 사람들이네.

헌신과 희생의 능력이야말로 내가 인류를 구분하는 기준이라는 것을 고백하겠네. 그러한 품격을 드높일수록 영웅에 가깝다고 생각하네. 부분적으로는 교양의 결과이기도 한 정신의 우월성은 이러한 최고의 능력과 결코 견줄 수 없네.

이러한 견해에 대해 보통은 다음과 같이 반응하지. "민중은 시야가 넓지 못하다. 그들은 선을 향한 본능과 선의를 향한 맹목적인 충동만을 따를 뿐이다. 왜냐하면 그들은 그것이 치러야 할 비용을 예견하지 못하기 때문이다." 이러한 고찰이 정당하다 할지라도 그것은 열심히 일하는 가정에서 흔히 예를 찾을 수 있는 끊이지 않는 헌신과 지칠 줄 모르는 헌신을 결코 사라지게 할 순 없을 것이네. 그것은 하나의 삶의 완전한 희생에서 그치는 것이 아니라 때로는 세대에서 세대를 거쳐 오래도록 이어지니까.

나는 나열할 수 있는 수많은 좋은 사례들을 알고 있지만 굳이 말할 필요는 없을 듯하네. 그러나 사랑하는 친구여, 한 가지 이야기만은 꼭 해주고 싶은 유혹을 느끼는데, 그것은 내 가족의 이야기라네. 우리는 개인적 문제보다 철학적 문제나 정치적 문제만을 논의해왔기 때문에 자네는 아직 그 이야기를 모를 걸세. 나는 그 유혹에 굴복했네. 그것은 나의 가족이 나를 위해 치렀던 고되고도 영웅적인 희생을 인정하고, 때로는 자신들의 우월한 재능을 어둠 속에 숨기고 내 속에서만 살기를 원했다는 사실에 감사할 귀한 기회이기도 하다네.

나를 태어나도록 만든 피카르디[13]와 아르덴[14]의 두 가족은 본디 농민들이었는데 농사일에 더해 약간의 사업을 병행했네. 각기 열둘과 열아홉의 자식을 거느린 대가족이었는데 나의 아버지와 어머니의 형제자매들 중 다수가 결혼하지 않았지. 대학교에 보낸 아들들을 뒷바라지하기 위한 배려였네. 이것이 내가 주목하는 첫번째 희생이라네.

특히 내 어머니 쪽 가족을 보면 자매들은 모두가 절약이 몸에 뱄고 진지함과 엄격함이 두드러졌는데, 그들은 남자 형제들의 변변찮은 하인이 되어 그들의 비용을 마련하기 위해 도시에 머물렀다네. 그들 중 몇몇은 교육을 받지 못했고 숲의 언저리에 외로이 살고 있었음에도 대단히 훌륭한 재능의 정수를 갖고 있었네. 나는 그중 꽤 나이가 든 한 분에게서 월터 스콧[15]은 물론 변경 지역의 옛이야기를 들은 일이 있네. 그들은

13_ 쥘 미슐레의 부친 프랑수아 퓌르시 미슐레(François Furcy Michelet)는 피카르디(Picardie) 출신이다. 피카르디는 프랑스 북부에 있는 행정구역이었으나 2016년부터 새로운 행정구역 오드프랑스(Hauts de France)의 일부가 되었다.

14_ 쥘 미슐레의 모친 당젤리크 콩스탕스 밀레(d'Angélique Constance Millet)는 프랑스 북부의 숲 지대인 아르덴(Ardennes) 출신이다.

15_ 월터 스콧(Walter Scott: 1771~1832)은 특히 역사소설로 유명한 스코틀랜드

하나같이 극도로 명료한 정신과 논리력을 갖추고 있었네. 그들의 사촌과 친척 중에는 세속적이기도 하고 광신적이기도 한 다양한 부류의 성직자들이 상당히 많이 있었지만, 그들은 그 자매들을 다스릴 엄두조차 내지 못했지. 영리하고 엄격한 우리의 처자들은 그들이 미미한 영향력이라도 행사하려 드는 걸 놔두지 않았던 거야. 그들은 (미쇼 또는 페야르라는 이름의)16 선조들이 어떤 책을 써서 화형을 당했는지에 대해 서슴없이 말하곤 했네.

라옹17의 성가대 지휘자였던 나의 아버지의 아버지는 공포정치18 이후 모아둔 얼마 안 되는 돈을 갖고 파리로 이주했지. 그곳에서 나의 아버지는 아시냐19를 찍는 인쇄소에 고용되었다네. 그 당시에 다른 많은 사람들과 달리 나의 할아버지는 장남인 내 아버지를 위해 가진 것을 모두 맡겨놓았고, 그는 혁명 당시 위험에 노출돼 있었던 인쇄소에 투자했다네. 내 아버지는 결혼을 했지만 아버지의 남동생과 여동생 하나는 그

의 소설가, 극작가, 시인이자 역사가였다. 대표작으로 『아이반호』가 있다.

16_ 페야르와 미쇼는 명망 높은 페야르 다브빌(Paillart d'Abbeville) 인쇄소의 관리자였던 샤를 페야르의 고조부모의 이름이었다.

17_ 라옹(Laon)은 피카르디, 즉 오늘날의 오드프랑스에 소재한 도시이다.

18_ 로베스피에르가 주도했던 자코뱅파 공포정치 기간을 가리킨다. 1793년 9월 5일부터 1794년 7월 27일까지 지속되었다.

19_ 아시냐(Assignat)는 1789년부터 1796년까지 경제적 위기를 탈피하기 위해 발행했던 토지 채권으로서 훗날 지폐화되었지만 경제적 혼란을 가중시켰다.

러한 배려가 잘 이루어지도록 결혼을 하지 않았네. 아버지는 조금 전에 말한 아르덴 출신의 한 소녀와 결혼했는데, 앞서 보았듯 진지한 여자였네. 나는 1798년 수녀들 성당의 성가대석에서 태어났는데, 당시엔 우리 인쇄소가 소유하고 있었던 곳이었네. 소유하긴 했지만 모독하지는 않았다네. 현대에 인쇄소란 성소가 아니겠는가.

처음에 그 인쇄소는 의회의 논쟁과 군대의 소식과 그 당시의 열정적인 삶 덕분에 번성했네. 그러다 1800년 무렵부터는 신문에 대한 대탄압 때문에 타격을 받았다네. 아버지에게는 교회 회보를 내는 것만이 허용되었고, 사업은 큰 비용이 들기 시작했는데 사업허가장이 갑자기 취소되었지. 나폴레옹이 안전하다고 생각했던 성직자에게 그 허가장을 준 것이었는데, 그는 곧 배신했네.

이 위대한 인간이 프랑스의 성사보다 로마의 성사가 더 우월하다고 생각했다는 이유로 성직자들에게 어떤 벌을 받았는지 우리는 잘 알고 있네. 그는 1810년에 그 사실을 더 똑똑하게 확인했지. 그런데 그 분노가 누구에게 떨어졌겠는가? 인쇄소였네. 그는 2년 동안 인쇄소를 강타하는 16개의 훈령을 내렸다네. 성직자에게 한몫 챙겨주려 했던 그 때문에 이미 반쯤 망해 있었던 아버지는 그들의 잘못에 대한 보상으로 완전히 끝장을 보았지.

어느 날 아침 제국의 관리들보다는 더 예의바른 한 신사의 방문을 받았는데, 그는 황제 폐하께서 인쇄소의 수를 60으로 줄였다고 우리에게 알렸네. 큰 인쇄소들은 살아남았지. 작은 인쇄소들은 폐쇄되었지만, 4프랑당 4솔의 비율로 잘 보상한다는 거였네.[20] 우리 인쇄소는 작은 편에 속했지. 이제 할일은 사업을 접고 굶어죽는 것뿐이었네. 그런 한편 우리에겐 빚이 있었지. 황제는 알자스에서 했던 것처럼 우리를 유대인들[21]로부터 구제해주지 않았네. 우리가 할 수 있는 건 하나뿐이었지. 그것은 아버지 소유의 몇몇 작품을 채권자들을 위해 인쇄하는 것이었네. 더이상 직원도 없었기 때문에 가족들끼리 모든 일을 해야 했지. 아버지는 인쇄소와 무관한 일에 묶여 있어서 우리를 도울 수 없었네. 아픈 어머니가 책을 자르고 접고 철했다네. 어린 내가 식자 작업을 했지. 몹시 연로한 할아버지가 힘없이 떨리는 손으로 인쇄기를 돌렸네.

20_ 솔(sol)은 프랑스 화폐 단위 수(sou)의 옛 이름이다. 프랑(franc)의 1/100이 상팀(centime)이며, 1수는 5상팀이다. 따라서 1/20의 비율로 보상한다는 것이었으니 미슐레는 그것을 비꼬기 위해 '잘' 보상한다고 말했던 것이다.

21_ 미슐레가 일반적으로 보이는 인류에 대한 공평한 사랑과 달리 유대인에 대해서는 반감을 갖고 있는 것이 이 저작을 통해서 드러난다. 그것은 이 시기에 유대인 고리대금업자 바타르(Vatard)의 농간에 의해 가산이 몰수당하고 미슐레의 부친이 몇 달 동안 투옥되었던 일과 무관하지 않다.

우리가 인쇄한 책들은 상당히 잘 팔렸는데, 그 보잘것없는 내용은 거대한 파멸의 비극적 시대와 유별난 대조를 이루었던 것 같네. 그 내용이란 알량한 농담이나 놀이, 사교 모임의 여흥, 제스처 게임, 글자 퀴즈 같은 것들이었네. 어린 식자공의 영혼에 자양분이 될 만한 건 없었지. 그렇지만 그 슬픈 출판물의 건조함과 공허함 그 자체가 나를 더욱 자유롭게 만들었네. 내가 그 활자판에서 꼼짝 않고 있을 때만큼 내 상상력이 더 여행을 다녔던 적은 없었네. 혼자만의 상상이 내 영혼에 생기를 더해줄 때마다 나의 손은 더 민첩해졌고 활자는 더 빨리 제자리를 찾아갔다네. 그러면서 나는 극도로 주의하거나 힘을 쓸 필요가 없는 단순노동이 결코 상상력과 상충하지 않는다는 사실을 깨달았다네. 나는 많은 뛰어난 여인들이 바느질할 때만 잘 생각하고 잘 말할 수 있다고 하는 소릴 들은 적이 있네.

나는 열두 살이었지. 라틴어라곤 네 단어밖에 몰랐는데, 예전에 교사였고 문법에 푹 빠져 있던 마을 서점 주인에게 배운 것이었다네. 그분은 옛 방식의 사람으로서 열렬한 혁명주의자였지만, 자신이 혐오하던 망명귀족들이 생명의 위협을 받자 위험을 무릅쓰고 도왔지. 그분은 임종하면서 자신이 가진 모든 것을 내게 남겨주었는데, 그것은 그가 30~40년 동안 공을 들여온 매우 훌륭하나 미완성인 문법 수고手稿들이었다네.

부모님이 대단히 관대하게 나를 혼자 내버려두었기에 자유로웠던 나는 마음껏 상상을 펼칠 수 있었네. 나는 내 손에 쥐어진 책 몇 권을 읽었지. 신화에 대한 책 한 권과 부알로[22]의 작품 하나, 그리고 『그리스도의 모방』[23] 몇 페이지였지.

어머니는 편찮으시고 아버지는 밖에서 바쁘고, 내 가족의 좀체 나아지지 않는 극도의 어려움 속에서 나는 여전히 어떠한 종교 교육도 받지 못하고 있었네. 그런데 그즈음 읽은 책들에서 갑자기 이 슬픈 세계의 막바지에서 죽음으로부터의 구원, 새로운 삶과 희망을 본 걸세. 인간의 개입 없이 이렇게 받아들이게 된 신앙은 내 안에 강력히 자리잡았다네. 그것은 나만의 것인 듯 자유롭고 살아 있는 것처럼 내게 머물렀고, 나의 삶과 연결됨으로써 모든 일에 도움을 주었고, 많은 사람들이 종교에는 이질적이라고 잘못 생각하는 예술과 시처럼 부드럽고 신성한 수많은 사물들에 도달하는 단계마다 스스로를 강화시켰다네.

22_ 니콜라 부알로 데프레오(Nicolas Boileau-Despréaux: 1636~1711)는 프랑스의 시인이자 비평가로서 보통 부알로라는 이름으로 통용된다.

23_ 『그리스도의 모방*De Imitatione Christi*』은 독일계 네덜란드인 성직자 토마스 아 켐피스(Thomas à Kempis: 1380~1471)가 1418년부터 1427년에 걸쳐 집필한 신앙서이다.

『그리스도의 모방』 첫 문장에서 경험한 몽환의 상태를 뭐라 묘사해야 할까?[24] 나는 읽는 게 아니라 듣고 있었네. 그 부드럽고 아버지 같은 목소리가 내게 직접 말하고 있기나 한 듯이. 나는 여전히 냉기가 돌고 가구 하나 없는 그 큰 방을 보고 있네. 내게 그 방은 신비로운 광휘로 꾸며진 것처럼 보였지. 나는 그 책을 잘 따라가지 못했네. 그리스도를 이해하지 못했네. 그렇지만 나는 신을 느꼈다네!

어렸을 적 내게 두번째로 큰 인상을 주었던 것은 불행하게도 파괴되었던 프랑스 기념물의 박물관이었네. 내가 역사에 대한 생생한 인상을 받았던 곳도 다름 아닌 바로 이곳이었네. 나는 내 상상 속의 무덤을 채웠네. 대리석에서 죽은 이들을 느꼈지. 다고베르트,[25] 힐페릭,[26] 프레데공드[27]가 잠들어 있는 지하납골당을 방문했을 때는 약간의 무서움을 느끼기도 했네.

나의 일터였던 인쇄소도 그 못지않게 어둠침침했다네. 한동안 이곳은 큰길에 면한 지하실로 쓰였는데, 우리는 뒷길에 면

24_ 『그리스도의 모방』의 첫 문장은 "나를 따르는 자는 어둠으로 들어가지 않는다"이다. 이 책의 1장은 허황되고 환상에 불과한 외형적 삶으로부터 물러날 것을 강조한다.

25_ 다고베르트 1세(Dagobert: 603~639)는 프랑크왕국 메로빙거왕조의 마지막 왕이다.

26_ 힐페릭 1세(Chilperic: 539~584)는 프랑크왕국의 국왕 클로타르의 아들로서 노이스트리아의 왕이었다.

27_ 프레데공드(Frédégonde: ?~597)는 힐페릭의 배우자였다.

한 1층에 살았지. 내 벗이라고는 어쩌다가 오는 할아버지뿐이었고, 옆에는 언제나 일에 바쁜 거미가 있었네. 그 거미가 나보다 더 열심히 일했던 것은 확실할 걸세.

평범한 노동자들에 비해 좀더 곤란한 상황을 견뎌야 하긴 했지만, 내게는 보상받을 길이 있었네. 그것은 부모님들의 온정과 나의 미래에 대한 그들의 신뢰였는데, 그 당시 내가 얼마나 뒤처져 있었는지를 생각해보면 참으로 형용하기 어려운 것이라네. 반드시 일해야 하는 시간을 빼고는 내게 완전한 독립이 주어졌는데, 나는 그 시간을 결코 헛되이 사용하지 않았네. 나는 도제에 불과했지만 내 안에 있는 자유의 꽃을 잔인하게 꺾어버릴지 모를 거친 사람들을 접촉하지는 않았네. 아침에 일을 하기 전에 나는 그 늙은 문법학자를 찾아갔고 그는 내게 대여섯 줄을 숙제로 내줬다네. 이 경험을 통해 작업의 양은 사람들이 생각하는 것보다 훨씬 더 교육과 무관하다는 것을 알게 되었지. 어린아이들은 매일같이 조금씩만 배울 수 있다네. 그들은 목이 좁은 물병과 같지. 적게 붓건 많이 붓건 한꺼번에 많이 넣을 수는 없는 것이지.

할아버지가 좌절했던 것과 마찬가지로 나도 음악적 재능이 없었지만, 라틴어의 장엄하고 웅장한 조화에는 완전히 매료되었다네. 그 이탈리아풍의 장중한 멜로디가 내게는 남쪽 햇살

과도 같았네. 나는 파리 보도의 두 자갈 사이에서 햇빛을 받지 못하고 태어난 풀잎 같았지. 다른 풍토에서 온 이 온기는 내게 큰 자비를 베풀어 그 고대 언어의 장단과 운율에 대해 조금도 알지 못할 때부터 그 숙제에서조차 나는 마치 중세의 산문처럼 투박한 로마풍의 멜로디를 찾아 발견하려 했다네. 어린아이는 자유롭게 놔두기만 한다면 유아기의 민족들이 밟았던 길을 정확하게 따른다네.[28]

특히 겨울에 극심했던 빈곤의 고통을 제외한다면 육체노동과 라틴어와 우정의 시기는 아름다운 기억이었네. 내게는 잠시 친구 하나가 있었는데 이 책에서 그에 대해 이야기할 것이네. 젊음과 상상력과 어쩌면 사랑까지도 이미 충만했던 나는 어느 누구도 아무것도 부럽지 않았다네. 나는 이렇게 말하곤 했네. 인간 스스로는 결코 질투하는 법을 배우지 못한다. 그것은 남으로부터 배우는 것이다.

그러는 사이 모든 것이 악화되었네. 어머니의 병세는 깊어졌고, 프랑스도 그러했네. 모스크바! 1813![29] 보상금은 고갈되

28_ 여기에서 미슐레는 자신에게 큰 영향을 주었던 잠바티스타 비코의 생각을 받아들인 것으로 보인다. 비코는 민족의 흥기 과정이 인간 개인의 발전 과정과 비슷하다고 논했다.

29_ 1812년 나폴레옹은 모스크바 침공에 실패했고, 이듬해 라이프치히전투에서는 결정적인 패배를 당했다.

었네. 극도의 곤궁에 처해 있을 때 아버지의 친구 한 분이 제국의 인쇄소에 일자리를 제안했지. 부모님들에게는 얼마나 큰 유혹이었을까. 다른 부모들이라면 주저하지 않았을 것이네. 하지만 우리 가족 내부에는 신뢰가 컸네. 첫번째로 아버지에 대한 신뢰 때문에 모두가 희생했다네. 다음으로는 나에 대한 신뢰가 있었지. 내가 모든 것을 복구시키고, 또 모든 것을 구원해야 했네.

만일 내 부모가 합리성을 좇아 나를 노동자로 만들어 그들의 삶을 구원하려 했다면 나는 버려졌을까? 그렇진 않을 걸세. 나는 노동자들 중에도 큰 장점을 가진 사람들이 많아 지식에 있어서는 지식인들에 버금가고 인품도 그들보다 더 훌륭하다는 것을 알고 있네. 그렇지만 여전히 얼마나 많은 곤경을 견뎌야 했을 것인가. 아무런 도움도 받을 수 없는 사람이 어떻게 씨름해야 했을 것인가. 그 시대의 숙명 앞에서. 재산이 없는 아버지와 아픈 어머니는 무슨 일이 있더라도 나는 공부를 해야 한다고 결정했지.

상황은 우리를 압박했네. 시도 그리스어도 알지 못한 채 나는 샤를마뉴대학[30]의 세번째 과정에 입학했네. 그렇지만 가난

30_ 샤를마뉴대학(collége de Charlemagne)은 리세 샤를마뉴(Lycée Charlemagne)로 바뀌게 된다. 리세는 중등교육의 마지막 3년 과정을 가리키며 대체로

했기에 도움을 줄 선생도 구하지 못했네. 그때까지도 굳셌던 어머니는 좌절하여 울었다네. 아버지는 라틴어로 시를 쓰기 시작했는데, 이전엔 결코 해본 적이 없었던 일이었네.

홀로 있다가 군중 속으로 들어간, 밤으로부터 낮으로 간 그 끔찍한 그 이행의 기간에 내게 일어난 가장 좋은 일은 친절하고 신앙심 깊은 앙드리외 달바 교수를 만난 것일세. 최악은 나의 급우들이었지. 나는 한낮의 올빼미처럼 놀라서 그들 속에 있었네. 그들은 나를 우스꽝스럽다고 생각했는데, 돌이켜보면 틀린 말은 아니었지. 그 당시에는 나의 옷차림과 빈약함 때문에 조롱을 받는다고 생각했네. 그러다가 한 가지 사실을 깨달았지. 나는 가난했네.

나는 부자들은 모두 악하다고 생각했다네. 나보다 덜 부유한 사람은 거의 없었지. 나는 어린아이들 사이에서는 드물게 보이는 인간 혐오에 빠져들었네. 파리에서 가장 외진 마레 Marais 구역에서도 나는 가장 한적한 길을 찾았네. 그러나 인류에 대한 그러한 극도의 혐오 속에서도 한 가지 좋은 점은 남아 있었네. 내가 질투하지 않았다는 것이네.

내 마음을 회복시켜주었던 가장 큰 즐거움은 일요일과 목

15~18세 사이에 다닌다. 따라서 중등교육의 마지막 과정이라고 말할 수 있다. 오늘날에는 리세 샤를마뉴의 건너편에 샤를마뉴중학교가 자리잡고 있다.

요일마다 베르길리우스의 칸토[31] 하나나 호라티우스의 책 한 권을 두세 차례에 걸쳐 읽는 일이었네.[32] 나는 천천히 그 시들을 간직하게 되었지. 그렇지만 어떠한 수업도 암기한 적은 없었네.

현재의 궁핍과 미래에 대한 두려움과 두 걸음 밖에 있는 적군과(1814!) 내 옆에서 언제나 조롱하는 나의 적들로 이루어진 완벽한 불행 속의 어떤 하루를 나는 기억하네. 어느 목요일 아침 나 자신에 대한 생각에 몰두했던 것을 기억하네. 눈이 온 세상을 뒤덮었는데 불도 꺼지고 저녁거리로 빵조차 구할 길이 막막해서 이젠 삶이 끝난 것만 같았지. 그러다가 한 순간 나의 내부에서 순수하게 금욕주의적인 감흥이 생겼는데, 종교적 희망과는 무관한 것이었다네. 나는 추위로 얼어붙은 손으로 늘 간직해왔던 참나무 책상을 두드리면서 젊음과 미래에 대한 강건한 환희를 느꼈네.

말해다오, 친구여, 내가 지금 무엇을 두려워해야 할까? 나 자신의 내부에서, 그리고 나의 경력 속에서 여러 번 죽음을

31_ 칸토는 서사시의 한 장절을 가리킨다.

32_ 베르길리우스(Publius Vergilius Maro: 70~21 BC)와 호라티우스(Quintus Horatius Flaccus: 65~8 BC)는 로마문학의 전성기를 이끌었던 시인들이다. 베르길리우스는 서사 시인으로서 로마의 건국 설화를 전하는 『아이네이아스』의 저자이고, 호라티우스는 서정 시인으로서 "카르페 디엠"이나 "사페레 아우데" 처럼 잘 알려진 문구를 만든 것으로도 유명하다.

겪었던 내가? 또 내가 무엇을 원해야 할까? 신은 역사를 통해 내게 모든 일에 참여할 방편을 부여했는데.

삶은 내게 단 하나의 요구를 할 수 있었는데, 그것은 내가 그 목요일 아침 이후 거지반 30년 만에 지난 2월 12일에 느꼈던 것이네. 비슷한 날이라 눈이 모든 것을 덮었고 나는 똑같은 책상 앞에 앉아 있었지. 한 가지가 내 가슴을 아리게 했네. "너는 따뜻하고 다른 사람들은 춥다. 그것은 옳지 못하다. 누가 이 심한 불평등으로부터 나를 벗어나게 할 것인가?" 그런 뒤 1813년 이래로 동상의 흔적이 남아 있던 내 손을 내려다보며 나는 이렇게 위안을 삼았네. "네가 민중과 함께 일을 하러 갔더라면 너는 그들을 위해 일을 하지 못했을 거다. 더 나아가게나. 조국에 그 역사를 부여한다면 지금의 행복을 용서하겠네."

나는 어린 시절로 되돌아가네. 나의 신앙은 부조리한 것이 아니었네. 그것은 의지에 바탕을 두고 있었네. 나는 미래를 믿고 있었네. 왜냐하면 나 스스로가 그것을 만들고 있었기 때문이지. 나의 공부는 신속하고 만족스럽게 끝났네.[33] 그 뒤에도 나는 젊은이들을 망치는 두 가지의 나쁜 영향을 피할 수 있었네. 그 하나는 장중하지만 메마른 교조주의적 학파이고, 다른 하나는 최악의 시론까지도 손쉽게 받아들이는, 이제 막 성공을 거두기 시작한 출판사들의 상업적 문학이었네.

나는 펜으로 먹고살려 하지 않았네. 참된 직업을 원했네. 나는 나의 공부가 마련해준 교직을 택했네. 그때만 해도 나는 루소처럼 문학은 절제된 것, 삶의 아름다운 빛이자 영혼 내부의 꽃이 되어야 한다고 생각했다네. 아침에 수업을 끝낸 뒤 페르 라셰즈[34] 근처 나의 동네로 돌아가 호메로스, 소포클레스, 테오크리투스 같은 시인들이나 때로는 역사가들을 읽으면서 하루종일 한가롭게 보냈던 것은 내게 큰 행복이었네. 나의 오랜 동료이자 절친한 친구인 앙리 포레는 나와 같은 책을 읽은 뒤 방센의 숲을 오래도록 걸으며 대화를 나누곤 했다네.

이 근심 없던 시절은 거의 10년 동안 지속되었는데, 그 기간에 내가 글을 쓰리라고는 전혀 생각하지 못했네. 나는 언어와 철학과 역사를 동시에 가르쳤네. 1821년 나는 공채를 통해 한 대학의 교수가 되었네. 1827년에는 같은 시기에 나온 두 저작인 『비코』와 『현대사 개요』가 나를 고등사범학교l'École normale supérieure의 교수로 만들었네.[35]

33_ 〔원주〕 나는 두 명의 뛰어난 교수 〔아벨 프랑수아〕 비유멩과 〔샤를〕 르클레르크에게 큰 격려를 받았다. 강독 수업이 만족스럽게 끝나면 비유멩 교수가 자신의 의자를 떠나 다정하게도 벤치의 내 옆에 와서 앉았던 기억을 나는 영원히 간직할 것이다.

34_ 페르 라셰즈(Père-Lachaise)는 파리에서 가장 큰 공동묘지로 몰리에르, 발자크, 오스카 와일드, 비제 등 대단히 많은 유명인사가 묻혀 있는 곳이다.

가르치는 일은 내게 큰 보탬이 되었네. 대학에서의 끔찍한 시련을 겪으며 내 성격은 변했는데, 소극적이고 폐쇄적이고 소심하고 의심이 많아진 걸세. 일찍 결혼해[36] 거의 고립되어 살았던 나는 사람들과의 모임을 더욱더 기피하게 되었지. 그런데 고등사범학교와 다른 학교의 학생들에게서 발견한 것들이 내 마음을 다시 열고 부풀어오르게 만들었네. 사랑스럽고 자신감이 있고 나를 신뢰하고 있던 이 젊은 세대가 나를 인류와 화해시켰다네. 나는 그들이 그리도 신속하게 성공을 거두는 것을 보면서 감동을 받았지만 때로는 슬프기도 했네. 내가 그들에게 애착을 느끼게 되자마자 그들은 떠났던 것이네. 이제 그들은 모두 흩어졌고, 몇몇은 몹시도 젊은 나이에 사망했네. 나를 잊은 자들은 거의 없었네. 나는 그들이 살아 있건 죽었건 결코 잊지 않을 것이네.

35_ 미슐레는 1827년에 잠바티스타 비코의 『새로운 학문』을 『역사철학의 원리 *Principe de la Philosophie de l'Histoire*』라는 제목으로 번역했고, 『현대사 개요*Précis de l'histoire moderne*』를 집필했다.
〔원주〕 나는 그곳에 절충주의의 영향이 지배적이었던 1837년에 유감스럽게도 그곳을 떠났다. 1838년에는 프랑스학술원(Institute de France)과 콜레주 드 프랑스 모두가 나를 선발했는데 나는 지금 차지하고 있는 자리를 획득했다. (〔역주〕 미슐레는 콜레주 드 프랑스의 교수가 되었다. 콜레주 드 프랑스는 일반인을 대상으로 하는 일종의 개방 대학이다.)

36_ 미슐레는 1824년 폴린 루소(Pauline Rousseau)와 결혼했다. 미슐레는 어머니의 사망 이후 연상의 여인들과 교제하곤 했는데, 폴린 루소도 미슐레보다 여섯 살 연상이었다.

부지불식간 그들은 내게 엄청난 도움이 되었네. 만일 내가 역사가로서 훌륭한 선배 역사가들 옆에 자리할 특별한 장점이 있다고 한다면 그것은 교육 덕분이고, 교육은 내게 우정이었네. 그 위대한 역사가들은 찬란했고 현명했고 심오했네. 나는, 나는 더 많이 사랑했네.

나는 더 많이 고통을 받기도 했네. 내 어린 시절의 시련은 언제나 나와 함께 있었고, 나는 고되고 힘든 삶인 노동에 대한 인상을 간직하고 있네. 나는 민중에 머물렀네.

나는 앞에서 두 자갈 사이의 풀잎처럼 자랐다고 말했네. 그런데 그 풀잎은 알프스의 풀잎과 같은 활력을 갖고 있었네. 파리 안의 나의 사막과 언제나 자유롭고 언제나 한결같았던 나의 연구와 교육은 나를 변화시키지 않은 채 성장시켰다네. 올라서는 사람들은 거의 모두가 올라섬으로써 사라지지. 왜냐하면 그들이 바뀌기 때문이네. 그들은 혼합되어 잡종이 된다네. 그들은 다른 사람들의 품격을 획득하지 못하면서 자신의 품격의 독창성을 잃네. 어려운 일은 오르는 것이 아니라 오르면서 자신으로 남아 있는 것이라네.

오늘날 민중의 향상과 진보는 때때로 야만족의 침입과 비교할 수 있네. 나는 이 단어가 맘에 드네. 받아들이겠네. 야만족! 그래, 그 말은 새롭고 살아 있고 다시 젊게 하는 활력으로 가득차 있지. 야만족! 의심할 바 없이 느린 속도로 미래의 로마를 향해 진군하던 여행자들. 세대마다 조금씩 진군하여 죽음만이 그것을 멈추지만, 다음 세대가 그 못지않게 계속 진군해나가는 그들.

우리, 또다른 야만족은 자연적인 장점을 갖고 있네. 우월한 계급이 문화를 가졌다면 우리는 그보다 더 활력적인 열정을 갖고 있네. 그들은 열심히 일하지 않을 뿐 아니라 그 일에 강도나 열정이나 자의식도 갖고 있지 않다네. 진정 세상의 응석받이 어린애인 그 우월한 계급의 우아한 작가들은 구름 속에서 활강하거나 오만하리만큼 정도를 벗어나서 땅을 거들떠보지도 않는 것이네. 어떻게 그들이 땅을 비옥하게 할 수 있단 말인가? 땅은 인간의 땀을 마시고 그의 열기와 살아 있는 덕성으로 열매를 맺으려 한다네. 우리 야만족은 땅 위에 그 모든 것을 아낌없이 쓰며 땅도 그것을 사랑하네. 야만족도 땅을 무한히 사랑하며 그 사랑은 때로 너무도 커서 알브레히트 뒤러[37]의 신성하지만 어색한 세부 묘사를 닮았거나 자신의 기예를 충분히 감추지 않은 장 자크 루소의 과도한 세련됨을 닮았네. 이러한 극도의 세부적 묘사는 전체의 조화를 훼손시키네. 그

37_ 알브레히트 뒤러(Albrecht Dürer: 1471~1558)는 독일의 르네상스를 대표하는 화가로서 판화를 많이 그렸다.

러나 그들을 지나치게 비난할 필요는 없네. 그것은 의지의 과잉이며 사랑의 풍요이며 활력의 빛이기 때문이지. 이 활력이 방향을 잘못 잡거나 흔들린다면 그것은 스스로를 망치는 일일세. 그것은 모든 것을 한꺼번에 준다네. 잎과 열매와 꽃을. 그것은 가지를 구부려 휘게 만드네.

위대한 작업자들의 이러한 과오는 그들의 높은 품격을 갖추지 못한 나의 책에서 자주 드러나네. 상관없다네! 그럼에도 민중의 활력을 품고 나아가는 사람들은 새로운 삶과 젊음을 간직하며 최소한 위대한 시도를 한 것이네. 보통 그들은 다른 사람들보다 더 높고 원대한 목표를 갖고 있고, 힘보다는 자신들의 가슴에 질문하지. 그것이 미래에 대한 나의 몫이 되기를. 역사의 목표를 획득했다는 것이 아니라 그것을 기록했다는 것을, 아무도 붙이지 않은 이름을 붙였다는 것을. 티에리[38]는 거기에 '이야기narration'라는, 기조[39]는 '분석analyse'이라는 이름을 붙였네. 나는 그것을 '부활résurrection'이라 부를 것이며, 그 이름은 지속될 것이네.

38_ 오귀스탱 티에리(Augustin Thierry: 1795~1856)는 프랑스의 역사가였다. 그는 자유주의자로서 1차 사료 연구의 중요성을 강조했다.

39_ 프랑수아 기조(François Pierre Guillaume Guizot: 1787~1874)는 프랑스의 역사가이자 정치가였다. 그는 1830년의 7월혁명 이후 입헌군주제가 유지되도록 힘썼다. 교육부 장관과 수상까지 역임했던 그는 프랑스에서 공교육 확대에 큰 역할을 했다.

나의 저작을 비판한다손 치면 누가 나보다 더 엄하게 비판할 수 있을 것인가! 대중은 과분할 만큼 내게 후했네. 자네는 내가 오늘 쓰고 있는 이 글이 얼마나 불완전한지 내가 모르고 있을 거라 생각하는가? 누군가는 이렇게 물을 것이네. "그렇다면 왜 이 글을 출판하려 하는가? 큰 이익이 걸려 있는 것이 아닌가?"

이익이라고? 보다시피 많은 이익이 걸려 있지. 무엇보다도 나는 우정을 많이 잃겠지. 또한 내 취향과 완벽하게 일치하는 평온한 삶을 떠나보내야 하겠지. 내 삶의 기념비인 나의 방대한 책도 유예해야 할 테고.

"그렇다면 공직에 들어서기 위해?" 전혀. 나는 맹세하네. 나는 사람들을 관리할 만한 체력도 능력도 갖고 있지 못하다네.

"그런데도 왜?" 자네가 그 이유를 절대적으로 알고 싶어한다면 말해주겠네.

내가 말하는 이유는 나를 대신해서 말해줄 사람이 없기 때문이네. 그것을 더 잘 말해줄 수많은 사람들이 있다 해도 그들은 모두 화를 내고 증오한다네. 나는 또다시 사랑하네. 어쩌면 나보다 프랑스의 선례를 더 많이 아는 사람도 없을 걸세. 나는 지금과 같은 상황의 프랑스가 아닌 영원하고 위대한 프랑스의 삶 속에서 살아왔네. 나는 연민에는 살아 있었고, 이익에는 죽어 있었네. 나는 죽은 자들의 초탈한 태도를 지향하며 현재의 문제에 도달했다네.

게다가 나는 사람들 사이에서, 계급들 사이에서 일어나는 한탄스러운 이혼 때문에 누구보다도 더 고통을 겪었네. 내 속에는 그들 모두가 있기 때문이네.

프랑스의 상황이 너무도 위중하기 때문에 지체할 수가 없네. 책 한 권의 위력을 과장하진 않겠네. 다만 내게 책은 능력이 아니라 당위의 문제라네.

이제 나는 프랑스가 시시각각 가라앉아 아틀란티스처럼 삼켜지는 것을 보네. 우리가 여기서 우리끼리 싸우고 있을 때 우리나라는 파괴되고 있는 것이네.

동쪽에서 서쪽까지 죽음의 그림자가 유럽에 드리운 것을 누가 보지 못하는가? 나날이 햇살은 쪼그라드네. 이탈리아가 사라졌고, 아일랜드가 사라졌고, 폴란드가 사라졌고, 독일이 그 뒤를 따르려 하네. 독일이여, 오, 독일이여!

만일 프랑스가 자연사를 하고 그때에 이른다면 나는 포기할 것이네. 침몰하는 배의 승객처럼 눈 감고 신에게 의탁할 것이네. 그러나 상황은 결코 그렇지가 않고 그래서 내가 분노하는 걸세. 우리의 파멸이란 부조리하고 우스꽝스럽네. 그것은 우리로부터 왔을 뿐이지. 누가 문학을 갖고 있는가? 누가 여전히 유럽의 정신을 지배하는가? 비록 약해졌다 할지라도 우리일세. 누가 군대를 갖고 있는가? 우리뿐일세.

허약한 채 몸집만 비대해진 두 거인인 영국과 러시아는 유럽에 환상을 심고 있네. 거대한 제국과 나약한 국민들! 프랑스는 즉시 하나가 되기를. 그러면 프랑스는 세계 전체인 듯 강해질 수 있을 텐데.

위기 앞에서 우리가 취해야 할 첫번째 태도는 1792년과 1815년처럼 다가온 적들 앞에서 우리의 노선과 전략과 체제를 변경하는 것이 아니네.[40]

두번째는 우리가 유럽 전체가 아니라 프랑스에 대해 신뢰를 가져야 한다는 거네.

여기 프랑스에서 모든 사람들은 해외에서 친구를 찾으려 하네.[41] 정치가들은 런던에서, 철학자들은 베를린에서. 공산

40_ 〔원주〕 나는 역사 속에서 30년 동안의 평화를 본 적이 없다. (그들이 준비하고 있던 1830년 7월을 포함하여) 어떤 혁명도 예견하지 못했던 은행가들은 유럽을 동요시키는 것은 없으리라고 대답한다. 그들이 제시하는 첫번째 이유는 평화가 세계에 도움이 되리라는 것이다. 맞다. 세계에는 도움이 되겠지만 우리에겐 아니다. 다른 나라들은 뛰는 반면 우리는 걷는다. 머지않아 우리는 맨 뒤에 있을 것이다. 그들은 두번째 이유를 "전쟁이란 대출과 함께 시작할 수 있지만 우리가 허용하지 않을 것"이라고 말한다. 그러나 지금의 러시아처럼 국고로 전쟁을 시작한다면? 또한 나폴레옹의 시대처럼 전쟁이 전쟁을 불러올 수도 있고, 다른 가능성도 많다.

41_ 〔원주〕 임의적으로 가장 자유주의적인 독일인이나 영국인을 선택하여 그와 함께 자유에 대해 이야기해보자. 그는 "자유"라고 대답할 것이다. 그런 뒤 그는

주의자들은 이렇게 말하지. "차티스트,[42] 우리의 친구들!" 농부들만이 구원에 대한 전통을 보존하고 있다네. 그들에게 프러시아인은 여전히 프러시아인이고, 영국인은 영국인일 뿐이지. 자네 같은 인도주의자들과는 반대로 그들의 상식은 옳네. 자네들의 친구 프러시아와 영국은 어느 날 프랑스에게 "워털루!"[43]라고 축배를 건넸던 것이네.

어린이들이여, 어린이들이여, 이 말을 하고 싶네. 높은 산에 올라 사방에서 불어오는 바람을 보라. 적들만 보일 뿐이다.

그렇다면 서로를 이해하려 해보라. 어떤 자들이 그대들에게 약속하고 있는 영속적인 평화에 대해서는 무기고에서는 연기가 나고 있는 한 그 평화가 우리들 사이에서 시작되도록 하라. 크론슈타트[44]와 포츠머스[45]의 검은 연기를 보라. 의심할 바 없이 우리는 분열되어 있다. 그러나 유럽은 우리가 지금보다

자신이 그 말을 어떻게 이해하는지 보여주려 할 것이다. 그러면 당신은 그 말에 국가 수만큼이나 많은 의미가 존재하고, 독일과 영국의 민주주의자들은 마음 깊은 곳에서부터 귀족주의자들이며, 당신이 생각하기에 말소되었다고 여긴 국가의 장벽이 여전히 그대로 남아 있다는 것을 알게 될 것이다. 당신이 그렇게 가깝다고 믿었던 그 국민들은 5백 마일이나 멀리 떨어져 있다.

42_ 차티스트운동은 19세기 중반 영국에서 노동자들을 중심으로 일어났던 참정권 확대 운동을 가리킨다.

43_ 1815년 6월 18일 오늘날 벨기에의 워털루에서 웰링턴 공작이 이끄는 영국과 프러시아의 연합군에 의해 나폴레옹이 패배했던 전투를 가리킨다.

44_ 상트페테르부르크의 인근 섬에 있는 항구 도시이다.

45_ 영국의 강력한 해군 요새가 있는 도시이다.

더 분열되기를 원한다. 그렇기에 유럽이 대담하게 나가는 것이다. 우리가 우리에게 하고 있는 험한 말들을 그들에게 하자. 우리의 가슴을 열고 우리의 병폐를 조금도 숨기지 말고 치유책을 찾도록 하자.

하나의 민중! 하나의 조국! 하나의 프랑스! 결코 두 개의 국가가 되지 말기를 기원하노라.

단결이 없으면 우리는 파멸한다. 어찌 이것을 보지 못하는가?

모든 조건의, 모든 계급의, 모든 당의 프랑스인들이여, 한 가지만 기억하라. 당신들에게 이 지상엔 단 하나의 확실한 친구만이 있을 뿐이며, 그것은 프랑스이다. 여전히 존속하고 있는 귀족들의 연합 속에서 당신들은 50년 전에 세상을 구하기를 원했다는 하나의 범죄를 저질렀던 것이다. 그들은 그것을 용서하지 않았으며, 결코 용서하지 않을 것이다. 당신들은 언제나 그들에겐 위험이다. 당신들 사이에선 다른 당의 이름으로 구분될지 모르지만, 프랑스인으로서 당신들은 모두 함께 비난받고 있는 것이다. 유럽에게 있어서 프랑스는 언제나 하나의 용서받지 못할 이름을 갖고 있을 것이려니, 그것이 프랑스의 참되고 영원한 이름이다. 혁명!

1846년 1월 24일

1부

예속과
증오에
대하여

1

농민의 예속

프랑스 농민의 내밀한 생각과 감정을 이해하는 일은 대단히 쉽다. 일요일에 시골길을 산책하며 그의 뒤를 따라가보라. 저기 우리 앞에 그가 있다. 지금은 두시. 그의 아내는 저녁 기도를 드린다. 그는 주일 예복을 차려입고 있다. 그는 연인을 만나려는 것이 틀림없어 보인다.

웬 연인? 그의 땅.

그가 땅에게로 곧바로 간다고는 말하지 않겠다. 아니, 오늘 그는 자유롭다. 가건 가지 않건 마음대로 할 수 있다. 주중에도 매일같이 만나지 않았던가? 그는 되돌아 다른 곳으로 가서 다른 일을 한다. 그렇지만 결국 다시 그곳으로 간다.

사실 그는 아주 가까이 지나가고, 그것이 기회이다. 그는 땅을 보지만 그 속으로 들어가지는 않는다. 무슨 일을 하려는 것일까? 그렇지만 결국은 들어간다.

어쨌거나 그가 일을 하지 않으리라는 것은 확실하다. 그는 흰 블라우스와 셔츠로 주일 예복을 갖춰 입고 있으니까. 그럼에도 잡초 몇 개를 뽑아서 저 돌 옆으로 던져버리는 것을 막을 수는 없다. 이 그루터기는 아직도 그대로 있다. 하지만 곡괭이를 가져오지 않았으니, 내일까지 기다려야 한다.

그런 뒤 그는 팔짱을 끼고 멈춰 서서 진지하고 근심스럽게 바라본다. 그는 오랫동안, 아주 오랫동안 스스로를 잊은 듯 바라본다. 마침내 그는 누가 보고 있다는 인기척을 느꼈는지 천천히 멀어져간다. 그렇게 서른 걸음쯤 간 뒤 그는 다시 멈춰서 땅에 마지막으로 시선을 돌린다. 깊고 우울한 시선이다. 그렇지만 성실한 관찰자에게 그 시선은 마음을 다한 열정으로 가득차 있고 헌신으로 충만하다.

그것이 사랑이 아니라면 이 세상에서 어떤 증거로 사랑을 알아챌 수 있겠는가? 그것이 사랑이다. 비웃지 말라. 땅은 생산하기 위해 그렇게 해달라고 요구한다. 그렇지 않으면 가축도 거름도 별로 없어 척박한 프랑스의 땅은 아무것도 내주지 않을 것이다. 땅은 사랑받기에 되돌려주는 것이다.

프랑스의 토지는 그것을 경작하는 1천5백만~2천만 명 농민의 소유이다. 영국의 토지는 다른 사람들을 시켜 그것을 경

작하는 3만2천 명 귀족의 소유이다.[1]

영국인들은 땅에 뿌리를 박고 있지 않으며 그들은 물질적 이익을 따라 이주한다. 그들은 '나라le pays'라고 말하고 우리는 '조국la patrie'이라고 부른다.[2] 우리에게서 사람과 땅은 함께 얽혀 있으며 서로를 떠날 수 없다. 그들 사이의 결혼은 삶과 죽음까지 이르는 정당한 것이다. 프랑스인은 프랑스와 결혼한 것이다.

프랑스는 공정함의 나라이다. 프랑스에서는 불확실한 경우 일반적으로 땅을 경작하는 사람이 그 땅을 소유한다고 판결한다. 반면 영국에서는 영주에게 우호적으로 판결을 내리며 농민을 쫓아낸다.[3] 이제 영국에서는 임금 노동자들만이 경작한다.

1_ 〔원주〕 이 3만2천 명 중 1만2천 명은 소유권 이전이 불가능한 협동조합 소속이다. 만일 누군가가 영국에는 토지 재산 소유자가 3백만에 달한다는 사실로 반박한다면, 그것은 토지 재산(propriété foncière)이라는 말이 토지 이외에도 주변의 집과 작은 땅뙈기와 정원과 공원 등등을 포함하기 때문이다. 이것은 산업 지역에서 더욱 그러하다.

2_ 〔원주〕 영국계 프랑스인들은 '조국'이라는 말을 피하기 위해 '나라'라는 말을 쓴다. 다음의 지적이고 생생한 논평을 볼 것. M. Génin, *Des variations du langage français*, p. 417.

3_ 〔원주〕 이것이 우리 혁명의 정신적 측면의 하나이다. 인간과 인간의 노동은 측량하기 어려운 가치를 갖고 있는 것처럼 보이며, 자본은 그것과 비교될 수 없다. 인간이 토지보다 더 중요하다. 영국에서는 인간보다 토지가 더 중요하다. 결코 봉건주의가 아니라 켈트 부족의 원리 위에 구성된 지역에서조차 영국의 법관들은 봉건법을 극도로 엄격하게 적용하여 영주가 정치적 주군일 뿐만 아니라 지주이기도 하다고 판결한다. 그리하여 서덜랜드 공작부인은 자신의 소유로 판결이 난 라인 상류 지역보다 더 넓은 스코틀랜드의 주(州)를 소유한 뒤 스코틀랜

얼마나 심각한 도덕의 차이인가! 많건 적건 재산은 사람들의 마음을 격상시킨다. 자기 자신을 존중하지 못하는 사람이라도 재산 때문에 스스로를 존중하고 높이 평가한다. 이러한 감정은 견줄 바 없는 프랑스 군대의 전통이 그 국민에게 부여하는 정당한 자존심을 더욱 드높여준다. 군중들 중 무작위로 땅 1/20아르팡[4]을 갖고 있는 일용 노동자를 택해보라. 그가 피고용인이자 용병의 정신을 갖고 있다는 것을 알게 될 것이다. 그는 지주이자 군인이다. 이전에도 그러했으며 내일도 그러할 것이다. 그의 아버지는 위대한 군대의 일원이었다.

소규모 토지의 소유는 프랑스에서 전혀 새로운 것이 아니었다. 사람들은 그것이 최근에 있었던 한 번의 위기에 의해 만들어진, 혁명에 부수적인 사건이라고 오해한다. 착각이다. 이러한 움직임은 혁명보다 훨씬 이전부터 있었으며, 혁명 자체가 이것으로부터 나왔다. 뛰어난 관찰자인 아서 영[5]은 1785년

드가 존재했던 이래 그곳에 거주했던 3천 가구를 1811년부터 1820년까지 그곳에서 몰아냈다. 공작부인은 그들에게 미미한 보상금을 제시했으나 그들은 받아들이지 않았다. 공작부인의 대리인 제임스 로크(James Loch) 덕분에 알게 된 이 훌륭한 거래에 대한 설명을 읽을 것. 이것은 스태퍼드 후작의 장원의 개선에 관한 그의 설명에서 확인할 수 있다. 다음은 이에 대한 분석을 제공한다. M. de Sismondi, *Etudes d'économie politique*, 1837.

4_ 1아르팡(arpent)은 대략 1에이커에 해당한다.

5_ 아서 영(Arthur Young: 1741~1820)은 농업과 경제는 물론 사회통계에까지 많은 글을 남긴 영국의 작가이다.

에 우리의 토지가 그리도 분할되어 있었다는 사실에 놀라며 두려워했다. 1738년에 아베 드 생피에르[6]는 "거의 모든 일용 노동자가 정원이나 조그마한 밭이나 포도밭을 갖고 있다"[7]고 언급했다. 1697년에 부아길베르[8]는 루이 14세의 치하에서 소규모 토지 소유자들이 16세기와 17세기에 획득했던 그들 토지의 많은 부분을 팔아야 할 필요에 직면했음을 개탄했다.

잘 알려져 있지 않지만 이 위대한 역사는 독특한 단면을 보여준다. 보편적 빈곤이 만연한 최악의 시기에 부자들조차 가난해져 팔도록 내몰렸을 때 가난한 자들은 사들일 위치에 있게 되었다는 사실이다. 어떤 구매자도 나타나지 않을 때 누더기를 입은 농민이 금 조각을 들고 와서 땅뙈기를 산다는 것이다.

얼마나 신기한 일인가. 그 사람은 감춰놓은 보물이 있는 게 확실하다. 실로 그는 보물 하나를 갖고 있는데, 그것은 끊임없는 노동과 절제와 절약이다. 신은 이 파멸하지 않는 인종에게

6_ 아베 드 생피에르(Abbé de Saint-Pierre: 1658~1743)는 프랑스의 작가로서 세계의 평화를 위한 기구를 만들어야 한다는 생각을 최초로 했던 인물이다. 루소와 칸트에게 영향을 미쳤다.

7_ 〔원주〕 Saint-Pierre, T. X, p. 251 (Rotterdam). 이 작가의 신빙성은 높지 못하지만 여기에서는 믿을 만하다. 왜냐하면 그는 여러 지방의 감독관에게 물은 자료를 바탕으로 글을 썼기 때문이다.

8_ 부아길베르(Pierre le Pesant, sieur de Boisguilbert: 1646~1714)는 프랑스의 루앙 출신 법률가였다.

가산으로서 필요하면 먹지도 않고 일하며 싸우고 희망과 용기를 갖고 살 능력을 선물했던 것처럼 보인다.

농민들이 땅을 싸게 구입할 수 있었던 재앙의 시기 이후에는 설명하기 힘든 급격한 도약적 번영이 이어졌다. 예컨대 1500년 무렵 루이 11세에 의해 고갈된 프랑스가 이탈리아에서 자신의 파멸을 완성시키는 것처럼 보였을 때 도주하려던 귀족들은 팔아야 했다. 다른 사람의 손으로 들어간 땅은 갑자기 번창해져 사람들은 일하고 건설했다. 이 아름다운 시절은 왕조사의 방식으로 말한다면 루이 12세의 좋은 시대였던 것이다.

불행히도 그 시절은 오래가지 않았다. 땅이 좋은 상태로 돌아가자마자 징세관들이 달려들었다. 종교전쟁이 모든 것을 바닥으로 무너뜨리는 것처럼 보였다.[9] 어머니가 아이들을 삼켜버리는 끔찍한 곤경과 참담한 기근의 시기였다. 누가 이 나라가 다시 올라설 수 있으리라고 믿었겠는가? 그렇지만 전쟁이 채 끝나기도 전에 이 폐허가 된 밭과 검게 타버린 오두막으로부터 농민이 저축한 것이 나왔다. 그는 땅을 샀고 10년 만에 프랑스는 면모가 바뀌었다. 20~30년이 지나자 프랑스의 부는

9_ 〔원주〕 다음을 볼 것. Froumenteau, *Secret des finances de France*(1581), 특히 Preuves, pp. 397~398.

두 배, 세 배가 되었다. 또다시 왕조의 이름으로 말하자면 이 시기는 앙리 4세의 좋은 시대이자 위대한 리슐리외의 시대라고 불린다.

얼마나 아름다운 움직임인가! 어떤 인간의 심장이 여기에 자신의 몫을 하지 않으려 하겠는가? 그렇다면 왜 이것은 언제나 중단되어야 하며, 거의 모든 노력이 약간의 보상 이후에 사라져야 하는가? "가난한 자들의 저축"과 "농민의 구매"처럼 너무도 쉽게 내뱉어지는 그 단순한 말에 어떠한 노동과 희생과 치명적인 궁핍이 포함되어 있는지 아는가? 다양한 사건의 세부 사실 속에서 이 완강한 투쟁의 부침을 고찰하고 이 비참한 사람들이 프랑스의 땅을 얻고 빼앗기고 다시 획득한 불굴의 노력을 볼 때면 이마에 땀이 흐른다. 해안에 도달했지만 파도에 쓸려 계속 바다로 밀려가는 난파선의 불쌍한 선원처럼 그는 다시 힘을 내어 찢겨 피가 나는 손으로 바위를 붙잡는다.

이러한 움직임은 1650년 무렵 줄어들었거나 사라졌다고 말해야 한다. 땅을 팔았던 귀족들은 값싸게 되사들일 수단을 찾아냈다. 이탈리아 출신으로 우리의 재상이었던 마자랭과 데므리[10]는 세금을 두 배로 늘렸는데, 법원을 가득 메운 귀족들은 세금을 내지 않을 권리를 손쉽게 획득하여 약하고 가난한 자들의 부담도 두 배가 되었다. 그들은 얼마 전에 획득했던 땅을 팔아야 하도록 내몰려 또다시 피고용인, 임차인, 소작인, 일용 노동자가 되었다. 어떤 믿기지 않는 노력에 의해 그들은 땅을 소유하거나 재소유하게 되었던 것일까? 우리가 방금 살펴보았듯 위대한 왕과 통치자들의 전쟁과 파산을 통해 18세기에 그들의 소유가 되었던 그 땅을 말이다. 그것은 설명하기 힘든 일이다.

나는 우리의 법을 만들고 집행하는 사람들이 위대한 시민 프장 부아길베르[11]가 남겨놓았던 분노와 한탄으로 가득한 기록에서 마자랭과 루이 14세의 불길한 반응을 세밀하게 읽어보라고 간원한다. 다양한 영향력들이 노동자들의 토지 소유

10_ 마자랭(Jules Mazarin: 1602~1661) 추기경은 1642년부터 1661년까지 루이 13세와 루이 14세의 재상이었고, 데므리(Michel Particelli d'Émery: 1596~1650)는 1643년부터 1648년까지 리슐리외 추기경의 감찰관이었다.

11_ 〔원주〕 위대한 시민, 설득력 있는 작가이자 실제적인 생각을 갖고 있던 그를 그 시대의 유토피아주의와 혼동해서는 안 된다. 사람들은 왕에게 내는 십일조(dime royale)를 그가 제안했다고 알고 있으나 잘못 알려진 것이다. 그의 저작 『프랑스에 관한 사실*Factum de la France*』의 첫 문장보다 더 용감하고 동시에 더 고통스러운 것이 어디에 있겠는가? "이것이 프랑스의 애환의 깊은 신음이었다." 부아길베르는 그 저작을 1707년 3월에 출판했다. 그 시기에 보방은 〔한 달 전인〕 2월에 훨씬 덜 용감한 책을 냈다 하여 비난을 받은 적이 있었다. 망명 끝에 귀환한 그를 개선장군처럼 받아들였던 루앙에는 왜 아직도 그의 동상이 서 있지 않은 것일까? (최근에 경제학자들의 총서에서 이 책을 다시 출판했다.) (〔역주〕 부아길베르에 대해서는 1부 1장 주8)을 참고할 것. 보방(Sébastien Le Prestre de Vauban: 1633~1707)은 루이 14세의 종신이었던 군사 기술자였다. 그의 저작의 제목이 『왕에게 내는 십일조*La Dîme royale*』였다.)

라는 프랑스의 주요 업적을 앞다퉈 중단시키려고 하는 이 순간에 이 역사책이 하나의 경고로 남아 있게 되기를.

특히 우리의 재판관들이 이 문제를 이해하고 양심을 무장시켜야 할 필요가 있다. 왜냐하면 그들은 농간에 둘러싸여 있기 때문이다. 대토지 소유자들은 변호사들에 의해 무관심으로부터 깨어나 최근에 수많은 불공정한 소송을 제기하고 있다. 코뮌과 소지주들에 맞서서 옛 문서를 전문적으로 파고드는 변호사들이 힘을 합해 정의를 기만하기 위해 역사를 왜곡하고 있다. 그들은 재판관들이 그들이 날조한 것을 검토할 시간이 별로 없다는 사실을 잘 알고 있다. 그들은 자신이 공격하는 자들이 명의권 비슷한 것조차 가져본 적이 없다는 사실도 잘 알고 있다. 무엇보다도 코뮌은 명의권을 보전한 적도 없거니와 애초에 갖고 있지도 않았다. 왜냐하면 그들의 권리는 대단히 오래 지속되어온 것이어서, 사람들이 전통을 신뢰했던 시기로부터 비롯되기 때문이다.

특히 변경의 지역에서 가난한 사람들의 권리는 더욱 신성했다.[12] 왜냐하면 그들이 없었더라면 그리도 위험한 변경 지역에

12_ 〔원주〕 중세에는 이러한 지역이 영지나 봉토로 잘게 세분화되어 국가 내에 이러한 변경이 도처에 있었다는 사실을 덧붙이자. 중세보다 더 가깝던 시대에는 프랑스의 본토 내부에 이러한 영국의 변경이 존재하여 푸아투(Poitou)에는 13세기까지, 리무쟁(Limousin)에는 14세기까지 이어졌다.

살 사람들이 없었기 때문이다. 그 땅은 버려져 그곳엔 사람도 경작도 없었을 것이다. 이제 평화와 안전이 도래한 시대인 오늘에 와서야 당신들은 그들이 없었더라면 존재하지도 않았을 그 땅에 대한 권리에 도전하고 있는 것이다. 당신들은 그들에게 명의권을 요구한다. 그것은 묻혀 있다. 그것은 변경을 지키고 여전히 신성한 경계선을 지키고 있다.

경작자가 그 땅을 만들었으므로 그 누구보다도 땅에 대해 선점권을 갖는다는 지역이 프랑스에는 한 곳 이상 있다. 나는 비유적으로 말하고 있는 것이 아니다. 남쪽의 타버린 바위와 메마른 언덕을 보라. 묻노니 그곳에 사람이 없을 것인가? 거기에서 땅은 완전히 소유자의 것이다. 땅은 하루종일 자갈을 깨뜨려 그 가루를 약간의 흙과 섞는 지칠 줄 모르는 손안에 있다. 땅은 언제나 쓸려내려가는 포도밭을 낮은 곳으로부터 위로 올리려고 하는 포도 농부의 억센 등뼈에 있다. 땅은 당나귀와 함께 쟁기를 끄는 아낙네와 어린아이의 순종적이고 참을성 많은 열정에 있다. 이것은 보기 괴로운 장면이다. 그리고 자연도 거기에 동정한다. 바위와 바위 사이에서 작은 포도나무 가지가 버티고 있다. 수수하고 용감한 식물인 밤나무는 흙이 없어도 자갈에 뿌리를 내린다. 그것은 그 주인처럼 공기를 먹고살고 굶으면서 생산하는 것처럼 보인다.[13]

맞다. 인간이 땅을 만든다. 가장 가난한 지역에서조차 똑같이 말할 수 있다. 그들이 얼마나, 어떤 열정을 갖고 땅을 사랑하는지 이해하길 원한다면 그 사실을 결코 잊지 않도록 하자. 오랜 세기에 걸쳐 대대로 그들은 살아 있는 자의 땀과 죽은 자의 뼈와 그들의 저축과 그들의 먹이까지도 땅에 쏟아부었다는 것을 기억하자. 인간이 자신의 활력과 실체와 노력과 덕성, 즉 자신의 가장 좋은 모든 것을 쓸어넣은 이 땅은 인간적인 땅이다. 그는 땅을 인간을 사랑하듯 사랑한다.

그는 땅을 사랑한다. 땅을 얻기 위해 그는 모든 일에 동의한다. 땅을 볼 수 없게 될지라도 모든 일을 받아들인다. 필요

13_ 〔원주〕 나는 1844년 5월 님(Nîmes)에서 퓌(Puy)로 여행할 때 사람이 모든 것을 만든 척박한 땅인 아르데슈(Ardèche)를 통과하면서 알게 되었다. 자연이 그곳을 끔찍하게 만들었지만 사람 덕분에 그곳은 쾌적하게 바뀌었다. 5월엔 쾌적하다 할지라도 언제나 가혹한 편이지만, 거기엔 훨씬 더 감동적인 도덕적 쾌적함이 있다. 거기에선 영주가 농노에게 땅을 주었다는 말을 하지 않는다. 그곳엔 땅이 없기 때문이다. 그리도 가난하지만 그리도 훌륭하고 아무에게도 의존하지 않았던 그 민중으로부터 그리도 오랫동안 공물을 징수해갔던 음침한 탑이 아직도 높은 곳에 서 있는 것을 보는 내 가슴은 얼마나 상처를 받았던가. 나의 눈을 쉴 수 있도록 만들어준 참된 기념비란 내게는 계곡에 있는 농민들이 살았던 돌과 자갈로 만든 움막집들이었다. 물도 잘 주지 못해 빈약한 작은 정원을 갖고 있는 그 집들은 소박하다못해 슬프게 보였다. 그러나 집을 둘러싼 아케이드와 보폭이 큰 계단과 아케이드 아래의 널찍한 층계참은 그 집들에 큰 품격을 부여했다. 그때는 수확의 철이었다. 이 좋은 철에 명주를 만들었고, 가난한 마을은 부유한 것처럼 보였다. 집집마다 그 수수한 아케이드 아래에서는 젊은 처자가 물레의 페달을 밟으면서 실을 뽑아 황금을 자으며 미소로서 아름다운 흰 이를 드러냈다.

하다면 그는 먼 곳으로 이민을 떠나며 땅에 대한 생각과 기억을 간직한다. 당신의 문간에 앉아 있는 사부아 출신의 심부름꾼 소년이 무엇을 꿈꾸고 있다고 생각하는가? 그는 그곳의 산으로 돌아가서 사려고 하는 작은 호밀밭과 척박한 초원을 꿈꾼다. 10년이 걸릴지 모르지만 상관치 않는다.[14] 7년 안에 땅을 갖기 위해 알자스인은 삶을 팔고 아프리카로 죽으러 간다.[15] 포도밭 약간을 얻기 위해 부르고뉴의 여인은 젖을 자기 아이의 입에서 빼앗아 낯선 아이의 입에 물리고 자신의 어린 아이를 마르게 한다. 아버지는 말한다. "아들아, 너는 살 수도 죽을 수도 있다. 그렇지만 살면 너는 땅을 갖게 된단다!"

그 말을 하는 것은 가혹하거니와 거의 불경스러운 일이 아닐까? 답을 내리기 전에 잘 생각하라. 실로 "너는 땅을 갖게 된단다"라는 말은 "너는 오늘 고용하고 내일 버리는 용병이 되지 않을 것이다. 너는 일용할 식량을 구해야 하는 농노가 되지 않을 것이다. 너는 자유로울 것이다!"라는 말과 같다. 자유! 인간의 존엄성 전체를 포함하고 있는 얼마나 위대한 말인가. 자유가 없다면 어떤 덕성도 있을 수 없기 때문이다.

14_ 〔원주〕 Léon Faucher, La Colonie des Savoyards á Paris, *Revue des Deux Mondes*, nov. 1834, IV, 313.
15_ 〔원주〕 1부 1장 주25)를 참고할 것.

시인들은 때때로 무모한 어부를 끌어들이는 위험한 마법을 가진 물의 매력에 대해 노래해왔다. 어쩌면 그보다 더 위험한 것이 땅의 매력일 것이다. 크건 작건 땅은 이상하게 사람들을 홀리는데, 그것이 늘 불완전하므로 언제나 더 늘어나기를 요구하기 때문이다. 단지 아주 조금씩만 부족할 뿐이다. 여기 한 뼘만 더, 저기 한 구석만 더. 여기에 유혹이 있다. 땅을 늘리고, 사고, 빌린다. 이성은 말한다. "가능한 한 저축하고 빌리지는 말라!" 그런데 그것이 너무도 느리다보니 감정이 명한다. "빌려라!" 그러나 소심한 인간인 그의 지주는 빌려주려 하지 않는다. 농부가 지주에게 담보 잡히지 않은 좋은 땅을 보여준다 해도 그는 땅으로부터 아내나 후견을 받아야 할 자식이 튀어나와 땅의 모든 담보 가치를 넘어서는 초월적 권리를 요구할까 두려워한다. 우리의 법이 그렇다고 한다. 따라서 그는 감히 빌려줄 엄두를 내지 못한다. 누가 빌려줄 것인가? 그 지역의 고리대금업자나 농부의 모든 서류를 갖고 있는 변호사가 빌려줄 것이다. 그는 농부의 모든 일에 대해 농부보다 더 잘 알고 있고, 위험부담도 없을 것임을 알고 있다. 그가 우정 때문에 빌려주려 하겠는가? 아니다. 그는 7부, 8부, 10부의 이자를 받고 빌려준다.

농부는 이 위험한 돈을 받을 것인가? 농부의 아내는 여간해서는 동의하지 않는다. 할아버지에게 물어봐도 조언하지 않는다. 프랑스의 늙은 농군인 그의 조상들도 조언하지 않았을 게 확실하다. 소박하고 참을성 많은 인류인 그들은 개인적인 저축에만 의존할 뿐이다. 그것은 먹을 것을 아껴 얻는 1수, 시장에서 돌아오는 길에 우연히 얻게 된 동전 한 닢이 모인 돈이다. 오늘날에도 그렇듯이 그날 밤 그 동전은 지하실에 묻혀 있는 단지 속에 들어 있는 동료들과 함께 잠을 잤을 것이다.

오늘날의 농부는 그때의 농부와 같지 않다. 그의 마음은 더 높은 곳에 있다. 그는 군인이었다. 이번 세기에 그가 해왔던 위대한 일들은 그로 하여금 불가능한 것에 대해서조차 쉽게 믿는 데 익숙해지도록 만들었다. 토지의 획득은 그에게 전쟁이었다. 그는 돌격 명령을 받은 듯이 전쟁에 나섰고 후퇴하지 않았다. 그것은 아우스테를리츠전투[16]였다. 고된 투쟁이 있으리라는 것을 알지만 그는 이길 것이다. 그는 퇴역장군[17] 아래에서 그런 것을 많이 보았다.

그가 총알 맞을 일밖에 없던 전쟁에서 용기를 다해 싸웠다고 한다면 땅과의 이 전쟁에서 순순히 물러섰을까? 해뜨기 전

16_ 1805년 나폴레옹이 러시아와 오스트리아의 군대에 대승을 거두었던 전투이다. 아우스테를리츠는 당시 오스트리아의 영토였으나, 오늘날에는 체코공화국에 속한다.

17_ 나폴레옹을 가리킨다.

에 그를 따라가보라. 그가 자식들과 갓 출산한 아내를 데리고 일하는 것을 볼 수 있을 것이다. 아내는 젖은 땅 위에 허리를 구부리고 있다. 바위가 쪼개질 것같이 찌는 정오에 그렇게 씨를 뿌리던 아내는 새까맣게 그을린 남편을 쉬게 하려는데 그는 스스로 쉬려고 하지 않는다. 그가 먹는 것을 노동자가 먹는 것과 비교해보라. 노동자가 매일 먹는 것이 농부가 일요일에 먹는 것보다 낫다.

이 영웅 같은 인간은 자신의 의지의 큰 힘으로 모든 것을 할 수 있으며, 시간까지 억누를 수 있다고 믿는다. 그러나 여기는 전쟁터와 다르다. 시간은 억눌러지지 않는다. 오히려 시간은 무게를 더한다. 싸움은 시간이 갈수록 커져가는 고리대금과 시간이 갈수록 약해지는 인간의 힘 사이에서 벌어진다. 땅이 그에게 둘을 가져다준다면 고리대금은 그에게 여덟을 요구한다. 다시 말해 고리대금은 네 명의 힘을 갖고 농부 한 사람과 싸우는 것이다. 매년 내야 할 이자가 4년의 노동을 가져가버린다.

예전에는 웃고 노래했던 이 프랑스 사람이 오늘에는 더이상 웃지 않는다는 것이 놀랍지 않은가? 그 새까맣게 그을린 우울한 사람을 삼켜버린 땅 위에서 그 사람을 만난다면 놀랍지 않은가? 당신은 지나가면서 그에게 마음을 담아 인사하나 그는 당신을 보려 하지 않으며 모자를 눌러쓴다. 그에게 길을 묻지 말라. 그의 대답을 들으면 당신은 왔던 곳으로 되돌아가게 될 것이기 때문이다.

이렇게 농부는 자신을 고립시키며 점점 더 까다로워진다. 그의 마음은 어떤 선의의 감정에 문을 열기에는 너무도 각박하다. 그는 부자를 증오하며 이웃을 증오하며 세상을 증오한다. 자신의 척박한 땅뙈기 위에서 그는 마치 무인도에 있는 것처럼 야만인이 된다. 비참한 감정이 낳은 그의 무뚝뚝함은 그 비참함을 구제받을 수 없는 것으로 만든다. 그 비참함 때문에 그는 자연적으로 자신에게 도움이 되고 친구가 될 동료 농부들과 공감하는 것도 꺼리게 된다. 그는 그들에게 다가서느니 죽기를 택할 것이다. 반면 도시의 거주자는 이 유순하지 않은 사람에게 접근할 마음이 없다. 그는 거의 두려워한다. "농민은 심술궂고 앙심을 품고 있어 무슨 일이라도 저지를 수 있다. 그의 이웃이 되는 것은 안전하지 않다." 그리하여 안락을 누리는 사람들은 점차 농민들로부터 멀어져간다. 그들도 시골에서 얼마간 시간을 보낼 때가 있다. 그러나 그들은 고정적으로 거기에 살지 않는다. 그들의 거처는 도시에 있다. 그들은 마을의 은행가와 변호사들에게 마을을 열어놓는다. 그들이야말로 모두에게서 이득을 취하는 숨겨져 있는 고해사들이다. 지주는 이렇게 말한다. "나는 어떤 일도 여기 인간들이랑 처리하지 않을 것이네. 공증인이 모든 일을 알아서 할 것이니 그에게 맡겨 놓지. 그가 나와 함께 정산하고, 그가 원하는 대로 소작료를 주고 분배하겠지." 그리하여 여러 지역에서 공증인만이 차지인이 되고, 부유한 지주와 농민 노동자 사이의 유일한 중개인이 된다. 농부는 오래 뜸 들이는 법을 아는 지주의 멍에에서 벗어나기 위해 법과 돈을 다루는 이 사람, 지불할 날짜가 언제인지를 아는 이 사람을 주인으로 받아들이게 되는 것이다.

지주의 악의는 농부의 아내를 둘러싸고 있는 독실한 사람들에 의해 보호되고 합리화된다. 농부의 물질주의가 그들이 평상적으로 사용하는 개탄의 말이다. 그들은 말한다. "불경한 시대, 물질적인 인종! 이들은 땅만을 사랑해. 그것만이 그들의 종교란 말이야. 그들은 밭의 거름만을 숭배해!" 불쌍한 바리새인들이여, 만일 이 땅이 단지 땅일 뿐이라면 그들은 그리도 치솟은 가격으로 사들이지 않았을 것이며, 그러한 착란과 환상에 빠지지도 않았을 것이다. 정신적일 뿐 조금도 물질적이 아니라 자처하는 당신들, 사람들은 당신들에게 속지 않을 것이다. 당신들은 그 땅이 산출하는 곡식과 포도주를 1프랑까지도 계산한다. 한편 농부는 여기에 자신의 무한한 상상력을 더한다. 여기에서 가장 정신적인 자가 농부로서, 그는 시인이다. 이 불결하고 협소하고 어두운 땅에서 그는 황금 같은 자유가 다시 타오르는 것을 본다. 노예를 억누르는 악폐를 알고 있는 자에게 자유는 실현 가능한 덕성이다. 일용 노동자에서 땅을 소유하게 된 가족은 스스로를 존중하여 자존감을 높이며 여기에서 변화가 생긴다. 그는 자신의 땅으로부터 덕성이라는 수확을 거두어들이는 것이다. 아버지의 절제, 어머니의 절약, 아들의 고된 노동, 딸의 정절 그 모두가 자유의 결실인 것이다. 묻건대 이 모든 것이 물질인가? 이것이야말로 아무리 비싸더라도 사들여야 하는 보물이 아닌가?[18]

스스로를 신앙인이라고 부르는 과거의 사람들이 정말로 신앙인이라면 이것이 신앙이라는 것을 인정한다. 그것은 오늘날 민중의 손으로 세상에 맞서 세상의 자유를 수호하려고 하는 신앙이다. 바라노니 기사도에 대해서는 조금도 언급하지 말라. 이것이 가장 용맹스러운 기사도였노라, 우리의 농부 군인들의 기사도가. 사람들은 혁명이 귀족을 억압했다고 말한다. 그러

18_ [원주] 농부에 대한 비난이 여기에서 끝난 것도 아니다. 성직자들 다음으로는 예술가들이 비방한다. 단지 울고 복사하는 것밖에는 할 줄 모르는, 중세를 위해 울고 있는 무능한 인종인 신가톨릭주의 예술가들이([역주] 개신교에서 개종한 보수적인 가톨릭교도의 일파) 특히 그러했다. 돌을 위해 울기 위해 인간은 원한다면 굶어죽어야 한다는 것이다. 마치 돌의 가치가 인간과 인간의 흔적을 상기시키는 데 있지 않은 것처럼. 그런 사람들에게 농부는 파괴자일 뿐이다. 그가 무너뜨리는 오래된 담과 그의 쟁기가 뒤집어놓는 모든 돌은 비교가 불가능한 파괴라는 것이다.

나 그와 정반대로 혁명은 3천4백만의 귀족을 만들어냈다. 혁명 당시 도피했던 망명 귀족 하나가 선조의 영광을 내세웠다. 전투에서 승리를 거둔 바 있던 농민 하나가 대답했다. "내가 선조다!"

프랑스의 민중은 그 위대한 행적 때문에 고귀하다. 평민으로 남은 것은 유럽이다. 그러나 우리는 이 귀족을 보호해야 할 심각한 필요가 있다. 그들이 위험에 빠져 있기 때문이다. 농민이 고리대금업자의 노예가 된다면 그는 비참해질 뿐 아니라 사기가 죽을 것이다. 당신은 불안에 떨고 있고 채권자를 만나기 두려워하여 숨으려 하는 슬픈 채무자가 큰 용기를 갖고 있으리라고 생각하는가? 유대인의 위협 아래 억압받고 구금되고 몰수당한 자들의 감정을 가진 사람들 중 그 누가 올라설 수 있겠는가?

법이 바뀌어야 한다. 왜냐하면 법은 이 숭고한 정치적, 도덕적 필요성을 반영해야 하기 때문이다.

당신이 독일인이나 이탈리아인이라면 나는 이렇게 말할 것이다. "법률가의 자문을 구하라. 당신은 공적 형평의 규칙을 지키기만 하면 된다." 그러나 당신은 프랑스다. 당신은 단지 한 국가가 아니라 하나의 원칙, 위대한 정치적 원칙이다. 무슨 수를 써서라도 지켜야 할 원칙이다. 살아야 한다는 것이 당신의 원칙이다. 세계의 구원을 위해 살라!

근면으로서 두번째 위치에 선 당신은 땅을 소유한 농부의 방대하고 장중한 군단에 속함으로써 첫번째 위치로 올라섰다. 그것은 로마제국 이래 어떤 국가도 가져본 적이 없었던 강력한 기반이다. 그것을 통해 프랑스는 세계에 위협이 되었으며 또한 구원이 되었다. 그것 때문에 세계가 프랑스를 두려움과 희망을 갖고 바라본다. 실로 그것이 무엇인가? 야만족이 돌아올 그날을 위한 미래의 군대이다.

한 가지 사실이 우리의 적들을 안심시킨다. 모든 것의 저변에 깔려 있는 이 위대한 무언의 프랑스는 오랫동안 사소하고 시끄럽고 산만한 프랑스에 의해 지배되어왔다는 것이다. 혁명 이래로 어떤 정부도 농업의 문제에 관심을 두지 않았었다. 농업의 누이동생인 산업이 언니를 잊게 만들었다. 왕정복고[19]는 토지 재산을 우대했지만 그 대상은 대토지였다. 농민과 친밀했고 잘 이해했던 나폴레옹조차 자본가에게 물린 소득세를 경감해주고 토지를 구제해줌으로써 정책을 시작했다. 그는 혁명이 농민들의 수중에 돈이 들어갈 수 있도록 만든 저당법까지 말소시켰다.

19_ 1814년 나폴레옹이 몰락한 뒤 부르봉왕조의 샤를 10세가 왕위에 복귀하여 반동정치를 실시했던 사건을 말한다.

오늘날에는 자본가와 기업가만이 지배한다. 세입의 절반 이상을 차지하는 농업은 세출의 8퍼센트밖에 차지하지 못한다. 이론가들도 행정가들에 못지않다. 그들도 무엇보다 산업과 기업가들에게만 관심이 있다. 수많은 경제학자들이 일하는 사람들로서 노동자만을 언급함으로써 2천4백만에 달하는 농업 노동자들을 잊고 있을 뿐이다.

그럼에도 불구하고 농민은 국가에서 가장 인구가 많을뿐더러 육체적, 정신적으로도 가장 강하고 건전한 최고의 부류이다.[20] 예전에 그를 버티게 만들어주었던 믿음이 감소하는 와중에 잃어버린 옛 믿음과 주어지지 않은 새로운 빛 사이에서 자기 자신에게로 버려진 그는 국민감정과 위대한 군대의 전통을 지키기 위해 군인의 명예와 같은 것을 유지했다. 의심할 바 없이 그에겐 사심이 있고 일에 탐욕스럽다. 그러나 그가 겪은 고통을 안다면 누가 그를 비난할 수 있겠는가? 그런 그를 비난할 수는 있을지라도 바라노니 그를 일상적인 삶 속에서 언제나 속이는 상인들이나 무리 속의 수공업자들과 비교해 보라.

땅의 인간으로서 전적으로 땅속에 살고 있는 그는 땅의 이

20_ [원주] 도시의 인구는 전 국민의 1/5을 이루는데, 범죄자 비율은 2/5나 된다.

미지에 따라 만들어진 것처럼 보인다. 땅과 마찬가지로 그는 탐욕스럽다. 땅은 결코 "충분하다"고 말하지 않는다. 땅이 견고하고 완강한 것만큼 농부는 집요하다. 땅을 본받아 농부는 참을성이 많으며, 그에 못지않게 파멸하지 않는다. 모든 것이 사라져도 그는 남아 있다. 이것을 결합이라 말하겠는가? 그에게 그런 결합이 없었더라면 프랑스는 더이상 존재하지 않았을 것이다.

우리의 농민을 판단하고 싶은가? 그렇다면 군대에서 돌아오는 그들을 보라. 당신은 세계 최고인 이 두려운 군인들이 아프리카의 치열한 전쟁[21]에서 돌아오자마자 어머니와 누이 사이에서 온순하게 일을 하기 시작하면서 아버지처럼 저축과 절약의 삶을 살며 스스로에 대해 전쟁을 벌이는 것을 보고 있다. 당신은 그들이 불평도 없이 폭력도 없이 가장 영예로운 수단을 통해 프랑스의 국력을 만드는 성스러운 업적을 달성하는 것을 보고 있다. 그것은 인간과 땅의 결혼이다.

그 사명에 대한 참된 감정을 갖고 있다면 이러한 일을 지속하고 있는 사람들을 프랑스 전체가 도와야 할 것이다. 프랑스

21_ 원문은 'la guerre des lions'. 사자와 같은 전사들 사이의 전쟁이었다는 뜻으로 보이나 '사자들의 전쟁'이라고 직역하는 것은 오히려 여러 방식의 오역을 불러올 가능성이 있는 것처럼 보인다.

가 오늘날 그 일을 중단한 것은 무슨 운명의 장난이란 말인가![22] 현재의 상황이 지속된다면 농민들은 17세기 중반처럼 땅을 사지 않고 팔도록 내몰릴 것이며 또다시 임금 노동자가 될 것이다. 잃어버린 2백 년이여! 그것은 한 계급이 아니라 우리 조국의 추락이다.

매년 농민은 5억 프랑을 국가에, 10억 프랑을 고리대금업자에게 지급한다. 그것이 전부인가? 아마도 간접세는 더 위중할 것이다. 간접세란 기업이 관세를 통해 농민에게 부과하는 것인데, 그것은 외국 제품의 유입을 억제하지만 우리의 농산품이 수출되는 것도 막는다.

그리도 일을 많이 하는 이 사람들의 영양 상태는 최악이다. 고기는 전혀 못 먹는다. 실제로는 기업가인 가축 사육자들은 농업의 이익을 위해 경작자들이 고기를 먹지 못하게 한다.[23]

22_ 〔원주〕 프랑스는 그 일을 중단했다기보다는 후퇴했다. 이폴리트 파시는 1815년부터 1835년 사이에 토지 소유자의 수가 나머지 인구와 비교할 때 2.5퍼센트, 즉 1/40이 감소했다고 확인해준다. Hippolyte Passy, *Mém. Acad. polit.* II, 301. 그는 1815년의 인구조사를 활용했다. 그러나 그 인구조사는 정확한가? 그것은 제국의 인구증가와 감소에 대해 1826년의 인구조사보다 더 중요한가? 다음을 참고할 것. Louis Villermé, *Journal des Économistes*, n. 42, mai 1845.

23_ 〔원주〕 가축 사육자들은 그들의 암소와 일하는 황소를 농민에게 높은 값에 판다. 가축 사육자들은 말한다. 거름이 없으면 농민도 없고, 가축이 없으면 농민도 없다고. 그들은 옳더라도 스스로에게 모순된다. 사치품의 생산과 허영심의 성공을 제외한다면 아무것도 변화시키지도 개선시키지도 못하면서 열악한 품

가장 가난한 공장 노동자조차 흰 빵을 먹는데 밀을 키우는 농부는 검은 빵을 먹는다. 와인을 빚는 건 그들인데 그것을 마시는 건 도시민들이다. 이 말을 하겠노라! 전 세계가 프랑스의 잔을 들고 즐거움을 마시지만, 프랑스의 포도 경작자는 거기에서 제외된다.[24]

우리 도시의 산업은 최근에 조세 부담이 상당히 경감되었는데 그 피해는 고스란히 토지 위에 떨어졌다. 그것은 소박하게 물레로 일을 하는 농촌의 소규모 산업이 방직 기계에 의해 사멸한 그 순간에 벌어졌다.

오늘의 삼베와 내일의 비단처럼 농민이 이렇듯 가내 산업을 잃어가면서 땅을 지키기는 대단히 어려워졌다. 땅은 그에게서

질의 상품에 높은 가격을 유지하고 있는 그들은 가난한 지역에서 어린 가축을 구입하는 것을 금지시킨다. 그것이 그들의 형편에도 맞음에도 불구하고 필요한 거름을 얻을 수 있는 방편까지 막은 것이다. 이리하여 인간과 땅은 힘을 복구하지 못하고 고갈되어 사멸한다.

24_ 〔원주〕 여기에서 폴 루이 쿠리에(Paul-Louis Courrier)의 통계를 상기할 수 있다. 그는 전반적으로 포도밭 1아르팡이 포도 경작자에게는 150프랑을, 국고에는 1,300프랑을 귀속시켰다고 보고했다. 이것은 과장되었다. 그 과장에 대한 반대급부로서 오늘날 포도밭 1아르팡당 농민들의 빚은 더 크다는 사실을 덧붙여야 한다. 그렇지만 농민보다 더 고된 직종도 없고, 수입에 비해 더 많은 일을 하는 직종도 없다. 봄이나 가을에 부르고뉴 지방을 지나가보라. 당신은 40마일에 걸쳐 1년에 두 번 파고, 뒤집고, 옮겨 심고, 다시 심은 땅을 볼 수 있을 것이다. 엄청난 일이다! 큰 비용이 들어간 이 산물을 변조하고 훼손시키려는 듯 베르시와 루앙에서는 수치스러운 기술이 자연과 좋은 술을 비방한다〔베르시와 루앙은 와인 산업의 중심지였다〕. 와인은 포도 경작자만큼이나 푸대접을 받는다.

빠져나가고 1년 동안의 노동과 저축과 희생까지도 함께 앗아 간다. 그의 삶 자체를 빼앗는다. 그나마 남은 건 투기꾼들이 털어가버린다. 그는 지푸라기라도 잡으려는 불행한 사람의 심정으로 투기꾼들이 날조한 우화를 듣는다. 알제는 설탕과 커피를 생산한다. 미국에서는 누구나 하루에 10프랑씩 번다. 바다를 건너가야 한다. 상관없다. 대양이 라인강보다 별로 넓지 않다는 말을 들으면 알자스인은 그 말을 믿는다.[25]

25_ [원주] 다음은 한 알자스인이 1845년 9월 나의 친구에게 했던 말이다. "우리 알자스인들은 떠나면서 그들이 가진 얼마 안 되는 것들을 팔았다. 유대인들이 곧 사들였다. 독일인들은 가구까지도 갖고 가려 했다. 그들은 로마제국에서 야만족이 했던 것처럼 짐마차를 타고 여행한다. 나는 슈바벤에서 아주 덥고 먼지가 많던 어느 날 이민을 떠나는 짐마차를 보았던 기억이 있다. 그것은 궤짝과 가구와 옷가지가 뒤섞여 있었다. 그 뒤에는 작은 짐수레가 연결되어 있었는데 거기에 귀엽고 예쁜 두 살짜리 아기가 타고 있었다. 그 아기는 울어댔고 마찬가지로 작은 누나가 옆에서 달랬지만 울음을 멈추지는 못했다. 아낙네 몇몇이 아기를 뒤에 두었다고 부모를 비난하자 아버지가 아내를 시켜 아기를 데려오게 했다. 내게 그 부부는 낙담하고 거의 무감각한 것처럼 보였다. 비참함 때문에 벌써 죽어버린 것 같았다. 아니면 후회 때문에? 그들이 도착할 수 있을까? 거의 가망이 없어 보였다. 아기는? 아기가 탄 짐수레가 고된 여정을 견뎌낼 수 있을까? 감히 묻지도 못하겠다. 그 가족 중 한 명만이 생기가 있어 생존이 가능해 보였다. 열네 살 정도의 소년이었는데 그 당시에는 내리막길에서 짐마차의 바퀴를 제동하는 일을 하고 있었다. 진지한 열정을 가진 검은 머리의 이 소년은 정신력과 열의로 가득차 보였다. 최소한 나는 그렇게 판단했다. 그는 이미 가장으로서 그들의 생계와 안전을 책임지고 있다고 느꼈다. 안주인은 그의 누이로서 한몫을 해내고 있었다. 요람에서 울던 아기도 자신의 몫을 했는데 결코 하찮은 일이 아니었다. 그가 그들의 부모라 할 수 있는 남매 사이를 엮어주는 단결의 고리였던 것이다. 작은 짐수레 속에서 그 아기가 화로와 조국을 지니고 갔던 것이다. 어디에서건 살아 있다면 어느 알지 못하는 세계에서도 슈바벤을 찾을 수 있으리. 아, 얼마나 더 많은 일을 이 어린아이들이 겪으며 고통을 받아야 하는가! 장남의 아름답고 진지한 표정을 보면서 나는 가슴 깊은 곳

이 지경에 이르기 전에, 프랑스를 떠나기 전에 모든 수단을 강구했을 것이다. 아들은 삯을 받고 남의 일을 대신 했을 것이다.[26] 딸은 하녀가 되었을 것이다. 어린아이는 근처의 공장에 들어갔을 것이다. 아내는 부르주아 가정에 유모로 갔거나,[27] 상점 주인이나 노동자의 아기를 자신의 집으로 데려올 것이다.

간신히 제 앞가림이나 하는 노동자일지라도 농민에겐 선망의 대상이다. 공장주를 부르주아라고 부르는 노동자도 촌락 출신에게는 부르주아이다. 농민은 노동자조차 일요일에 산책하는 신사처럼 보고 있는 것이다. 땅에 매여 있는 농민은 자신의 직업이 있고 계절에 대해, 추위나 눈에 대해 신경을 쓰

에서부터 축복을 보냈고, 줄 수 있는 모든 것을 주었다."

26_ 〔원주〕 이러한 대역은 경멸을 받았다. 의회위원회의 일원인 비비앵(Vivien)은 이 주제에 대해 설문조사를 했는데, 때때로 그러한 대역의 동기는 가족을 부양한다든가 작은 땅을 산다든가 하는 칭찬받을 만한 일이었다고 내게 알려주었다.

27_ 〔원주〕 내가 아는 한 어떤 풍속화가도 소설가도 사회주의자도 유모에 대해 입에 올리려조차 하지 않았다. 그렇지만 충분히 알려지지 않은 슬픈 이야기가 있다. 이 가난한 여인들이 얼마나 착취당하고 학대당하는지 사람들은 알지 못한다. 먼저 운송 수단은 그들을 거처에서 멀리 데려가지 않으며 다음으로는 그들을 배치하는 관료들이 있다. 현장에서 즉시 유모로 정해지면 자신의 아이들은 보내야 하기 때문에 죽는 일이 다반사다. 그들은 고용한 가정과 계약도 맺지 않았기 때문에 안주인이나 의사의 첫번째 변덕에 해고될 수도 있다. 그곳에 머무르게 되면 편한 생활에 익숙해져 그들의 가난한 삶의 현장으로 되돌아가면 큰 고통을 받게 된다. 수많은 유모들이 도시에 머무르기 위해 하녀가 된다. 그들이 남편과 다시 만나지 않음으로써 가정은 붕괴된다.

지 않는 그가 새처럼 자유롭다고 보는 것이다. 그는 산업에 종사하는 사람도 예속을 받고 있음을 보지도 않고 보려고 하지도 않는다. 그는 노동자를 프랑스를 일주중인 젊은 여행자를 길에서 맞닥뜨린 듯 본다. 마치 여행길에 한 번 쉴 때마다 숙식비를 벌면서 또다시 단장과 배낭을 들고 노래를 흥얼거리며 다음 마을로 걸어가는 사람처럼 여기는 것이다.

2

기계에 의존하는 노동자[1]의 예속

"도시는 얼마나 찬란한가! 시골은 얼마나 슬프고 비참한가!" 이것은 축일에 도시를 보러 온 농민이 하는 말을 들은 것이다. 만일 시골이 가난하다면 찬란한 도시는 어쩌면 더 비참하리라는 것을 그들은 모른다.[2] 이러한 대비를 굳이 하려고 하는 사람조차 별로 없다.

일요일에 도시의 대문을 반대 방향으로 지나가는 두 무리의 군중을 바라보라. 시골로 향하는 노동자와 도시로 향하는 농민들. 그 두 움직임은 비슷해 보이지만 그 사이에는 큰 차이가 있다. 농민은 단지 산책을 나온 것이 아니다. 그는 도시의

1_ 공장 노동자를 가리킨다.

2_ [원주] 이것은 높은 평가를 받았지만 유감스럽기도 한 뷔레의 저작 『비참함에 관하여』에서 대단히 명확하게 제기한 대비였다. M. Buret, *De la Misére*, 1840. 아마도 뷔레는 이 저작에서 영국 의회 청문회의 과장된 기록을 너무도 손쉽게 받아들인 것으로 보인다.

모든 것을 찬양하고, 모든 것을 원하고 가능하면 그곳에 머무르려고 한다.

그가 도시를 제대로 보게 되기를. 시골은 한번 떠나면 쉽게 돌아가지 못한다. 하인으로 도시에 와서 주인의 쾌락 대부분을 맛보게 되면 그는 절제하는 삶으로 되돌아갈 생각을 조금도 하지 않는다. 공장의 노동자들은 시골로 돌아가길 원한다 할지라도 사실상 불가능하다. 그들은 단기간에 기력이 쇠해져 고된 일은 물론 추위와 더위의 급격한 바뀜도 견디지 못한다. 바깥공기는 그들을 죽일 것이다.

도시가 그렇게 흡인력이 있다면 도시를 그리도 비난할 필요는 없을 것처럼 보인다. 도시도 농민들이 올 때마다 그들을 떨쳐냈다. 그 끔찍한 물품 입시세入市稅: octroi는 물론 단순한 생필품에 과도하게 높은 가격을 매기는 것이 떨쳐내는 수단이었다. 이러한 무리로 둘러싸인 도시는 이렇게 그 공격자들을 쫓아내려 했다. 그럼에도 어떤 것도 그들을 물리치지 못했다. 어떤 조건도 그들에겐 가혹하지 못했다. 그들은 하인으로, 노동자로, 기계 관리자로, 그리고 그들 스스로 기계가 되어 원하는 대로 도시에 들어왔다. 고대 이탈리아에서 로마에 들어가기 위한 병적인 열망 속에서 스스로 노예가 되었다가 이후 복권되어 시민이 되었던 사람들이 떠오를 정도이다.

농민은 노동자들의 불평이나 그들의 상황에 대해 그들 스스로 그리고 있는 끔찍한 그림 때문에 겁을 먹지도 않는다. 하루에 기껏 1, 2프랑을 버는 사람은 3, 4, 5프랑의 급료를 받는 사람이 비참할 수 있다는 것을 이해하지 못한다. "일이 불안정한데? 실직하면 어떻게 하려고?" 무슨 상관인가? 농민은 그 적은 수입으로도 저축을 했는데. 더 많이 버는 노동자는 궂은 날을 위해 얼마나 더 쉽게 저축했을 것인가!

급료를 차치하더라도 도시의 삶은 훨씬 편안하다. 거기에서 대체로 사람들은 보호를 받으며 일을 한다. 머리 위에 지붕이 있다는 것, 그것만으로도 큰 개선인 것처럼 보인다. 더위는 논외로 하고 우리의 기후에서 추위는 가장 익숙해진 사람들에게조차 큰 고통이다. 나로서는 불 없이 많은 겨울을 보냈으면서도 추위를 민감하게 느끼지 않은 적이 없다. 얼음이 녹을 때면 그보다 더 큰 행복이 없었다. 봄은 즐거움이었다. 부자에게는 관심 밖의 일이겠지만 계절의 변화는 가난한 사람들에게는 삶의 근거이며 그것이야말로 사건이었다.

농민은 도시로 이주해 들어오면서 음식에 관한 한 얻은 것이 있다. 도시의 음식이 건강에 더 도움이 되지는 않더라도 맛은 더 있다. 도시생활 한 달 만에 농민이 살이 찐 것을 보는 것은 흔한 일이다. 이에 대한 대가로 그의 안색이 바뀐다—좋지 않은 방향으로. 그는 이주하는 과정에서 유지하고 있었던 활력적이고 때로 힘을 북돋워주기까지 하는 그 무엇인가를 잃었다. 농촌의 노동자가 영양도 부실한 상태에서 어찌 강건하게 남아 있을 수 있는지 말해주는 그 무엇을 말이다. 그가 잃은 것은 자유로운 공기, 맑은 공기, 생장하는 것들의 향기로 끊임없이 언제나 새로워지는 공기였다. 나는 도시의 공기가 사람들이 말하는 것만큼 해롭다고 믿지는 않는다. 그렇지만 가난한 노동자들이 매춘부와 도둑과 함께 몰려 살고 있는 그 비참한 거주지의 공기는 그 정도로 해롭다.

농민은 결코 이것을 염두에 두지 못했다. 또한 그는 도시에서 더 많은 돈을 벌지만 자신의 보물을 잃고 있다는 것도 염두에 두지 못했다. 즉, 그의 절제와 절약은 물론, 단적으로 말하자면 〔땅에 대한〕 탐욕을 잃은 것이다. 낭비하려는 유혹을 멀리하고 절약하는 것만이 눈앞의 즐거움인 한 저축하기는 쉽다. 그러나 모든 것들이 지갑을 열라고 유혹할 때 돈을 붙잡고 주머니를 잠그는 일은 얼마나 어려우며 얼마나 큰 자기극복의 힘이 필요한 것인가? 또한 눈에 보이지 않는 돈을 지키는 은행 창구에서는 농민이 그리도 큰 즐거움과 신비함과 두려움을 갖고 자신의 보물을 땅에 묻거나 꺼낼 때 갖는 감정은 조금도 주지 못한다는 사실을 덧붙이자. 그에 못지않게 도시에는 그가 언제나 보고 갈아엎고 언제나 확장시키려고 애쓰는 작은 땅이 주는 즐거움도 없는 것이다.

노동자가 저축을 하려면 큰 덕성이 필요한 것은 확실하다. 만일 그가 사람들과 잘 어울리는 사귀기 쉽고 좋은 친구라면 술집, 카페 등등 천 가지 다양한 소비 방식이 그의 모든 것을 빼앗아간다. 만일 그가 진지하고 정직하다면 그는 잘나가던 어떤 좋은 순간에 결혼할 것이다. 아내도 약간 벌지만 얼마 뒤 아이를 갖게 되면 조금도 벌지 못한다. 독신일 때는 부유했던 남자가 매일 고정적으로 나가는 과중한 비용에 속수무책이 되어버린다.

예전에는 입시세入市稅 외에도 농민이 도시에 들어와 노동자가 되려는 것을 막는 또다른 장벽이 있었다. 이 장벽은 어떤 직종에 입문할 때 겪는 어려움을 말하는데, 긴 도제 기간과 길드나 조합에서의 배타적인 태도를 가리킨다. 가내 공업의 작업장에서는 도제를 많이 받아들이지 않았고, 그들의 자식들을 교환하는 경우가 태반이었다. 오늘날에는 더이상 도제를 받아들이지 않고 어떤 사람이라도 받아들이는 새로운 직종이 생겨났다. 이러한 직종에서 확실한 노동자는 기계이다. 인간에게는 큰 힘이나 기술이 필요하지 않다. 인간은 단지 그 쇠로 된 노동자를 돕기 위해 감독하기만 하면 된다.

이렇듯 기계에 종속된 불행한 인간의 숫자는 40만을 넘어선다.[3] 이것은 대략 우리 노동자의 1/5을 차지한다. 아무것도

3_ 〔원주〕 이보다 더 큰 숫자를 제시하는 사람들은 공장 노동자들에 공장에 소속되지만 기계를 사용하지 않는 노동자들까지 포함시키고 있다는 것도 사실이다. 이 사람들은 예외이고 언제나 예외일 것이다. (이러한 시스템을 한 단어로 지칭하기 위해 사용한 말인) '기계주의'(mechanisme)의 확대는 두려워해야 할 일인가? 기계는 모든 것에 침투할 것인가? 이러한 점에서 프랑스는 또다른 영국이 될 것인가? 이 심각한 질문들에 대해 나는 주저 없이 아니라고 대답한다. 우리는 통상적인 교역은 결코 제시할 수 없는 막대한 이득에 의해 조장되었던 유럽의 대전쟁의 시대를 통해 이 체제가 확대되었다고 판단할 필요는 없다. 모든 계급의 사람들을 위해 물건의 가격을 낮추는 데 특히 적합한 이 '기계주의'는 열등한 계급에게서 방대한 수요가 있다. 급격한 상승의 시기에 열등한 계급은 무엇보다도 안락한 물품을 가지려 하고 멋지게 보이려 한다. 그러나 그들은 멋져봐야 범속할 뿐이며 때로는 저속하기도 하다. 왜냐하면 그들의 멋까지도 이른바 공장에서 생산된 것이기 때문이다. 생산자들이 경탄할 만한 노력을 통해 기대 이상으로 아름다운 상품을 만든다 할지라도 대량으로 균일한 수단을 통해 만들어진 상품은 단조로운 품질로 인해 곧 식상해진다. 취향이 발전하면 이런 단조로움을 인식하게 되며 때로는 그것에 싫증을 내게 된다. 기계 생산이 아닌 불규칙적인 예술 작품들이 공장에서 만든 결함 없는 명품들보다 눈과 정신을 매료시킨다. 공장의 명품에 생명이 없다는 것은 슬프게도 그것의 아버지가 금속이고 어머니가 증기라는 사실을 우리에게 상기시킨다.
또한 우리는 오늘날 사람마다 어떤 계급에 속하기를 원한다기보다는 어떤 사람이 되기를 원한다는 것을 즉, 그 자신이 되기를 원한다는 사실을 덧붙여야 한다. 따라서 그는 그 자신에게 고유한 개성이 결여된, 계급을 위해 제조된 상품을 탐탁지 않게 여긴다. 세상은 이 방향으로 나아간다. 각자는 일반성을 더 잘 이해하면서도 자신만의 개성도 규정하기를 원하는 것이다. 모든 것들이 동등하다면 사람들은 기계가 만든 균일한 공장 제품보다는 인간으로부터 나왔기에 인간이 변화하면 인간처럼 변화하고 인간의 개성이 각인되어 항상 가변적인 상품을 택할 가능성이 대단히 크다. 프랑스가 여전히 뒤처져 있는 기계 생산보다는 바로 이곳에 프랑스 산업의 참된 미래가 놓여 있다. 어쨌든 그 두 생산 방식은 서로를 돕고 있다. 더 값이 싼 1차적인 필요는 기계에 의해 낮은 가격이 충족되는 한편 더 높은 취향은 기계 생산을 넘어 완전히 개인적인 예술적 상품을 추구할 것이다.

할 줄 모르는 사람은 도시에 와서 공장에서 기계를 돕는다. 더 많이 올수록 그들의 임금은 더 낮아지고 그들은 더 비참해진다. 반면 이렇게 싸게 만들어진 상품은 가난한 사람들이 구매 가능한 범위로 떨어진다. 그리하여 기계 노동자의 곤궁은 대략 숫자가 70배 정도 더 많은 노동자와 농민의 곤궁을 덜어준다.

이것이 1842년에 우리가 본 것이다. 방직 공장은 곤경에 빠져 질식 상태였다. 상점은 포화되어 매출이 없었다. 겁을 먹은 공장주는 그 압도적인 기계를 감히 돌리지도 중단하지도 못했다. 그래도 고리는 중단되지 않았다. 그래서 공장주는 반나절만 일을 하면서 혼란을 가중시켰다. 가격이 하락했지만 허사였다. 면 제품이 6솔로 떨어질 때까지 계속 내렸다. 그러다가 예기치 못한 일이 일어났다. 6솔이라는 말이 기상나팔이었다. 구매한 적이 없었던 가난한 사람들이 움직이기 시작하여 수백만의 구매자가 되었다. 그리고 민중이 관여하기 시작할 때 우리는 그들이 얼마나 방대하고 강력한 구매자가 되는지를 보았다. 상점은 순식간에 텅텅 비었다. 기계는 다시 맹렬하게 일하기 시작했다. 굴뚝은 연기를 뿜었다. 그것이 프랑스에서 일어난, 대단히 크지만 별로 주목받지 못했던 혁명이었다. 그것은 가난한 사람들이 집안을 깨끗하게 꾸밀 수 있도록 만들어준 혁명이었다. 속옷, 침구, 식탁보, 창의 커튼. 이제 모든 계급이 이런 것들을 갖게 되었다. 이것은 세계가 개벽한 이래 처음 있는 일이었다.

다른 사례를 들지 않더라도 이러한 논점은 충분히 이해할 수 있을 것이다. 자본의 집중화를 전제로 한다는 점에서 기계 생산은 완전히 귀족주의적인 것으로 보이지만, 싼 가격과 제품의 대중화 때문에 그에 못지않게 민주주의의 진전을 위한 강력한 동인이 될 수 있다는 것이다. 그것은 아주 가난한 사람들이 전에는 접근할 수 없었던 유용한 제품이나 때로는 호화롭고 예술적인 제품까지도 그들의 손 가까이에 가져다놓았다. 신을 찬미하라, 모직물도 모든 곳에서 그들에게로 내려와 그들을 덥혀주었으니. 비단이 그들을 장식하기 시작했다. 그렇지만 가장 크고 중요한 혁명은 염색한 면직물indienne이었다. 그것은 거칠고 다루기 힘든 무명천을 펼쳐 찬란하게 변형시키고 그것을 가난한 사람들의 손 앞에 놓기 위하여 과학과 예술을 결합시키려는 노력이 필요한 일이었다. 예전에는 옷이 누더기가 될까봐 모든 여성들이 푸른색이나 검은색 옷을 빨지도 않고 10년 동안이나 입곤 했다. 오늘날에는 가난한 노동자인 남편이 하루의 품삯으로 꽃무늬의 옷을 걸치게 한다. 천 가지의 현란한 붓꽃색으로 우리의 산책길에 나서는 그 모든 여성들은 얼마 전까지도 상복을 입고 있었던 것이다.

하찮은 일로 여겨졌던 이러한 변화에는 큰 의미가 있다. 그것은 단순히 물질적인 개선이 아니었다. 그것은 사람들이 서로를 평가하는 기준인 외관이 향상되었다는 것을 뜻했다. 그것은 다시 말해 "눈에 보이는 평등égalité visible"이었던 것이다. 이런 방식으로 사람들은 전에 도달할 수 없었던 새로운 생각으로 올라서게 되었다. 유행과 취향은 그들에게 예술로의 입문이었다. 여기에다가 〔좋은〕 옷이 그것을 입는 사람을 압도한다는 중요한 사실을 덧붙이자. 사람은 옷에 걸맞은 행동을 하려 하며 정신적 자세도 거기에 맞추려고 한다.

대중은 반쯤만 살아 있는 비참하고 왜소한 사람들이다. 그들은 경이로운 상품을 생산하지만 스스로를 재생산하지는 못한다. 그들은 죽음을 위하여 번식한다. 그들은 항상 사라져버리는 또다른 무리를 끊임없이 흡수하면서 스스로를 지속시킨다. 그들이 그런 상품을 구매하여 소유해야만 한다는 엄한 상황을 받아들이기 위해서는 최소한 그 구매가 그들 모두를 향상시키면서 그들에게 명백한 이득이 되어야 한다.

일단 부과된 일이라면 변함없이 수행하는 능력 많은 노동자인 기계 속에서 창조자를 창조해냈다는 것이 인간의 자존심을 높이는 큰 유혹임은 확실하다. 반면 기계를 마주한 인간이 그리도 낮게 추락하는 것을 보는 일은 얼마나 큰 굴욕인가! 눈부시게 번쩍거리는 쇠와 구리가 생각하고 의도하는 것처럼 스스로 돌아다니는 반면 나약하고 창백한 인간이 그 강철의 거인들의 초라한 노예가 된 요정의 집을 처음으로 둘러본 사람이라면 머리가 꺾이고 심장이 쪼그라들 것이다. 제조업자 하나가 내게 말했다. "저 솜씨 좋고 강한 기계가 더러운 누더기 조각을 받아서 조금도 실수하지 않고 아주 복잡한 변형의 과정을 통해 베로나의 가장 아름다운 비단과 같은 섬유로 뽑아내는 것을 보세요!" 나는 슬프게 경탄한다. 그와 동시에 그 사람들의 측은한 얼굴과 시들어버린 어린 소녀들과 기형이 되고 부풀어오른 아이들을 보지 않는 것이 내게는 불가능했다.

예민한 많은 사람들은 그들에게 공감하면 큰 상처를 입을까봐 침묵을 지키며, 이 사람들은 사악하고 오염되었고 타락한 채 태어났기 때문에 그렇게 슬픈 모습을 하고 있을 뿐이라고 서둘러 말한다. 보통 그들은 그 사람들이 가장 눈에 거슬리는 순간, 즉 [퇴근을 알리는] 종이 그 사람들을 한꺼번에 길로 던져내면서 공장을 떠나는 순간의 모습으로 평가한다. 그 길은 언제나 소란하다. 사람들은 언쟁하고 있다는 생각이 들 정도로 큰 소리로 말한다. 소녀들은 날카롭고 쉰 목소리로 서로를 부른다. 아이들은 싸우고 돌을 던지며 폭력적으로 행동한다. 이것은 보기 좋은 광경이 아니다. 지나가는 사람은 발길을 돌린다. 귀부인은 겁을 먹고 폭동이 시작될세라 다른 길을 택한다.

그러나 발길을 돌릴 수는 없다. 그들이 일을 할 때 공장에 들어가봐야 한다. 그러면 그 오랜 노동 시간 동안의 침묵과 속박 때문에 그들이 퇴근할 때 삶의 균형을 되찾기 위해 소음과 비명과 그런 행동을 보였음을 이해하게 될 것이다. 그것은 진정 무료함의 지옥이라 할 수 있는 방적 공장이나 직조 공장의 경우 특히 더 그러하다. "항상, 항상, 항상"이라는 단어는 바닥까지 흔드는 자동 설비가 당신의 귀에 들려주는 변함없는 단어이다. 그 소리에는 익숙해질 수가 없다. 20년이 지난 뒤에도 첫날과 마찬가지로 권태와 소음과 역겨움은 똑같다. 그 무리 속에서 심장이 뛸까? 아주 조금. 심장의 박동은 유보된 것 같다. 그 오랜 시간 동안 모두에게 공통으로 또다른 심장이 그 자리를 차지한 것 같다. 냉담하고 동정을 모르는 금속 심장이. 귀를 먹먹하게 하는 규칙적인 그 큰 소음이 그 박동이다.

〔베틀〕 직조공의 외로운 작업은 그에 비해 훨씬 덜 고통스럽다. 왜? 왜냐하면 그는 꿈을 꿀 수 있기 때문이다. 〔공장의〕 기계는 어떤 몽상도 어떤 방심도 허용하지 않는다. 당신은 잠

시 속도를 늦췄다가 뒤에 빨리해서 만회하기를 원할 수도 있지만 공장에서는 그렇게 하지 못한다. 백 개의 방추차가 부착된 지칠 줄 모르는 방직기는 계속 당신 앞으로 일감을 던져 놓는다. 수작업 직조공은 숨을 빨리 쉬면 빨리 일하고 천천히 쉬면 천천히 일한다. 그는 사는 대로 일을 하며, 일은 사람에게 맞춰진다. 그와 반대로 공장에서는 사람이 일에 맞춰야 한다. 삶이 시간에 따라 변하는 피와 살을 가진 존재가 강철로 된 존재의 불가변성에 종속해야 한다.

우리의 감정을 따르는 수작업에서는 우리의 가장 내밀한 생각이 일과 동일하게 되고 일을 그 고유의 자리에 위치시키며, 생명이 없는 도구조차 우리가 움직이도록 만들어 지적 활동에 장애가 되기는커녕 도움을 주는 동료가 되게 하는 일이 자주 일어난다. 중세의 신비로운 직조공들은 '롤라드lollards'[4]라는 이름으로 유명한데, 그렇게 불리는 이유는 그들이 일을 하면서 동요와 같은 것을 낮은 목소리로 노래했기 때문이다.[5] 동일한 속도로 밀어냈다가 당겨오는 베틀의 북의 리듬은 심장

4_ 롤라드는 기독교 개혁을 요구했던 영국의 신학자 존 위클리프(John Wycliffe: 1320?~1384)를 추종하던 일파를 가리킨다. 그들은 14세기 중엽부터 16세기까지 세력을 떨쳤다.

5_ 옛 독일어에서 'lollon'은 '낮게 노래 부르다'라는 뜻이고, 중세의 영어에서 'loller'는 '낮게 중얼거리다'라는 뜻이다. 자장가를 가리키는 영어 'lullaby'의 어원이 여기에서 비롯되었다.

의 박동과 일치한다. 때로는 밤에 천과 함께 송가頌歌나 애가愛歌가 같은 박자에 맞춰 짜지는 일도 있곤 했다.

그렇다면 공장에 들어가기 위해 가내 작업을 포기하도록 몰린 일은 큰 변화가 아닐 수 없다. 아끼던 오래된 물건들과 벌레 먹은 가구가 있는 자신의 가난한 집을 떠나는 일은 힘이 들지만 더 어려운 것은 자신의 영혼을 자유롭게 소유하던 것을 포기하는 일이었다. 아주 하얗고 아주 새로운 이 방대한 공장은 빛이 넘쳐나 어두운 집의 침침함에 익숙해 있던 눈을 찔렀다. 거기에는 생각이 안길 어둠이 없었고, 상상력이 그 꿈을 매달아놓을 침침한 구석이 없었다. 끊임없이 삶의 고달픔을 경고하는 그 환한 빛 아래에선 어떤 환상도 불가능했다. 루앙의 직조공들과[6] 런던에 있는 프랑스의 직조공들이 용기와 금욕적인 인내심을 갖고 공장으로의 필연적 변화에 저항하면서 굶어죽더라도 고향에서 죽기를 선택했던 것은 놀랍지 않다. 그들은 오래도록 굶주림으로 메마른 인간의 나약한 손을 갖고 싸웠던 것이다—밤낮으로 천 개의 손을 갖고 일을 하며 증기로 움직이는 산업의 무시무시한 브리아레오스[7]의

6_ 〔원주〕 루앙의 직조공들의 유서는 그들 중 한 명이 쓴 놀랄 만한 소책자이다. Noiret, *Mémoires d'un ouvrier Rouennais*, 183. 그는 그들이 더이상 도제를 받아들이지 않는다고 단언한다.

7_ 그리스신화에 나오는 50개의 머리와 백 개의 손을 갖고 있는 폭풍의 신.

찬란하고 비정한 생산성에 맞서서. 기계가 개량될 때마다 그의 불행한 경쟁자인 인간은 일이 늘어났고 식량은 줄어들었다. 런던에 있는 우리의 직조공들은 그렇게 서서히 소멸했다. 가난한 사람들, 절제되고 순진한 삶을 살았던 정직한 사람들, 빈곤과 기아에도 유혹에 넘어가지 않았던 사람들! 그들의 비참한 스피털필즈[8]에서 그들은 총명하게 꽃을 키웠고, 런던 사람들은 그곳을 즐겨 방문했다.

나는 얼마 전에 중세 플랑드르의 직조공들인 이른바 '롤라드'와 '베가드Béghard'[9]에 대해 말했었다. 종종 그들을 이단으

8_ 스피털필즈(Spitalfields)는 17세기에 프랑스의 개신교도를 가리키는 위그노 비단 직조공들이 피신처를 구했던 런던의 한 구역이다.

9_ 베가드는 13~16세기 유럽의 저지대에서 활동했던 종교 집단이다. 그들은 성직자의 서품을 받지 않았지만, 성직자처럼 계율을 지키며 살아가던 사람들이었다.

로 박해하곤 했던 교회에서는 이 몽상가들을 단 한 가지 이유로 비난했으니, 그것은 '사랑'이었다. 그것은 보이지 않는 사랑을 주는 신에 대한 고양되고 정화된 사랑이며, 때로는 인구가 많은 산업의 중심지에서 일어나는 세속적 사랑이었다. 그들의 세속적 사랑도 신비로운 사랑이었으니, 그들은 형제애를 넘어 이 땅 위에 감각의 천국을 세우려는 공동체를 그 교리로 가르쳤기 때문이다.

오늘날의 노동자들은 비록 높은 곳으로 올라가려는 시적 몽상은 갖고 있지 않다 할지라도 감각을 향한 경향에 있어서는 똑같다. 최근에 공장 노동자가 향유하는 행복에 대해 재미있는 그림을 그렸던 영국의 한 청교도는 "그곳에선 육체가 따뜻해진다"라고 고백하면서 그에 대해 반발했다. 그 말은 이성들 사이의 접촉이나 온도에만 적용된 것이 아니었다. 거기에는 정신적 원인도 있었다. 남자들이 어디에서나 금속의 딱딱함과 냉기만을 느끼는 곳에서 자유 시간에 여자들에 더 가까이 접근하고 싶어하는 것은 곧바로 공장이 쇠로 만들어진 세계이기 때문이라는 것이다. 기계 공장은 필연성과 숙명이 지배하는 영역이다. 그곳에서 살아 있는 것은 십장의 가혹함뿐이다. 처벌은 잦지만 보상은 결코 없다. 거기에서 사람은 너무도 왜소해지기에 그는 공장을 나서자마자 인간 지각 능력을 가장 생생하게 고양시켜줄 수 있는 것을 열심히 찾으러 다녀야 한다. 그것은 아름다운 몽상의 짧은 순간에 막대한 자유의 감정을 느끼게 할 수 있는 것으로 집중된다. 이렇게 고양된 감정이 곧 도취이며 그중에서도 가장 뛰어난 것이 사랑에의 도취이다.

불행하게도 이 포로들이 도피하고 싶은 필요를 느끼는 권태와 단조로움은 짧은 자유의 시간에 그들을 안정된 삶이 불가능한 사람으로, 변화의 친구로 만든다. 언제나 대상이 바뀌는 사랑은 사랑이 아니라 방탕에 불과하다. 해결책이 병보다 더 나쁜 것이다. 일의 속박 때문에 기력이 쇠해진 그들은 자유의 남용으로 더욱 악화된다.

육체적 허약함과 정신적 무능. 이런 상황에서 가장 비참한 것은 무능의 감정이다. 기계의 모든 움직임에 맞추면서 기계 앞에서 허약해진 이 사람은 공장주는 물론, 부지불식간에 그의 일감을 잃게 만들어 그의 빵을 빼앗아갈 수 있는 천 가지의 원인들에게도 종속하게 된다. 이 노동자들처럼 기계의 노예가 아니었던 옛날의 직조공들은 이러한 무능함을 겸허하게 고백했고 그것을 마치 그들의 신학처럼 가르치기까지 했다. "신이 모든 것을 한다. 인간은 아무것도 못한다." 이러한 계급의 참된 이름은 중세에 이탈리아 사람들이 처음으로 붙여줬

다. "겸손한 자들"[10]이라고.[11]

그래도 노동자들은 그리 쉽게 포기하지 않는다. 호전적인 사람들이었던 그들은 끊임없이 다시 올라서려 노력한다. 그들은 인간으로 남기를 원한다. 그들은 술을 마실 수 있을 때까지 마시면서 그릇된 에너지를 찾는다. 취하는 게 대수일까? 역겹더라도 참고 술집을 들여다보라. 정상 상태의 한 사람이 나쁜 것을 타지 않은 술을 마시는 것을 본다. 그는 별 탈 없이 많이 마실 수 있다. 그러나 술을 매일 마시지 않으며 공장의 분위기 때문에 쇠약해지고 권태에 빠진 사람이 명목만 술일 뿐인 나쁜 알코올 혼합물을 마신다면 취하는 게 불가피하다.

이들의 악행의 원인이 여기에 있다. 그들은 극도로 육체에

10_ 겸손한 자들(Umiliati)은 12세기 이탈리아에서 결성되었던 종교 단체이다. 그 이름은 그들이 입었던 무채색의 소박한 옷에서 유래한 것으로 알려져 있다. 그들은 독일의 모직물 산업을 도입해 성공을 거둔 뒤 가난한 사람들을 도왔다.

11_ 〔원주〕 나는 여러 차례에 걸쳐 산업의 역사를 개괄했다(특히 『프랑스 역사』 제5권). 그렇지만 그것을 이해하기 위해서는 중세의 도시를 지배했던 이 거대하고 강력한 조직보다 훨씬 이전으로 거슬러올라가야 할 필요가 있다. 우선적으로 출신이 비천하고 처음부터 경멸받았던 노동자들로부터 출발해야 할 것이다. 그들이 도시의 원주민이었고 교외의 땅을 소유했던 시절로부터 말이다. 그곳에서 상점과 교회의 종과 법적 권리까지 갖고 있었던 상인들은 그들이 "푸른 손톱"이라고 불렀던 노동자들을 경멸함에 하나가 되었다. 얼마 지나지 않아 부르주아는 그들을 도시 밖 성벽의 그늘 두 개의 울타리 사이에(pfahlburg) 살게 했다. 그들은 세금을 내지 않으면 모든 법적 권리를 박탈당했다. 그리고 그들은 부자에겐 어떻게, 빈자에겐 어떻게 팔라고 가격까지 임의적으로 황당하게 정해놓았다.

의존하게 되어 본능적인 삶을 요구하게 되며 그것은 육체에 더욱 의존하도록 만들어 결국 무능한 정신과 공허한 영혼으로 귀결된다는 것이다. 오늘날 사람들은 외적인 원인만 찾는다. 예컨대 수많은 남녀가 불편하게도 같은 장소에 밀집했다는 사실에 원인이 있다는 것이다. 그것은 인간의 본성이 본디 사악하기 때문에 함께 모이는 것만으로도 완전히 타락하기에 충분하다는 주장이다. 우리의 박애주의자들은 그리도 훌륭한 생각을 갖고 있어서 그들은 가능한 한 사람들을 벽 속에 넣어 분리시킨다. 그들은 단지 무덤을 만듦으로써 도덕적 인간을 보호하고 치유할 수 있다고 생각한다.

공장의 노동자는 그 자체로 악이 아니다. 그들의 무질서는 대개 상황으로부터 온다. 기계의 질서에 대한 종속에서 오는 것으로서, 그 종속 자체가 살아 있는 육체에게는 무질서이자 죽음이며, 그것이 짧은 자유의 시간에 삶으로 격렬하게 복귀하도록 도발하는 것이다. 숙명을 닮은 것이 있다면 바로 이것이다. 이 숙명은 얼마나 가혹하게, 거의 극복할 수 없을 정도로 어린이와 여성에게 무게를 지우는 것인가! 사람들은 그 둘 중 여성을 덜 측은하게 여기지만, 실은 여성이 더 불쌍하다. 그들은 이중적인 멍에를 짊어졌다. 일의 노예이면서도 자신의 손으로는 조금밖에 벌지 못하는 이 불행한 존재는 자신의 젊음으로, 자신이 줄 수 있는 쾌락으로도 벌어야 했다. 늙은 여자는 어떻게 되는가? 자연은 여성에게 한 가지 법을 부여했으니, 남자의 도움을 받지 못한다면 살 수 없다는 것이었다.

영국과 프랑스 사이의 거대한 대결이 맹렬했던 당시 영국의 공장주들이 수상 피트[12]에게 찾아가 노동자들의 높은 임금 때문에 세금을 낼 수 없다고 하소연하자 그는 끔찍한 말을 꺼냈다. "아이들을 데려가라." 이 말은 저주처럼 영국을 무겁게 눌렀다. 그 이후 영국 인종은 쇠퇴했다. 지금까지 건강했던 이 국민은 원기가 빠져 허약해졌다. 영국의 어린이들을 그리도 찬탄하도록 만들었던 꽃다운 향취와 신선함은 어떻게 되었는가? 마르고 시들었다. 그들은 피트를 믿었다. 그들은 아이들을 〔공장으로〕 데려갔다.

이 교훈으로부터 얻어야 한다. 미래가 걸려 있다. 법은 아버지보다 더 선견지명이 있어야 한다. 어린이에게 어머니가 없다면 조국이 어머니가 되어야 한다. 조국이 피난처처럼 학교를 열어야 한다. 공장으로부터의 피신처와 보호소를.

앞서 말했던 것처럼 지적인 관심사가 완전히 결여된 공허한 영혼이 공장 노동자의 타락의 중요한 원인 중 하나이다. 그

12_ 부자가 수상을 지냈는데, 이 문맥에서는 아들이었던 윌리엄 피트(William Pitt: 1759~1806)를 가리킨다.

의 일은 힘도 솜씨도 요구하지 않으며 결코 어떤 생각도 요청하지 않는다. 아무것도, 아무것도, 언제나 아무것도. 어떤 정신적 힘도 이것을 버틸 수 없다. 학교가 어린 영혼에게 그러한 단조로운 노동이 함양시키지 못하는 고귀하고 관대한 관념을 제공하여, 그 공허한 긴 하루 속에 그에게 다시 찾아와 오랜 권태의 시간을 달래주어야 한다.

현상황에서 학교는 지루함만을 위해 만들어진 것처럼 보여 피로에 피로를 더할 뿐이다. 야간학교는 대체적으로 웃음거리에 불과하다. 뮐루즈[13]에서 동이 트기 전에 일어나 1, 2마일 떨어진 일터로 갔다가 피곤하고 땀에 찌들어 집에 돌아왔거나, 손에 등불을 들고 데빌[14]의 진흙길에서 미끄러지고 넘어지면서 밤길을 가고 있는 불쌍한 어린아이를 생각해보라. 그런 그들을 불러 학교에 가서 공부하라고 하다니!

농민의 비참함이 그 어떤 것이라 할지라도 노동자와 비교한다면 현격한 차이가 있다. 그 차이는 개인에게 우발적으로 영향을 미치는 것이 아니라 전반적으로 그들 모두에게 심대한 영향을 미친다. 그것은 한마디로 말할 수 있다. 시골에서 어린

13_ 뮐루즈(Mulhouse)는 프랑스 동부에 있는 산업 도시이다. 스위스와 독일에 접경하고 있다.
14_ 데빌(Déville)은 프랑스 북부의 숲지대 아르덴에 있는 도시이다.

아이는 행복하다.

거의 벌거숭이에 맨발로 검은 빵 한 조각을 갖고 그는 소나 거위를 키우지만 대기 속에서 살며 논다. 그는 점차 농사일에 묶이게 되지만, 일은 그를 강하게 만든다. 그렇게 그가 자신의 육체와 힘을 만들어가는 소중한 기간을 그는 큰 자유와 가족의 편안함 속에서 보낸다. 이제 가라. 너는 강건하다. 어떤 고통을 받든 어떤 일을 하든 너는 삶에 맞설 수 있다.

농민은 아주 뒤늦게 비참해질 수도 있고 어쩌면 남에게 의존해야 할지도 모른다. 그러나 처음에 그는 12년에서 15년 정도의 자유를 얻는다. 이것만으로도 그는 행복의 저울추에서 〔노동자보다〕 엄청나게 유리한 위치에 있는 것이다.

공장 노동자는 한평생 큰 부담을 지고 산다. 그것은 일찍부터 그를 허약하게 만들었고 때로는 타락시켰던 어렸을 적의 부담이다. 그는 농민에 비해 육체적 힘에 있어서 열등하고 행동거지의 규칙성에 있어서도 열등하다. 이 모든 것에도 불구하고 그에게도 보상받을 만한 점이 있으니, 그가 더 사교성이 좋고 더 점잖다는 것이다. 그들 중 가장 비참한 자가 가장 절박한 필요가 있을 때에도 폭력의 행위는 자제한다. 그들은 굶어 죽을지라도 기다리면서 체념한다.

아무런 편견도 갖지 않은 견실하고 냉정한 관찰자로서 우리 시대의 최고의 연구서의 저자는 노동자의 어떤 악행에 대해서도 감추려고 하지 않음에도 불구하고 그들을 위해 다음과 같이 중요한 증언을 제시한다. "나는 이 노동자들이 더 행복한 사회계급에 속한 사람들보다 더 많이 갖고 있는 하나의 미덕을 발견했다. 그들은 어떤 종류의 필요가 있을 때에도 서로를 돕고 구제하려는 자연적 성향을 갖고 있다는 것이다."[15]

나는 이것이 그들의 유일한 우월성인지는 알지 못하지만, 얼마나 위대한가! 가장 불행하지만 가장 자선심이 많다! 비참함에 자연적으로 따르는 모진 마음으로부터 그들은 스스로를 지켰다! 이 외적인 예속에도 불구하고 그들은 증오 없는 마음을 지켰다. 그들은 더욱더 사랑했다. 아! 이것은 아름다운 영광이며, 의심의 여지없이 타락했다고 믿은 그 인간들을 신이 판단하도록 높이 격상시키는 것이다!

15_ 〔원주〕 Louis Villermé, *Tableau de l'état physique et moral des ouvriers des manufactures de coton*(1840). 1839년 11월 실직이 만연할 당시 공장주가 가장 연장인 노동자들만 지키려고 하자 노동자들은 일과 임금을 모두가 분배하여 아무도 해고하지 않도록 요구했다. II, p. 71. I, pp. 89, 366~369, II, pp. 59, 113도 참고할 것. 그들 중 내연관계 때문에 비난을 받던 사람들 다수가 필요한 돈과 서류만 구비되면 결혼하겠다고 했다. I, 54, II, 283. 임금을 현명하게 사용한다면 공장 노동자들이 충분히 벌고 있다고 주장하는 사람들에 대해서는 이 저자의 다음의 현명한 고찰로 대응하려 한다. II, p. 14. 언제나 건강해야 한다. 언제나 고용이 되어 있어야 한다. 가정마다 최대한 두 명의 자녀가 있어야 한다. 그들이 어떤 악행에도 빠지지 말아야 한다. 이것이 네 가지 조건이지만 찾아보기는 쉽지 않다.

3

수공업 노동자의 예속

공장과 기계에의 종속을 떠나 장인匠人의 집에 도제로 들어간 어린아이는 산업의 척도에서는 상승한 것이 확실하다. 그의 손과 그의 정신에 더 많은 것이 요구되기 때문이다. 그의 삶은 더이상 생명이 없는 운동의 부속물이 아니다. 그는 스스로 행동할 것이며, 그리하여 진정으로 일하는 사람이 될 것이다.

지성이 커졌지만 고통도 커졌다. 기계는 조절되었지만 사람은 조절되지 않는다![1] 기계는 수동적이다. 기계는 변덕이 없고 화를 내지도 않고 잔혹하지도 않다. 더구나 기계는 어린아

1_ 〔원주〕 Léon Faucher, "Travail des enfants à Paris," *Revue des Deux Mondes*, 15 Nov. 1844. 이 비망록에서 포셰는 기계와 인간 사이의 차이를 훌륭하게 지적하고 있다. 또한 수공업 공방의 도제제도에 대해서는 그의 다음 책 제2권을 참고하라. *Études sur l'Angleterre*. 탁월한 경제학자로서 뛰어난 작가임을 보여준 그는 공장의 지옥을 넘어서 사람들이 생각조차 하지 못했던 또다른 지옥이 있음을 우리에게 보여주었다. (〔역주〕 포셰(Léonard Joseph Léon Faucher: 1803~1853)는 프랑스의 정치가이자 경제학자였다.)

이를 어떤 정해진 시간에 자유롭게 놔둔다. 최소한 밤에는 쉴 수 있는 것이다. 그러나 작은 공방의 도제는 밤과 낮으로 주인에게 속해 있다. 그의 일은 단지 압박해오는 명령의 절박성에 따라 한계가 정해질 뿐이다. 일을 넘어서서 그는 가내 하인으로서의 모든 비참함까지 함께한다. 주인뿐 아니라 그 가족의 변덕까지도 견뎌야 한다. 남편이나 아내의 분노까지도 그의 등 위에 꽂히는 것이다. 파산이 일어나면 도제가 맞는다. 주인이 취해서 들어오면 도제가 맞는다. 일감이 줄어들거나 일감이 늘어나거나…… 도제가 맞는다.

이것이 옛적부터 공방의 체제였으며, 그것은 노예제에 불과했다. 도제의 계약에서 주인은 아버지가 되지만 단지 "아들에게 매를 아끼지 말라"[2]는 솔로몬의 말을 적용할 때에만 그러하다. 13세기부터 공권력이 개입하여 이러한 부성애를 완화시켰던 것을 우리는 알고 있다.

도제가 받는 가혹함이나 폭력은 주인에게서만 오는 것이 아니다. 위계질서가 복합적으로 얽혀 있는 직종 내부에서 타격은 단계별로 증가하면서 가해진다. 길드 내부의 어떤 용어들이 그것을 증명한다. 직인職人은 '늑대'이다. 그는 주인인 '원

2_ 「잠언」 13장 24절.

숭이'의 화풀이 대상이다. 직인은 직인 신청자인 '여우'를 쫓는다. '여우'는 이자까지 붙여 '토끼'에게 되돌려준다. '토끼'가 불쌍한 도제이다.

10년 내내 학대당하고 얻어맞기 위해 도제는 돈을 내야 했다. 이 엄한 입문 의례를 통과하여 완전히 받아들여질 때까지 그는 단계마다 돈을 지불했다. 마침내 그가 옷이 해지도록 도제를 마치고 직인이 되어 지팡이를 갖게 될 때가 되면 그는 조직의 심판을 거쳐야 한다. 그런데 그 조직은 조직원 숫자를 늘리는 일에는 관심이 없었기에 그는 거절당해 되돌려보내지고 소청도 하지 못한다.

오늘날 문은 열려 있다. 일이 더 쉬워지지는 않았더라도 도제 기간은 전보다 더 짧아졌다. 도제는 너무도 쉽게 받아들여진다. 그가 벌어들이는 처참할 정도로 적은 수입은 주인과 아버지와 길드로 들어가는데, 그것은 새로운 도제를 계속 받아들이게끔 하는 유발 요인으로서 언제나 필요보다 더 많은 노동자를 만들어낸다.

까다롭게 받아들여졌던 옛 공방의 노동자들은 수도 적었고 일종의 독점을 즐기면서 오늘날 노동자들의 근심을 조금도 갖지 않았다. 그는 훨씬 조금 벌었지만[3] 일이 없는 적은 별로 없었다. 즐겁고 기민한 그는 여행을 많이 다닌다. 일을 찾는 곳에서 그는 멈춘다. 보통 그의 주인이 그를 재워주며, 때때로 건강하고 가벼운 식사를 제공하기도 한다. 저녁에 마른 빵을 먹은 뒤 지붕 밑 다락방에 올라가 만족스럽게 잠에 든다.

그의 조건에는 얼마나 많은 변화가 일어났는가. 좋은 변화와 나쁜 변화가! 물질적인 개선에 따르는 유동적 상황과 운명

3_ 〔원주〕 우리는 앞서 공장 노동자들의 임금에 대해 논했다(82쪽). 임금에 대한 일반적인 연구를 살펴본다면 많은 논쟁을 야기한 이 문제는 다음의 논점으로 환원될 수 있다. 한 측에서는 "임금이 올랐다"고 말한다. 그들이 옳다. 그들은 1789년이나 그 이전을 기점으로 잡았기 때문이다. 다른 한 측에서는 "임금이 오르지 않았다"고 말한다. 그들도 옳다. 그들은 1824년을 기점으로 잡았기 때문이다. 이 시점 이후 공장 노동자들은 덜 벌었고, 다른 노동자들에게는 환상에 불과한 임금 인상이 있었을 뿐이다. 돈의 가치가 바뀌었고 전과 똑같이 버는 사람은 실제로 1/3을 적게 받는 것이었다. 3프랑을 벌었고, 지금도 그만큼 버는 사람은 사실상 겨우 2프랑을 받는 꼴이었다. 또한 사상의 숫자가 늘어난 것에 못지않게 생필품도 다양하게 늘어나 예전에는 관심도 두지 않았을 물건이 천 개씩이나 늘어났기에 받는 고통도 여기에 더해야 한다. 스위스와 독일에 비교할 때 프랑스의 임금은 상당히 높다. 그러나 여기에서는 삶에 필요한 물품에 대한 욕구가 더 생생하게 느껴진다. 레옹 포셰와 루이 블랑 모두가 파리의 평균 임금이 3프랑 50상팀이라고 확정적으로 말했다. 그것은 독신 남성에게는 충분하지만 아이를 키우는 가장에게는 충분하지 못하다. 나는 여기에서 루이 14세 이후 다수의 저자들이 프랑스를 위하여 확정시키려고 시도했던 프랑스의 평균 임금을 제시한다. 그렇지만 이렇게 가변적인 요인들로부터 평균을 확정하는 것이 가능한지는 모르겠다.

1698 (보방: Sébastien Le Prestre de Vauban) 12수
1738 (생피에르: 1부 1장 주6)을 참고할 것) 16수
1788 (아서 영: 1부 1장 주5)를 참고할 것) 19수
1819 (샵탈: Jean-Antoine Chaptal) 25수
1832 (모로그: Sébastien-François Bigot, vicomte de Morogues) 30수
1840 (비예르메: 1부 2장 주15)를 참고할 것) 40수

이것은 도시의 산업 노동자의 임금이다. 촌락에서도 이보다 별로 높지 않다.

에 대한 불안감과 암울한 모호함. 새로운 정신적 고통을 위한 천 가지의 요인들.

이런 변화는 한마디로 요약할 수 있다. “그는 어른이 되었다.”

참된 의미에서 어른이 된다는 것은 무엇보다도 아내를 얻어야 한다는 것이었다. 예전에는 대개 독신이었던 노동자들이 오늘날에는 종종 결혼한다. 결혼했건 안 했건 노동자가 집에 올 때면 대개 여자가 집에 있다. 집에, 화로에, 아내까지. 아, 삶이 바뀌었다.

아내에, 가족에, 머지않아 아이까지! 그러나 비용은 참혹함. 일감이 없다면……

열심히 일한 이 사람들이 저녁이면 큰 걸음으로 집에 돌아가는 것을 보는 일은 아주 감동적이다. 보통 집에서 1마일 떨어진 일터에서 슬픈 아침과 외로운 점심식사를 하며 열다섯 시간을 서서 긴 하루를 보낸 그의 바쁜 저녁의 다리. 그는 보금자리로 날아간다. 하루에 한 시간만이라도 가장이 되기를 바라는 것은 사실 큰 요구가 아니다.

거룩한 일이다. 그는 빵을 갖고 집으로 간다. 도착해서는 쉰다. 더이상 그는 아무것도 아니다. 그는 아이처럼 아내에게 몸을 맡긴다. 그가 먹여 살린 아내가 이제는 그를 먹이고 덥혀준다. 그 둘 모두 아이를 돌본다. 아이는 아무 일도 하지 않는다.

아이는 자유롭고 아이가 그들의 주인이다. 마지막에 온 자가 주인이 되다니. 여기가 실로 신의 나라이다.

부유한 사람들은 결코 이 위대한 즐거움을 누리지 못한다. 매일 자신의 가족을 자신이 가진 가장 훌륭한 것, 즉 일로서 먹여 살리는 것, 그것이 인간 최고의 축복이다. 가난한 사람만이 아버지이다. 매일 그는 새롭게 창조하며 자신의 가족을 재생산한다.

이 아름다운 신비를 세상의 현자들보다 더 잘 이해하는 사람이 아내이다. 아내는 모든 일을 남편에게 맡김으로써 행복하다. 이것만으로도 가난한 가정은 특별히 아름답다. 거기에는 어떤 이상한 것도 어떤 무관심한 것도 없다. 모든 것에 사랑하는 손길과 마음이 새겨져 있다. 남편이 집으로 돌아올 때 집이 소박하지만 기품 있게 보이도록 아내가 얼마나 많은 수고를 했는지 남편은 모를 때가 많다. 가재도구와 옷과 침대 시트를 위한 아내의 욕심은 크기만 하다. 침대 시트는 새로운 품목이다. 시골 아낙네의 자존심이었던 옷장armoire au linge은 산업혁명 이전까지는 도시 노동자에게 알려져 있지 않았다. 청결과 정결과 정숙함, 이러한 여성의 우아함이 집을 더 아름답게 만든다. 커튼이 침대를 둘러싸고 있고 흰색으로 빛나는 아기의 요람은 천국이다. 이 모든 것이 며칠 저녁 동안 자르고

꿰맨 것이다. 여기에다가 창가에 꽃을 더하라. 얼마나 큰 놀라움인가! 남편은 돌아와서 자기의 집인지도 모를 것이다.

이제는 파리에도 꽃 시장이 곳곳에 있는데, 점차 확산되고 있는 꽃에 대한 취향, 즉 집안을 장식하려는 작은 비용은 내일 일거리가 있을지 알 수조차 없는 사람들에게는 개탄해야 할 일이 아닌가? '비용'이라고 말하지 말자. '절약'이라고 말하자. 만일 아내가 순진하게 꽃에 유혹되었던 것이 남편에게 집이 아름답게 보이도록 만들어 그곳으로 돌아오게 만들었다면 그것은 큰 절약이다. 바라노니 집을 꾸미고 아내도 꾸미자. 염색한 무명천 몇 자면 아내는 다른 여자가 되어 다시 젊어지고 생기를 얻는다.

"여기에 머물러주세요." 토요일 밤이다. 아내는 팔로 남편의 목을 감싸며 그가 먹어치우려던 빵을 아이들을 위해 남겨놓는다.[4]

일요일이 되었고 아내가 이겼다. 면도를 하고 옷을 갈아입은 남편이 따뜻하고 좋은 외투를 입는 것을 아내가 도와준다. 이 일은 곧 끝난다. 주일을 위해 아이를 꾸미는 것이 훨씬 길

4_ [원주] 빵! 집주인! 이 두 가지가 아내의 생각 속에서 떠나지 않는다. 집세를 모으기 위해 어떤 기술과 미덕과 정신의 힘이 필요한 것인가! 누가 이것을 알아줄 것인가?

고 어려운 일이다. 집을 나선다. 아이가 앞장선다. 공들여 입힌 작품이 망가지지 않도록 어머니의 눈길은 아이를 벗어나지 않는다.

이들을 조심스럽게 살펴보라. 당신이 아무리 높이 올라간다 하더라도 이들보다 정신적으로 더 우월한 사람들을 만날 수는 없을 것이다. 아내가 바로 미덕이며 거기에다가 순진한 이성의 독특한 매력은 물론 힘을 지배하는 솜씨까지 겸비했는데, 스스로는 알지도 못하는 사이에 일어난 일이다. 남편은 강인하고 참을성 있고 용감하다. 그가 사회를 위해 인간 삶에서 가장 무거운 짐을 지고 있다. 길드의 아름다운 칭호를 사용한다면 일의 확실한 친구compagnon du devoir[5]인 그는 초소의 군인처럼 강인하고 굳건하게 서 있다. 그의 직업이 더 위험해질수록 그의 정신적 힘은 더 확실해진다. 민중 출신으로 그들을 잘 알고 있는 유명한 건축가는 어느 날 내 친구에게 이렇게 말했다. "이들이 내가 아는 가장 정직한 사람들이다. 그들은 아침에 집을 나설 때 저녁에 돌아오지 못할 수도 있음을 알고 있다. 그럼에도 그들은 언제나 신 앞에 서 있을 준비가 되어 있다."[6]

5_ '친구'를 뜻하는 'compagnon'은 길드의 직인(職人)을 가리키기도 한다.
6_ [원주] 이것은 건축가 페르시에(Percier)가 디자인 무상 학교의 교장 벨록(Bel-

이러한 직종은 아무리 고귀하다 할지라도 어머니가 아들에게 바랄 만한 것은 아니었다. 아들은 전도가 유망하다. 그는 더 나아갈 것이다. 수도사들은[7] 그를 칭찬하며 아껴준다. 이미 그의 그림과 축일의 장식물들은 나폴레옹과 '거룩한 심장'[8] 사이에서 학교의 강당을 꾸며주고 있다. 그는 디자인 무상 학교에 진학할 것이 확실하다. 아버지는 묻는다. 왜? 어머니가 대답한다. 뭐든 그가 직업을 고르는 데 그림이 쓸모가 있을 거라고. 우리는 그 대답에 이중적 의미가 담겨 있음을 실토하지 않을 수 없다. 그 대답 속에 어머니는 아주 다른 야망을 숨기고 있으니까. 이 재능 많은 어린아이가 잘 자라나 다른 사람들과 다름없이 화가나 조각가가 되지 말라는 법이 어디 있는가? 어머니는 크레용과 비싼 도화지를 사기 위해 지갑에서 몇 수를 숨겨놓는다. 아들은 머지않아 전시회를 열고 모든 상을 휩쓸 것이다. 벌써 어머니의 꿈속에서는 로마라는 위

loc)에게 했던 말이다. 이 영적인 예술가 벨록은 그 말을 기억해두었다가 새로운 관점과 충실한 통찰이 가득한 연설에서 인용했다. 페르시에는 자신의 견해에 이렇게 경의를 표한 것을 알고는 죽기 한 달 전 디자인 무상 학교에 유산을 남겼다.

7_ 수도사들(Frères)은 가난한 사람들을 위한 무상 교육기관의 교사들을 가리킨다.

8_ 거룩한 심장(Sacré-Cœur)은 예수의 보속을 기억하기 위해 십자가 위에 심장을 표현한 것을 가리킨다. 가톨릭 국가에서 이것은 성직자의 축성을 받은 뒤 가정의 장식물로 흔히 사용된다.

대한 이름이 울려퍼진다.

이렇듯 어머니의 꿈이 노동자로 더 나은 삶을 살았을 수도 있는 누군가를 가난하고 비참한 예술가로 만드는 데 성공하는 일은 흔히 일어난다. 부유한 계급 중에서도 특히 여성들이 예술 작품의 구매자가 되기보다 스스로 예술가가 되려는 평화의 시기에도 예술은 생산성이 높지 않다. 전쟁이나 혁명이 일어나면 예술은 곧바로 굶주림이었다.

때로 열정과 영기가 충만한 야심만만한 예술가조차 갑자기 중단하곤 한다. 아버지가 돌아가셔서 가족을 부양하게 되어 노동자가 되는 것이다. 어머니의 애통한 슬픔이 너무도 커서 젊은이의 용기를 빼앗아가는 것이다.

한평생 그는 운명을 저주할 것이다. 이곳에서 일하는 그의 영혼은 다른 곳에 있을 것이다. 잔인한 갈등…… 그렇지만 어느 것도 그를 멈추지 못한다. 조언을 갖고 그에게 가까이 가지 말라. 잘 받아들이지 않을 것이다. 너무 늦었다. 그 스스로 장애물을 극복해야 한다. 당신은 그가 언제나 책을 읽고 꿈을 꾸고 있는 것을 본다. 짧은 식사 시간에도, 저녁에도, 또 밤에도 책을 읽는 데 빠져 있다. 일요일엔 방안에 갇혀 생각에 몰두한다. 이러한 정신 상태에 있는 사람의 책에 대한 굶주림이 어떤 것인지는 상상조차 하기 힘들다. 내가 아는 어느 불행한 직조공은 시끄럽게 삐걱대며 흔들리는 스무 개의 베틀 사이에서, 공부와는 전혀 양립할 수 없는 상태에서 일을 하면서도 베틀 위에 책을 놓고 그것이 물러갔다가 돌아오는 1초마다 한 줄씩 읽곤 했다.

그렇게 지나가는 하루는 얼마나 긴가! 마지막 시간은 얼마나 고통스러운가! 끔찍한 작업장에서 종소리를 기다리며 그것이 늦어진다고 저주하는 사람들에게 일이 끝날 때만큼은 그조차 환상적이다. 참을성 없는 악마가 그늘 속에서 잔인하게 빈정댄다. "오, 자유여! 빛이여, 나를 항상 그곳에 놔두소서!"

만일 그에게 가족이 있다면 나는 그가 집에 돌아올 때마다 그 가족을 동정할 것이다. 이런 방식으로 투쟁하면서 자신의 증진에만 몰두하는 사람에게 다른 모든 것은 멀리 떨어져 있다. 이 침침한 삶에서는 사랑의 능력이 줄어든다. 그는 가족을 덜 사랑한다. 가족은 성가실 뿐이다. 그는 조국과도 멀어지며 운명의 불공정함을 조국 탓으로 돌린다.

공부를 좋아하는 이 노동자의 아버지는 비록 거칠고 우둔하고 여러 면에서 아들보다 열등할지라도 한 가지 더 큰 장점을 갖고 있다. 그에게는 국가에 대한 감정이 훨씬 강하다는 것이다. 그는 인류보다는 프랑스를 더 많이 생각한다. 프랑스라는 큰 가정과 그만의 작은 가정, 그것이 그의 세계로서 그의 마음은 거기에 있다. 그러나 우리가 찬탄했던 그 아름다운 실내 장식과 안락한 가재도구는 어떻게 된 것인가?

학문 그 자체는 사람들의 마음을 마르게도 얼게도 만들지 않는다. 여기에서 그런 결과가 발생했다면 그것은 그 학문이 정신에 도달했을 때 잔혹할 정도로 위축되었기 때문이다. 학문은 그 자연스럽고 참되고 완전한 빛 속에서 제시된 것이 아니라, 동굴 속으로 분산되어 비껴 들어온 빛처럼 기울어지고 단편적으로 제시되었던 것이다. 학문은 그것이 가르친 것이 아니라 무시한 것을 통해서 그 사람을 증오하고 질투하게 만들었다. 예컨대 부가 창출되는 복잡한 과정을 모르는 사람은 부란 결코 창출되지 않으며, 누군가가 획득하면 다른 누군가가 빼앗기듯이 단지 위치를 바꿀 뿐이라고 자연스럽게 믿는다. 그에게 재산의 획득은 모두 도둑질처럼 보일 것이다. 따라서 그는 소유한 사람들을 증오한다. 증오한다고? 왜? 세계의 선을 위하여? 그러나 세계에 사랑이 없다면 가치도 없음에야.[9]

부적절하게 공부한 자의 불가피한 과오가 그 어떤 것이라 할지라도 지금은 그를 존중해야 한다. 지금까지 우연히 공부

9_ 여기에서 미슐레는 현란하게 중의법을 사용한다. '선'(biens)은 '재산'으로 번역될 수 있다. 재산에 대해 왜곡된 견해를 갖고 독서하는 노동자에게 재산이란 도둑질의 결과이기에 그것을 증오하는 것은 '선'을 위한 행동이라는 결론에 도달할 수 있다. 그러나 '증오'라는 행동은 기독교 최고의 가치인 '사랑'에 위배된다.

를 하게 되었던 사람이 공부하기를 '원하는' 것, 열정적 의지를 갖고 수많은 장애물을 극복하면서 학문을 추구하려는 것을 보는 것보다 더 감동적이고 더 진지한 일이 어디 있겠는가? 우리가 고찰하는 시점에서 이 노동자들을 농민은 물론 더 우월하다고 믿던 계급보다 더 우위에 두는 것은 이러한 자발적인 계발 때문이다. 그 우월한 계급은 실제로 책, 여가 등등 공부를 하는 데 필요한 모든 것을 갖추고 있지만 일단 의무교육을 마치게 되면 공부를 포기하고 더이상 진리의 추구로 고민하지 않는다. 나는 일류 학교를 우수한 성적으로 졸업한 뒤 그렇게 사는 사람들을 많이 보아왔다. 그들은 아직도 젊지만 마음은 늙어서 감정의 소용돌이라는 변명조차 없이 그들을 고양시켰던 학문을 잊은 채 잠자고 담배 피우고 몽상을 하면서 권태 속에서 소일한다.

장애물이 책 읽기에 자극이 된다는 것을 나는 알고 있다. 노동자가 책을 아끼는 이유는 가진 책이 별로 없기 때문이다. 가진 책이 한 권뿐일 경우도 있지만, 그게 좋은 책이라면 더 많이 배운다. 반추하고 소화시키면서 읽고 또 읽은 단 한 권의 책은 소화시키지 못한 방대한 독서보다 더 효과적일 때가 많다. 나는 베르길리우스[10]의 책 한 권을 정복하기 위해 몇 년을 보냈고, 그것은 적절한 판단이었다. 우연히 부두에서 구

입했던 라신[11]의 낱권 하나가 툴롱의 시인을 만들었다.[12]

내적으로 풍요로운 사람은 언제나 자원이 충분하다. 그들은 자신이 가진 것을 확대시키고 생각을 통해 비옥하게 만든 뒤 무한의 세계로 전달한다. 그들은 이 진흙탕의 세계를 질투하기보다 그것으로 금과 빛으로 된 세계를 몸소 만든다. 그들은 그 세계를 향해 말한다. "당신이 부라고 부르는 빈곤함을 지키라. 나 자신이 더 부유하다."

최근에 노동자들이 쓴 시 대다수는 비애와 유순함이라는 특성을 보여주는데, 그것은 내게 그들의 선배였던 중세의 노동자들을 떠오르게 한다. 그 시들 중 일부가 거칠고 난폭하다 하여도 그것은 소수일 뿐이다. 그들이 시의 형식에서 귀족주의적인 틀을 크게 존경하고 따르지 않았더라면 그들의 고양된 영감은 이 참된 시인들을 더 높은 곳으로 데려가주었을 것이다.

그들은 이제 시작했을 뿐이다. 왜 당신은 그들이 최고의 자리에 결코 도달하지 못할 것이라고 서둘러 말하는가? 당신은

10_ 서문 주32)를 참고할 것.
11_ 장 라신(Jean Racine: 1639~1699)은 17세기 프랑스를 대표하는 비극 작가이다.
12_ 툴롱에서 태어나고 사망한 노동자 시인 샤를 퐁시(Charles Poncy: 1821~1891)를 가리킨다. 그는 시인 조르주 상드의 지원을 받아 많은 지적인 노동자들을 시의 세계로 인도한 것으로 잘 알려져 있다. 그 노동자들은 대체로 수공업 노동자들이었다.

시대와 문화가 모든 것을 만든다는 그릇된 생각으로부터 출발했다. 당신은 육체노동에 종사하면서도 영혼 고유의 힘만으로 도달할 수 있는 내적 발전을 조금도 고려하지 않았다. 그것은 장애물 속에서 번성하는 자발적인 생명력이다. 책을 읽는 사람들은 책을 읽지 않고 문화가 경박한 사람이 그에 대한 보상으로 한 가지를 갖고 있다는 사실을 알아야 한다. 그는 슬픔의 주인이다.

그가 성공하건 못 하건 내게는 그의 구제책이 보이지 않는다. 그는 자신의 길을, 생각과 고통의 길을 갈 것이다. 나의 베르길리우스는 말한다. "그는 빛을 찾았고, 한번 본 뒤 신음했다!"[13] 그리고 신음하면서 빛을 더 찾을 것이다. 빛을 한번 본 사람이 그것을 포기할 수 있겠는가?

"빛을, 더 많은 빛을!" 이것이 괴테의 마지막 말이었다. 죽어가던 천재의 이 말은 자연의 보편적인 절규로서, 세계에서 세계로 메아리친다. 신의 큰아들의 하나였던 이 강력한 인간이 말했던 것을 신의 가장 초라한 자식으로서 동물의 세계에서 가장 밑바닥에 있는 연체동물도 바닷속 깊은 곳에서 말한다. 빛이 도달하지 못하는 곳에서는 살고 싶지 않다고. 꽃도 빛을 원해 빛을 향하고 빛이 없으면 시든다. 일할 때의 친구인 동물들도 우리와 마찬가지로 빛이 있으면 즐거워하고 빛이 사라지면 슬퍼한다. 두 달 된 나의 손자는 하루가 저물 때면 운다.

지난여름 정원에서 산책하다가 지는 해를 보며 가지에 앉아 노래 부르는 새를 봤다. 새는 빛을 마주하고 즐거워하는 것 같았다. 나도 그 새를 보고 즐거웠다. 새장 속의 슬픈 새들은 작지만 열정적이고 지적이고 강한 그 새가 주는 인상을 내게 준 적이 없었다. 나는 그 새의 노래에 전율했다. 그 새는 머리를 뒤로하고 가슴을 내밀었다. 어떤 가수도 어떤 시인도 그 순수한 황홀경에 도달하지 못했다. 사랑 때문이 아니었다. 짝짓기의 철은 지났다. 확실히 그 새를 즐거움으로 채운 것은 그 날의 매력이었고 아름다운 석양이었다.

야만적인 학문과 잔혹한 오만이 생생한 자연을 비하시키며 인간을 열등한 형제들과 갈라놓는다.

나는 그 새에게 눈물로 말했다. "노래로 빛을 반영하는 불쌍한 빛의 자식아, 노래하는 네가 옳다. 네게 위협과 위험으로 가득한 밤은 죽음을 많이 닮았다. 네가 내일 다시 빛을 보게 될지 누가 알겠는가?" 그 뒤 그 새의 운명으로부터 창조의 밑바닥에서 빛을 향해 천천히 상승하고 있는 다른 존재들로 생각을 돌리며 나는 괴테와 그 작은 새처럼 말했다. "빛을, 주여, 더 많은 빛을!"

4

공장주의 예속

나는 앞서 인용했던 루앙 직조공의 소책자에서 다음과 같은 글을 읽었다. "우리의 공장주들은 본디 노동자들이었다." 그리고 또다시. "오늘날(1836) 공장주들의 대다수는 왕정복고 초기시대에 열심히 일하고 절약하던 노동자들이었다." 이것은 루앙의 공장에만 특별한 것이 아니라 충분히 일반적인 상황이었다고 나는 믿는다.

많은 건설 기업가들이 자신들은 노동자였으며 미장공이나 목수로서 파리에 도착했었다고 내게 말했다.

만일 노동자들이 큰 공장의 방대하고 복합적인 경영을 담당하는 위치까지 올라섰다면 그들은 작은 자본을 요구하는 작은 공장이나 수공업이나 소매를 담당하는 부서의 장이 되었다고 생각하는 것이 옳을 것이다. 제국 치하에서 별로 늘어나지 않았던 인가된 상인의 숫자는 1815년 이후 30년 만에 두 배로 늘었다. 약 6만 명 정도가 제조업자나 상인이 되었다. 이제 이 나라에서 생계를 유지하며 살아갈 수 있는 사람들이 큰 기업에 투자한다는 모험에 빠지지 않는다면 50만 정도의 노동자들이 주인이 되어 그들이 독립이라고 믿던 것을 쟁취하여 공장주가 되었으리라고 감히 말할 수 있을 것이다.

이러한 변화의 추세는 처음 10년간, 즉 1815년부터 1825년 사이에 대단히 급격했다. 그 전쟁의 용사들이 갑자기 방향을 틀어 산업으로 방향을 틀었을 때 그들은 진격 명령을 받은 것처럼 어렵지 않게 자리를 차지했다. 그들의 자신감은 너무도 강해서 자본가들에게까지 전파되었다. 그런 사람들의 기개는 가장 냉담한 사람들한테도 전달되었다. 그들이 우리의 계속적인 승리를 산업에서 다시 시작하여 최근의 패배에 대한 보상을 우리에게 제공하려 했다고 믿기는 어렵지 않다.

우리 제조업의 기초를 닦은 이 노동자 출신의 신흥 부자들이 뛰어난 품격을, 활력과 과감성과 주도력과 때로는 사업을 위한 수완까지 갖추고 있었다는 사실은 부정하기 어렵다. 많은 사람들이 돈을 벌었다. 그들의 자식들이 스스로를 파멸시키지 않기를.

그렇게 뛰어난 품격을 갖고 1815년의 공장주들은 그 시대의 도덕적 타락을 너무도 잘 증명해 보였다. 그 당시에 그들은 정치적 죽음이 도덕적 죽음과 멀지 않다는 것을 볼 수 있었다. 전쟁에서의 죽음이나 공장에서의 죽음이나 다를 것이 없었다. 일반적으로 그들은 군대생활에서 영예감이 아닌 폭력성만을 유지했다. 그들은 사람이나 사물이나 미래에 대해 신경쓰지 않으면서 노동자와 소비자라는 두 집단의 사람들을 비정하게 취급했다.

그렇지만 그 시대에는 별다른 기술이 필요하지 않은 기계공장에서조차 노동자들이 귀했기 때문에 그들에게는 높은 임금을 지불해야 했다. 그리하여 그들은 〔높은 임금을 미끼로〕 도시와 농촌에서 사람들을 끌어들였다. 그렇게 일로 징집된 그 사람들을 기계의 보조에 맞추도록 만들어 기계와 마찬가지로 피로를 느끼지 못하도록 강요했다. 그들은 산업에 제국주의의 거대한 원리를 적용시키려던 것처럼 보였다. 사람을 희생시켜 전쟁을 단축시키자는 것이었다. 때로는 동물들에게 야만적으로 대했던 우리의 국민적인 조급성은 군사 전통의 권위를 따라 인간들에게 가해졌다. 작업은 돌격의 구보로 이루어져야 했다. 낙오하는 자만 더 나빠질 뿐이다.

공장주들은 제조한 상품의 판매에 있어서 마치 적국에 있는 것처럼 행동했다. 그들은 마치 1815년 파리의 여자 상인들이 코사크인들[1]에게 사기를 치듯 구매자들을 대했다. 그들은 가짜로 색칠하고 가짜 저울로 무게를 달아 가짜로 팔았다. 그들은 속임수 패를 돌리고는 물러섰다. 그렇게 함으로써 그들은 프랑스 최고의 매출 창구의 문을 닫았으며 오래도록 프랑스 교역의 명성을 훼손시켰다. 그중 가장 심각한 것이 우리의 혁명을 모방했던 라틴아메리카 세계에서 우리를 배제하도록 만듦으로써 기본적으로 영국에 큰 도움을 주었다는 사실이다.

아들이었든 노동자들이었든 그들의 후계자들은 이제 그러한 평판 때문에 모든 시장에서 어려운 시기를 맞고 있다. 그들은 이윤이 크게 감소한 것 때문에 놀라고 실망했다. 그들 대다수는 할 수만 있다면 기꺼이 사업을 접으려 했지만, 이미 헤어나기 힘든 상황이었다. 그들은 나아가야만 했다. 전진! 전진!

1_ 나폴레옹이 패망한 이후 1815년 러시아의 코사크 기병대가 파리에 입성했다. 순진했던 그들이 파리에서 여러 방식으로 농락당했던 일은 당시 풍속화에도 등장할 만큼 조롱의 대상이 되었다.

다른 나라에서 사업은 큰 자본의 지원을 받으며 관례와 전통과 확고한 인간관계에 바탕을 두었다. 그것은 방대하고 규칙적인 통상의 기반을 갖추고 있다. 솔직히 말해 여기 프랑스에서는 사업이 전쟁일 뿐이다. 자신감을 불러일으키는 노동자도 익명의 투자자로 바뀔 뿐이다. 젊은이는 아버지가 벌어놓은 것을 위험에 빠뜨릴 뿐이다. 아내의 지참금에서 왔건 대출에서 왔건 그의 자본은 작기만 하다. 두 번의 위기 사이에서 그의 사업이 버틸 수 있도록 신의 가호가 있기를. 우리는 6년마다 위기를 맞았기 때문이다(1818, 1825, 1830, 1836). 언제나 같은 이야기였다. 위기 이후 1, 2년이 지나 몇몇 주문이 들어오면 잊어버리고 다시 희망을 갖는다. 공장주는 잘 돌아가고 있다고 생각한다. 그는 사람과 물건을, 노동자와 기계를 밀고 누르고 괴롭힌다. 마치 1820년의 나폴레옹이 산업계에 잠시 나타난 것처럼 보였다.[2] 장애에 빠져 질식 상태에 이른 그는 손해를 보며 팔아야 했다. 게다가 그 값비싼 기계는 대략 5년마다 고장이 나거나 아니면 새로운 발명품에 의해 폐기되어야 했다. 그에게 이윤이 남더라도 그것은 기계를 바꾸는 데 쓰였다.

2_ 1815년 워털루전투에서 패배한 뒤 세인트헬레나섬에 유배된 나폴레옹은 1821년 그곳에서 사망했다.

많은 교훈을 통해 배운 자본가들은 이제 프랑스가 교역국가라기보다는 산업국가가 되어야 한다고 믿으며 팔기보다는 만들기에 더 적합한 나라라고 믿었다. 자본가들은 새로운 공장주들에게 돈을 댔지만 그들은 위험한 항해를 떠나려는 사람과 같았다. 그들이 어떤 안전성을 갖고 있는가? 가장 우수한 공장도 큰 손해를 보면서 팔릴 뿐이고 뛰어난 설비들도 몇 년 지나지 않아 고철값이 된다. 따라서 자본가는 공장이 아닌 사람에게 돈을 댄 것이다. 공장주는 자신이 예속될 수 있다는 슬픈 예감을 갖고 있으며, 이것이 그의 인감에 가치를 부여한다. 그는 자신이라는 인간 전체가 저당을 잡혔다는 사실을 아주 잘 알고 있으며, 때로는 그것을 넘어선다. 아내와 자식들의 삶은 물론이고, 때로는 장인이나 신뢰하는 친구의 재산까지도 엮여 있다. 이 끔찍한 삶을 통해 단련이 되었을 텐데도 믿고 맡긴 친구의 재산까지도. 그러니 더이상 흥정은 없다. 정복하라, 아니면 죽을 것이다. 돈을 벌라, 아니면 물에 몸을 던지라.

이러한 정신 상태에 있는 사람은 부드러운 마음을 가질 수 없다. 만일 그가 고용인이나 노동자에게 친절하고 온화하다면 그것이 기적일 것이다. 그 넓은 공장에서 침울하고 엄한 표정으로 큰 걸음을 옮기는 그를 보라. 그가 한쪽에 있을 때 다른 쪽에 있는 노동자들은 자기들끼리 속삭인다. "오늘 성질 참 고

약하군. 십장을 저렇게 대하다니!" 사실 그는 언제나 조금 전에 했던 것처럼 그들을 대했을 뿐이다. 그는 방금 자금 시장에 다녀왔다. 예컨대 바젤[3]에서 뮐루즈나 루앙에서 데빌에 다녀온 것이다. 그는 비명을 질렀고, 사람들은 놀랐다. 유대인이 그의 몸에서 살 1파운드를 떼어간 것을 몰랐다는 말인가?[4]

누구에게서 그것을 돌려받을 것인가? 소비자로부터? 소비자는 그것을 경계하고 있다. 또다시 공장주는 노동자들을 겨냥한다. 도제제도가 없는 그 어떤 곳이나 도제를 무분별하게 양산해내는 그 어떤 곳에서도 사람들은 떼를 지어 몰려 낮은 가격을 제시하기 때문에 공장주는 임금의 하락으로 이득을 취한다.[5] 그 뒤 상품의 과잉 생산은 그로 하여금 더 싸게 팔도록 강요하고, 노동자에게는 죽음인 임금의 추락은 공장주에게도 이득이 되지 못한다. 소비자들만이 이익을 본다.

그렇지만 가장 가혹한 공장주도 인간으로 태어났었다. 그

3_ 바젤은 스위스 북서부의 도시로 미슐레가 표기한 프랑스어로는 '발'(Bâle)이라 부른다.

4_ 셰익스피어의 〈베니스의 상인〉에 등장하는 유대인 상인 샤일록을 연상시킨다.

5_ 〔원주〕 나는 어떤 공장주들이 상품의 품질에 대해 소비자들에게 부리는 농간과 일의 양에 대해 노동자들에게 부리는 농간에 대해 누군가가 내게 말했던 것을 믿지 않아왔다. 나의 생각을 바꿔야만 했다. 공장주들의 친구로서 상인과 금융가로 명망이 높은 사람들은 슬픈 어조로 면목 없이 말을 하면서 그러한 사실을 내게 확인시켜주었다. 노사 조정위원회는 그러한 범죄를 막을 어떤 권위도 갖고 있지 않다. 게다가 불쌍한 노동자들은 감히 불평하지도 못한다. 이러한 문제는 법무장관의 관할이다.

도 처음에는 노동자들 무리에게 약간의 관심을 보였었다.[6] 점차 사업에 몰두하면서 자신의 지위에 대한 불안감과 위험성과 정신적 고통이 그를 노동자들의 물질적 고통에 대해 냉담하도록 만들었다. 그는 한때 노동자였던 자신의 아버지가 알던 것만큼 노동자들의 고통을 알지 못했다.[7] 언제나 바뀌는

6_ 〔원주〕 공장주의 마음이 굳어지면서 내면의 인간성의 목소리를 질식시키는 능력을 점차 획득해가는 과정에 대해서는 에므리의 다음 팸플릿이 훌륭하게 분석하고 있다. Henri-Charles Emmery, *Amélioration du sort des ouvriers dans les travaux publics*, 1847. 에므리는 특히 정부에서 발주한 위험한 공사에서 부상당한 노동자들을 다루고 있다. "심장이 올바른 위치에 있는 사업자라면 처음에 한 번은, 어쩌면 몇 번은 상해를 입은 노동자들을 도왔을 것이다. 그러나 이런 일들이 재발하여 도와야 할 일이 쌓이게 되면 부담스럽게 바뀐다. 사업자는 누구보다도 스스로와 타협을 하며 관대하게 처리하려던 처음의 마음을 떨쳐버리면서 부지불식간에 도움의 신청자를 조금씩 줄이다가 각 사고마다의 지불 액수를 눈에 띌 정도로 삭감한다. 사업자는 자신의 대단히 위험한 작업장에서 그 위험에 따르는 초과 수당을 자신의 직함으로는 전혀 받지 못하는 것뿐만 아니라, 오히려 노동자들에게는 그 위험수당을 더 많이 지불해야 한다는 사실을 알아차린다. 이제 그에게는 그 위험수당이 곧바로 두려워하던 사고에 대해 지불해야 할 금액인 것처럼 보인다. 추가적인 지원이란 그의 한계를 넘어선 것처럼 보일 것이다. 게다가 상해를 입은 노동자는 오래도록 작업장에 있지도 않았다. 병가를 낸 노동자는 솜씨도 없는데다가 유용하지도 않다는 등등의 생각이 오간다. 말하자면 마음이 이런 방식으로 습관에 의해, 그리고 때로는 필요에 의해 굳어지면서 자선심은 곧 사멸한다. 그나마 약간 남은 지원조차도 엄정하게 올바른 방식으로 모두에게 배분된 것이 아니다. 노동자들의 그 슬픈 모습들로부터 자연스럽게 생겨난 자비로운 감정은 몇몇 사람의 기부 정도로 축소되었는데, 그것조차 임의적으로 할당되었다. 굶주리고 있는 가족의 실제적인 필요에 따라 정해진 것이 아니라 사업자와 그의 사업의 미래의 이익에 따라 결정되었다는 것이다."

7_ 〔원주〕 아버지와 아들의 차이란, 노동자였던 적이 없었던 아들은 공장에서 이루어지는 공정 자체를 잘 알지 못하기 때문에 가능한 것과 불가능한 것 사이의 경계를 알지 못한다는 것이다. 그러한 무지로 인하여 아들은 때로 훨씬 더 잔혹해진다.

이 노동자 무리는 그에게 숫자나 기계로 보였을 뿐이다. 기계보다 유순하지도 규칙적이지도 않은 무리로서 산업이 더 발전하게 되면 없애도 될 무리였던 것이다. 그들은 체제 속의 결함일 뿐이다. 모든 움직임이 그리도 정확한 이 철의 세계에서 유일한 결함이 인간이었다.

노동자들의 운명에 관심을 두고 있는 몇 안 되는 공장주들이 가부장적인 방식으로 그들과 함께 살아갔던 소규모의 제조업자였거나 아니면 정반대로 사업에 일상적인 불안과는 상관없이 안정된 자산에 기반을 둔 거대하고 강력한 회사의 경영자였다는 사실은 신기하다. 그 둘 사이의 모든 지역은 비정한 전쟁터였다.

그렇듯 뮐루즈에서 번창하던 대기업의 경영자들이 자신의 이익을 거스르면서 아동 노동을 규제하는 법안을 요청했던 것을 우리는 알고 있다. 1836년 그들 중 한 사람이 노동자들에게 작은 정원이 딸린 쾌적한 숙소를 제공하는 실험을 하려 했을 때 알자스의 바로 그 경영자들은 그 훌륭한 생각에 감동받아 2백만 프랑을 쾌척했다. 나는 그 기부금이 어떻게 되었는지는 확인하지 못했다.

공장주의 가족도 때로는 자선심이 많은데, 그들이 공장의 사정에 더 훤했다면 공장주들도 분명 더 인간적이 되었을 것이다.[8] 보통 그들은 떨어져 살았기에 노동자들을 멀리서 보았을 뿐이다. 그들은 노동자들의 악행을 기꺼이 과장했다. 그들은 내가 앞서 말했던 그 순간을 기준으로 거의 언제나 그들을 판단했던 것이다. 즉, 오랫동안 억압되었던 자유가 마침내 소음과 무질서와 함께 풀려났던 퇴근 시간을 말하는 것이다. 종종 공장주와 그 가족들은 노동자가 자신들을 싫어하기 때문에 노동자들을 싫어한다고 말하곤 한다. 그러한 일반적인 견해와는 정반대로 그것은 잘못된 경우가 많다고 나는 말하겠다. 큰 공장에서 노동자는 직접적으로 독재를 가하는 십장을 더 증오하는 반면, 주인의 독재는 더 멀리 떨어져 있는 것이기에 덜 가증스럽다. 증오를 하라고 배운 적이 없는 바에야 그는

8_ [원주] 내가 목격했던 격조와 인간미로 가득 찼던 감동적인 일을 언제까지나 잊지 못할 것이다. 한 공장주가 친절하게도 자신의 공장을 내게 안내해주겠다고 나섰고 그의 젊은 아내가 동행하기를 원했다. 처음엔 흰옷을 입은 그녀가 진흙과 먼지 속을 관통하는 여정에 나선 것에 놀랐다. 가장 훌륭한 설비로 가득한 공장이라도 모든 것이 아름답고 깨끗하지는 않았다. 나는 곧 그녀가 왜 이 연옥에 동행했는지 이해하게 되었다. 남편이 나에게 물건들을 보여주는 동안 그녀는 사람들을, 그들의 영혼을 보았다—특히 상처받은 자들의. 그녀는 내게 아무런 설명도 하지 않았지만 그녀가 그 사람들 사이를 스쳐지나갈 때 그들이 가졌던 모든 생각들을 섬세하게 꿰뚫어보고 있다는 것을 이해할 수 있었다. 증오가 아니라 걱정하고, 어쩌면 선망하는 마음이 그곳에서 들끓었던 것이다. 그 여정에서 그녀는 올바르고 우아하며 때로는 부드럽기도 한 말을 던졌다. 예를 들어 아픈 젊은 처자에게 말하면서 자신도 편치 않았던 이 젊은 부인은 감정을 어루만지는 말을 했던 것이다. 여럿이 감동을 받았다. 그녀가 피곤하다고 생각했던 한 늙은 노동자는 예의를 갖추면서도 열정적으로 의자를 권했다. 젊은 노동자들은 더 우울해했다. 그 모든 것을 알아챘던 그녀가 한마디 건네자 구름이 사라졌다.

그것을 운명으로 받아들이며 화를 내지 않을 것이다.

프랑스에서 기업의 문제는 대외 상황 때문에 더욱 복잡해진다. 한편으로 프랑스는 만장일치로 보이는 유럽의 악의 때문에 봉쇄되었다. 프랑스와 프랑스의 오래된 동맹은 동방에서건 서방에서건 새로운 교역의 출구를 찾으려는 모든 희망을 잃었다. 우리의 경쟁자인 영국인들이 우리의 친구라는 이상한 전제 위에 세워진 현재의 체제인 산업주의는 그 우정과 함께 그 체제 자체가 무덤 속에 갇힌 것처럼 봉쇄되고 장벽으로 둘러싸이게 되었음을 알게 될 뿐이다. 물론 2천5백만의 호전적인 사람들로 이루어진 거대한 농업 프랑스는 기업가들을 믿으려 하면서 그들의 이익을 위하여 움직이지 않고 라인강을 다시 점령하려고 하지 않았다. 실제로 오늘날 그들은 기업가들을 쉽게 믿었던 사실을 개탄할 권리를 갖고 있다. 기업가들보다 더 분별력이 있는 그들은 언제나 영국인은 영국인으로 남을 것이라고 믿는다.

그렇지만 기업가들 사이에서도 구별을 해야 한다. 그들 중에는 세 겹으로 서 있는 세관의 줄 뒤에서 졸고 있지 않고 영국에 대한 전쟁을 고귀하게 지속했던 사람들이 있다. 우리를 짓누르고 있던 바위를 들어올린 그들의 영웅적인 행위에 우리는 고마워한다. 그들의 기업은 때로 영국보다 1/3 더 큰 비용이 들어가는 온갖 불리한 조건에도 불구하고 영국에 맞서 싸웠으며, 그럼에도 불구하고 여러 지점에서 그들을 이겼다. 특히 가장 뛰어난 능력과 고갈되지 않는 창의력의 보고를 필요로 하는 분야에서 승리를 거뒀던 것이다. 그들의 기업은 예술을 통해 승리했던 것이다.

알자스의 장엄한 노력을 알리기 위해서는 책 한 권이 필요할 것이다. 상인의 정신도 없고 비용에 대해 흥정을 하지도 않으면서 어떤 큰돈이 들더라도 모든 수단을 결집하고 모든 학문을 적용하여 아름다운 것을 얻고자 했다. 리옹은 계속 구태를 바꿔야 한다는 문제를 더 창의적이 되고 더 뛰어나게 됨으로써 해결했다. 매 순간마다 가장 예측하기 어려운 변덕에 대해 반응해야 하는 파리의 요정에 대해서는 어떻게 말해야 할 것인가?

예상하지 못했던 놀라운 일이 일어났다. 프랑스는 판다! 프랑스는 배척받고 비난받고 파문되었지만 그럼에도 불구하고 그들은 온다. 그럼에도 불구하고 그들은 구매한다.

그들은 표본을 산다. 그것을 갖고 가서 더 좋게 혹은 더 나쁘게 모조품을 만든다. 한 영국인은 청문회에서 표본을 얻기 위한 지점을 파리에 두고 있다고 말했다. 파리와 리옹과 알자스에서 구입한 천의 표본을 모사품으로 만드는 것으로 영국과 독일의 위조자들이 세계의 시장을 넘치게 만들기에 충분하다. 이것은 책 시장과 비슷하다. 프랑스는 쓴다. 벨기에는 판다.

우리가 앞서가고 있는 제품은 불행하게도 가장 변화가 심해 언제나 생산 설비를 바꿀 필요가 있는 것들이다. 예술이 원자재에 가치를 무한히 더해줄 수 있다고 할지라도 비용이 그리도 많이 드는 예술은 이익을 별로 남기지 못한다. 이와는 반대로 영국은 세계 오대주의 열등 국민들 사이에서 시장을 소유하고 있으며, 오랜 기간에 걸쳐 대규모로 균일한 섬유를 만들고 있다. 거기에는 새로운 생산 설비나 더이상의 연구도 필요가 없다. 그러한 제품은 범속할지 모르지만, 그런 것들이 언제나 돈이 된다.

그러니 프랑스여, 가난하게 남아 있기 위해 일하라! 결코 지치지 말고 일을 해 고통을 받아라. 당신들의 영광으로서 당신들의 예술적 취향과 사고를 세계에 부과시키고 있는 큰 공장이 내세우는 구호는 이것이다. 창조하라, 아니면 사멸하라.

5

상인의 예속[1]

노동자이건 공장주이건 일을 하는 사람들은 상인이 여가가 있는 사람이라고 간주한다. 상점에 앉아 아침에는 신문을 읽고 하루종일 잡담을 하다가 저녁이면 금고를 잠그는 것 말고 무슨 일을 하는가? 노동자는 약간만 저축하게 된다면 상인이 될 것이라고 맹세한다.

상인은 공장주에게 폭군이다. 그는 고객에게서 받은 온갖 괴롭힘과 울화를 공장주에게 돌려준다. 이제 우리의 관행에서 고객이란 물건을 거저로 사려 하는 사람이거나, 부자를 따라 하려는 가난한 사람이거나, 방금 자신의 주머니로 들어간 돈을 곧바로 꺼내기 아쉬워하는 어제의 벼락부자이다.[2] 그들은

1_ 〔원주〕 여기에서 나는 아직까지 몇몇 대도시에만 존재하고 있는 합자회사 방식의 상업 활동이 아니라 프랑스 전역에서 흔히 볼 수 있는 개별적 상인에 대해 말할 것이다.

2_ 〔원주〕 이 새로운 부류의 사람들에 대해서는 르클레르가 잘 설명하고 있다.

번드레한 상품과 싼 가격이라는 두 가지만을 요구한다. 상품의 품질은 이차적인 문제이다. 누가 좋은 시계를 제 가격에 원하겠는가? 아무도 없다. 부자들조차 값싸고 보기 좋은 시계만을 원한다.

상인은 이런 사람들을 속이지 못하면 망한다. 상인은 언제나 두 개의 전선을 펼친다. 비합리적인 구매자들을 속이거나 그들에게 변명하는 전쟁과 제조업자들에게 화를 내며 무례하게 요구하는 전쟁이다. 상인은 자신의 주인인 대중의 가장 부조리한 변덕을 날마다 제조업자들에게 종잡을 수 없고 불안정하고 까다롭게 되돌려준다. 그는 제조업자를 좌우로 끌고 다니며 매 순간마다 방향을 바꿈으로써 그가 어떤 한 생각을 따르는 것을 방해하여 여러 가지 방식으로 위대한 발명이 나오는 것을 거의 불가능하게 만든다.

상인의 주요 목적은 구매자를 속이는 일에 제조업자가 도와주기를 바라는 것이다. 사소한 속임수에 동조할 뿐 아니라 때로는 큰 속임수에서도 물러서지 않기를 바라는 것이다. 나는 제조업자들에게 요구된 불명예스러운 일들 때문에 제조업자들이 탄식하는 소리를 들은 적이 있다. 그들은 파렴치한 사

Edme Jean Leclaire, *Peinture en bâtiment*. 그들은 사물의 참된 가치에 대해서는 조금도 알지 못한다. 단지 의미 없이 겉으로만 멋져 보이는 것만을 원한다.

기에 공범이 되지 않고서는 일을 유지할 수 없었다. 제품의 품질을 속이는 것만으로는 충분하지 않았다. 때로는 잘 알려진 상표를 위조해 사용해야 했다.

만일 산업이라는 말이 과학과 예술을 필요로 하는 복합적인 제조 과정이나 많은 지식, 정보, 협력이 전제되는 건전하고 방대한 거래를 뜻한다면, 고대의 고귀한 공화국이나[3] 중세의 오만한 귀족들이 산업에 대해 보였던 반감은 의심의 여지없이 비합리적이다. 그러나 바로 그 말을 거래에서 일어나는 일상적인 관행 즉, 거짓말하고 속이고 조작하는 상인들의 끔찍한 행동에 적용시킨다면 그러한 반감은 사실상 합리화된다.

이들과 비교한다면 명예를 중시하는 사람에게는 가장 예속적인 노동자의 상황이 더 자유롭게 보일 것이라고 나는 조금도 주저 없이 단언한다. 노동자는 육체가 노예일지언정 영혼은 자유롭다. 그와는 반대로 자신의 영혼과 말을 노예로 만들어 아침부터 저녁까지 생각에 가면을 씌우는 것, 그것이 최악의 노예 상태이다.

한때는 군인으로서 모든 일에 명예심을 좇았던 사람이 이

3_ 로마공화국을 가리킨다. 몽테스키외는 『로마인의 위대성과 그들의 몰락의 원인에 관한 논고*Considérations sur les causes de la grandeur des Romains et de leur décadence*』 제10장에서 "로마인들은 상업과 기술을 노예의 직업"이라고 말한 바 있다.

제는 이럴 정도로 쇠락한 모습을 머릿속에 그려보라. 그도 큰 고통을 받고 있음이 확실하다.

그가 하루종일 속이고 있는 것이 바로 그 명예 때문이라는 것은 정말로 특이하다. 즉, 자신의 사업에 대해 명예를 지키고 있다는 것이다. 그에게 불명예는 속임수가 아니라 파산이다. 실패를 하느니 차라리 사업에 대한 명예를 지킨다는 일념으로, 사기가 도둑질이 되고 상품 조작이 독극물 주입에 이를 정도로 그를 몰고 가게 될 것이다.

약한 독극물을 소량만 주입했음을 나도 알고 있지만, 그것도 장기적으로 보면 죽음을 불러올 수 있다. 그들이 파는 주류에 무해하고 활성화되지 않는 물질만을 주입했다고 주장한들,[4] 그것을 마셔서 활력을 회복했다고 생각하는 노동자는 결국 아무것도 얻지 못한 채 더이상 힘을 쓰지 못하게 된다. 그는 자신을 망가뜨리고 고갈시키고, 이를테면 자신의 원금에 의존하여 살아가게 되지만, 그것마저 점차 사라진다.

나는 이렇게 주류에 해로운 물질을 섞어 파는 이들이 독극물 사용만이 아니라 사람들을 비하했기 때문에 유죄라고 생

4_ 〔원주〕 그 물질들이 결코 무해하지 않다는 것이 사법적으로 확인되었다. 다음 두 학술지, *Journal de chimie médicale*과 *Annales d'Hygiène* 및 다음 저작을 참고할 것. *Garnier et Harel, Falsifications des substances alimentaire,* 1844.

각한다. 일에 지친 사람들은 믿음을 갖고 술집에 들어간다. 그들은 마치 자유의 집인 것처럼 그곳을 사랑한다. 좋다. 그런데 거기에서 무엇을 찾았는가? 치욕일 뿐이다! 술이라는 이름으로 그에게 판 혼합물을 마시면 그 즉시 술보다 두세 배의 효과가 난다. 그것은 두뇌로 올라간 뒤 정신과 말과 신체의 행동에 장애를 초래한다. 술집 주인은 취하고 무일푼이 된 그를 길에 내던져버린다. 겨울에 가난한 늙은 여인이 몸을 덥히기 위해 그 독약을 마셨다가 이런 상태로 나동그라져 잔인한 어린 아이들의 조롱거리가 되는 것을 보면서 마음이 불편하지 않을 사람이 어디 있을까? 부자는 지나가며 말한다. "여기에 민중이 있다!"

1천 프랑을 갖고 있거나 빌릴 수 있는 사람은 용감하게 사업을 시작한다. 노동자가 상점 주인이 된다. 이를테면 여가가 있는 사람이 된 것이다. 그는 술집에 살다시피 했기 때문에 술집을 연다. 그는 전에 다니던 술집과 멀지 않은 곳에 연다. 아니, 아주 가까운 곳에 연다. 그곳 단골을 빼내오기 위해서이다. 그는 곧 그 이웃 술집을 망하게 만들 것이라는 달콤한 생각으로 스스로를 위로한다. 사실 그에게는 곧 단골이 생긴다. 이웃 술집에 외상 술값을 내지 않으려는 사람들이다. 몇 달이 지나면 이 새 주인도 낡은 주인이 된다. 다른 사람들이 주변에 술집을 차린 것이다. 그는 지쳐가다가 망한다. 그는 돈뿐 아니라 더 소중한 것을 잃는다. 일하는 습관을 잃은 것이다. 주변의 경쟁자들은 크게 기뻐하지만, 그들도 얼마 뒤 똑같이 끝이 난다. 다른 사람들이 오지만, 그는 다시 보이지 않는다…… 근면함은 없이 서로를 먹어치우려는 생각밖에는 없는 슬프고 비참한 장사.

매상이 조금 오르면 술집 주인의 수는 눈에 띄게 증가한다. 그와 함께 질투와 증오도 늘어난다. 그들은 아무 일도 하지 않는다. 단지 팔짱을 끼고 문간에 서서 서로를 흘겨보면서 그 의리 없는 단골들이 다른 집으로 들어가는지 주시할 뿐이다. 작년에 파리의 상점 주인의 수는 8만에 달했는데, 다른 법정은 차치하고 상업 재판소에서 담당한 소송만 4만 6천에 달했다. 얼마나 끔찍한 숫자인가! 그것은 또 얼마나 많은 분쟁과 증오를 전제로 하는가.

인가받은 상인이 추적하고 가능하면 체포까지 하려 하는 이러한 증오의 특별한 대상은 가게 안 이곳저곳에 잠시 서 있는 가난한 악마들이다. 그들은 광주리 안에 자기의 가게를 갖고 다니는 불쌍한 아낙네들이다. 때로는 어린아이까지 딸렸다.[5] 그 아낙네가 제발 앉지 않고 항상 움직이기를. 앉으면 체포되니까.

나는 그녀가 잡혀가도록 만든 그 비참한 가게의 주인이 앉아 있어서 더 행복한지 정말로 모르겠다. 남을 움직이게 하지도 못하면서 기다리기만 할 뿐 아무것도 예측하지 못하는, 상점의 주인은 자신의 이윤이 어디에서 올지 결코 알지 못한다. 물건을 두세 손을 거쳐 받아오는 그는 유럽에서 자신의 사업의 상태가 어떠한지 알지 못하며 자신이 내년에 돈을 벌지 파산할지 짐작조차 하지 못한다.

제조업자는 물론 노동자들까지 고된 노동에도 불구하고 그들의 운명을 상점 주인보다 낫게 만들어주는 두 가지 사실이 있다. 첫째로 상점 주인은 아무것도 창조하지 않는다. 그는 인간이 마땅히 누려야 할 진지한 행복을 경험하지 못한다. 그것은 하나의 물건을 만드는 일에서 오는 것으로서, 자신의 손안에서 작품이 형상을 갖추고 조화를 이루어가는 과정을 통해 창조자는 권태와 고통의 위로를 경험하게 된다.

두번째가 나의 생각으로는 상점 주인이 끔찍할 정도로 불리한 점인데, 그는 늘 비위를 맞춰야 한다는 것이다. 노동자의 시간과 제조업자의 상품은 돈을 위한 것이다. 그것은 단순한

5_ 〔원주〕 사비니앵 라퐁트(Savinien Lapointe: 1812~1893)의 감동적인 작품을 읽어보라. (〔역주〕 본디 제화공이었던 라퐁트는 루이 필립 치하에서 투옥된 뒤 시를 쓰기 시작했다. 그의 작품 중에 본문의 상황을 묘사한 「광주리」라는 제목의 시가 있다.)

계약으로서, 비하되지 않는다. 노동자도 제조업자도 아첨해야 할 필요가 없다. 그들 누구도 계산대 뒤에 서 있는 여자처럼 눈물이 떨어질 정도로 마음이 상했다가도 갑자기 상냥하고 즐겁게 보여야 할 필요가 없다. 내일 결제해야 할 청구서 때문에 죽을 정도로 불안한 상인은 상품을 백 개나 펼쳐놓게 하고 두 시간 동안이나 재잘거리다가 빈손으로 나가는 젊은 여자 앞에서 미소를 지으며 응대해야 한다는 잔인한 노력을 해야 한다.

비위를 맞춰야 하는 건 그의 아내도 마찬가지이다. 그는 자신의 사업에 재산과 인격과 삶 전체뿐만 아니라 때로는 가족들까지도 쏟아부은 것이다.[6]

남자 혼자서는 무례를 당할 일이 별로 없을지라도 계산대 뒤의 아내나 딸이 항상 겪는 것을 보면서는 상처를 받는다. 방관자에 불과한 타인이라 할지라도 사업에 들어선 예의바른 가정의 집안 일상이 급격하게 훼손되어 화롯가가 길바닥에 던

6_ [원주] 제사 공장에서 일하는 여자 노동자가 물품 훔친 것을 눈감아준 경리에게 몸으로 보상한 일에 대해 말이 많다. 방직 공장의 여자 노동자들도 공장장에게 같은 방식으로 당한다는 얘기도 많지만 내가 보기에 그것은 오해다. 공장장이 남자건 여자건 노동자와 직접 연관되는 일은 아주 드물다. 마침내 시골의 고리대금업자가 수금을 늦춰주는 대가로 비도덕적인 요구를 했다는 이야기까지 나왔다. 그렇다면 고객의 비위를 맞춰주려고 고객과 많은 대화를 해야 하기에 그런 유의 악에 일상적으로 노출되어 있는 여자 상점 주인에 대한 이야기는 왜 나오지 않는 것일까?

져지고 가장 신성하게 받드는 것들까지 진열되어 있는 것을 상처를 받지 않고 볼 수는 없다. 이 젊은 여주인은 무례한 고객의 불손한 말까지 눈을 내리깔고 듣고 있다. 몇 달 뒤에 다시 와보면 그 젊은 여주인은 용감하게 변해 있다.

상점의 성공을 위해서는 딸보다 아내가 더 크게 기여한다. 그녀는 우아하게 매력적으로 말한다. 그들 무리의 눈으로 볼 때 그녀의 외적 태도에 불편한 게 무엇이 있겠는가? 그녀는 말하면서 듣는다…… 남편이 아닌 다른 모든 사람들의 말을. 남편은 심사가 뒤틀려 조금도 즐겁지 않다. 그는 의심과 사소한 근심거리로 가득차 있고, 정치는 물론 모든 것에 동요하면서 정부에 불만을 갖는다. 사실 그는 불만을 갖는 자들에 대해서도 불만을 갖는다.

아내는 점차 자신의 일이 지겹다는 것을 깨닫는다. 하루에 열두 시간을 유리창 뒤 상품들 사이 같은 장소에 노출되어 있어야 한다. 아내가 언제나 그렇게 부동의 자세로 있지는 않다. 동상에 생기가 들 수 있다.

여기에서 남편의 고통이 시작된다. 질투하는 사람에게 이 세상에서 가장 잔혹한 장소가 상점이다. 모든 사람들이 와서 아내에게 칭찬을 늘어놓는다. 이 비참한 남자는 때로 누구를 탓해야 할지도 모른다. 때로 그는 미쳐서 자신을 죽이거나 아내를 죽인다. 때로는 잠에 들었다가 죽기도 한다. 아마도 가장 불행한 사람은 체념하는 사람들일 것이다.

그렇게 천천히 죽은 사람이 있었다. 질투 때문이 아니라 그의 아내에게 가해진 인격적 모독으로 인한 슬픔과 굴욕 때문에. 나는 불행한 루벳[7]을 말하는 것이다. 공포정치의 위험에서 피신한 뒤 어떤 재산도 없이 국민공회에 복귀한 그는 아내를 위해 팔레 루아얄에 서점을 열었다. 당시에는 서점만이 유일하게 잘나가는 사업이었기 때문이다. 불행하게도 이 열성적인 지롱드파 의원에게는 왕당파만큼이나 많은 산악파의 적들이 수천 명이 있었다. 방데미에르 13일[8] 이후 신속하게 도피했던 "금박 청년들"[9]은 용감하게도 루벳의 상점 앞에서 행진하다가 상점으로 들어와 루벳의 아내를 조롱하며 복수했다. 격노한 남편의 항의에 대해서는 비웃음으로 응수했을 뿐이다. 루벳

7_ 루벳(Jean-Baptiste Louvet de Couvray: 1760~1797)은 프랑스의 소설가, 극작가, 정치가로서 아내 로도이스카(Lodoïska)와 함께 굴욕을 당한 뒤 파리를 떠나야 했다.

8_ 1795년 10월 5일, 혁명력에 따른 방데미에르(포도의 달) 13일 파리에서 왕당파와 혁명파 사이에 전투가 벌어져 나폴레옹이 신속하게 왕당파를 진압했다.

9_ 1794년 7월 27일 왕당파가 로베스피에르를 처형함으로써 공포정치가 끝난 뒤, 공포정치에 대한 가장 강력한 반대자였던 루이 프르롱(Louis Freron)은 젊은 이들로 폭력적인 조직을 만들어 나머지 자코뱅 당원들을 소탕하려 했다. 그 청년들은 보통 유행을 선도하는 좋고 멋진 옷을 입었기에 "금박 청년들"(jeunesse dorée)이라고 불렀다. 이 말은 이제 그러한 역사적 의미를 상실한 채 부유하고 젊은 사교계의 명사를 가리킨다.

자신이 그들에게 무기를 내줬던 것인데, 그는 자신의 피신은 물론 아끼는 아내 로도이스카의 불행에 대해 수천 쪽을 미주알고주알 써서 인쇄했던 것이다. 당연히 그것은 분별없고 신중하지 못한 행동이었다. 한 가지 사실만이 그녀를 보호하면서 감정을 가진 사람들에게 그녀가 고귀하게 보이도록 할 수 있었을 것이다. 그녀의 용기와 헌신이 남편을 구할 수 있었다는 것. 그러나 그 대담한 무리들은 감동받지 않았다. 그들은 잔인한 조롱을 차갑게 이어갔고, 루벳은 목숨을 끊었다. 아내도 죽으려 했으나 앞에 데려온 아이들이 그녀를 살게 만들었다.

6

공무원의 예속

아이들이 커가고 친인척은 서로 묻기 시작한다. "쟤들이 뭐가 될까?" 가장 활기차고 자유분방한 아이는 이렇게 대답할 공산이 크다. "나는 독립하고 싶어요." 그는 상점을 차려 거기에서 우리가 방금 살펴본 독립을 찾으려 할 것이다. 조용하고 온순한 그의 동생은 정부의 관리가 되려 할 것이다.

최소한 그렇게 되려고 애쓸 것이다. 가족은 때로 한계를 넘어선 큰 희생을 감당해야 할 것이다. 큰 노력의 목적은? 그는 몇 년의 초등교육 이후 10년의 중등교육을 받은 뒤 수습 직원이 되었다가 미미한 봉급을 받고 고용될 것이다. 이 기간에 다른 종류의 모험을 많이 겪었던 그의 형 상점 주인은 동생을 크게 부러워하며 "예산의 잔치 자리에 앉아 편안히 잠들어 있는" 비생산적인 사람들을 암시하는 언급할 기회를 놓치는 법이 없다. 기업을 하는 사람들의 눈에는 그들 외에는 생산자가

없다. 재판관, 군인, 교직자, 공무원 모두가 "비생산적인 소비자"에 불과하다.[1]

부모는 공무원이 큰돈이 되지 않는 직업이라는 것을 잘 알고 있다. 그렇지만 그들은 그 조용하고 온순한 아들이 안전하고 고정적이며 규칙적인 삶을 살아가기 바란다. 많은 혁명 이후에 그런 것이 이상적인 가족으로 자리잡았다. 그들이 보기에 그것이 관리직의 운명이었다. 다른 모든 것들은 오고, 가고, 바뀌고, 변화한다. 관리직만이 이러한 세속 세계의 무상함으로부터 벗어날 수 있으며 그들은 더 좋은 세계 속에 있는 것이다.

나는 이 공무원들이 이 움직이지 않는 삶, 잠의 삶이라는 지상의 천국을 가져본 적이 있는지 모르겠다. 오늘날 나는 이들보다 더 바쁘게 움직이는 사람들을 보지 못한다. 때때로 발생하기에 언제나 두려워하는 면직은 제쳐놓더라도 그의 삶은 변화와 여행의 연속으로서, 이런저런 선거의 신비를 위해 프랑스의 한쪽 끝에서 다른 쪽 끝으로 급작스럽게 전근을 가게 된다. 승진이라고 불리는 이러한 설명하기 어려운 치욕을 통해

1_ [원주] 마치 사법과 사회의 질서, 국토의 방위, 교육 등 가장 위대한 것들 모두가 생산이 아니었던 것처럼.

그는 1년에 2백 프랑을 더 받고 페르피냥에서 릴로 파견된다.[2] 모든 길은 가구를 갖고 이사하는 공무원들로 가득하다. 많은 자들은 가구를 갖기를 이미 포기했다. 오히려 그들은 짐을 싸놓은 채 잘 알지 못하는 도시의 숙박업소에 머물면서 외롭고 슬픈 삶을 산다. 임기 말기에 이제 겨우 친구를 사귀게 될 때쯤이면 또다른 끄트머리로 급히 보내진다.

그들은 결혼에 대해서도 조심해야 한다. 결혼하면 상황이 악화될 수 있으니까. 이 떠돌아다니는 삶과는 별개로 그들의 박봉은 가정을 유지시켜주지 못한다. 그들 중에서도 사람들의 영혼을 책임지며 자신의 지위가 갖는 명예를 유지하려는 판사나 장교나 교사는 가진 재산이 별로 없다면 권위라는 옷 속에 그들의 비참함을 숨기기 위해 처절하게 노력해야 한다는 투쟁의 상태 속에서 삶을 살아야 할 것이다.

당신은 (한 번이 아니라 여러 차례에 걸쳐) 짐마차를 타고 있는 정숙하고 진지하지만 슬퍼 보이는 부인을 본 적이 있지 않은가? 점잖지만 한물간 것 같은 옷을 입고 아이도 하나나 둘이 딸려 있는데, 마차 위에는 짐가방과 가재도구가 얹혀 있는 모습을. 그 여정의 끝에 당신은 용감하고 존경스러운 장교

2_ 페르피냥(Perpignan)은 프랑스 남쪽 끝 피레네산맥에 있는 도시이고 릴(Lille)은 프랑스 북쪽 끝 플랑드르 지역에 있는 도시이다.

로서 더이상 젊지 않은 그의 남편이 그녀를 마중하는 것을 본다. 그녀는 병영에서 병영으로 그를 따라 불편하고 지루한 삶을 살았다. 또 길에서 잠을 자고 숙박업소에서 식사를 하며 여행을 계속했다. 이 불쌍한 여인들이 사랑과 의무감만으로 군대생활의 온갖 곤경을 함께 나누었던 것보다 더 슬픈 광경은 없다.

제국 이래로 군인이건 민간인이건 관리에 대한 처우는 별로 개선되지 않았다.[3] 사람들이 관리직 최고의 행복이라고 간주하는 고정급은 그들 거의 대부분이 누리고 있다. 그러나 화폐의 가치가 하락함에 따라 고정된 숫자의 실제 가치는 떨어졌으며, 더 떨어지고 있다. 우리는 그것을 기업의 봉급과 관련하여 살펴본 바 있다.

프랑스는 한 가지 사실을 자랑할 수 있다. 지나치게 높은 봉급을 받는 몇몇 고위직을 제외하면 우리의 공무원들은 거의 아무것도 받지 않고 국가를 위해 봉사한다. 이렇게 악이 만연한 나라에서 그럼에도 불구하고 뇌물을 받는 공무원은

3_ 〔원주〕 유럽의 거의 모든 나라들마다 처우가 개선되었다. 여기 프랑스에서 몇몇 직책의 봉급은 올랐지만 다른 직책은 낮아졌다. 예컨대 현(préfecture)과 군(sous-préfecture)의 서기들의 봉급이 낮아졌다. 이 거대한 관리직의 일반적 성격과 분포에 대해서는 다음의 중요한 저작을 참고할 것. Auguste Vivien, *Études administratives*, 1845.

거의 없다는 것이다.

내게는 반론이 들린다. 승진의 희망과 음모와 사악한 영향력이 그들을 부패시킨다고 사람들은 말한다. 알고 있고, 동의한다. 그렇지만 나는 여전히 그 박봉을 받는 사람들 중에는 러시아나 이탈리아나 많은 다른 나라에서처럼 돈을 받는 사람들을 찾을 수 없을 것이라고 주장한다.

최고위층을 보자. 사람들의 운명과 재산을 결정하며 수백만 프랑에 달하는 사건을 수중에 두고 있는 판사는 그 고귀하고 고되고 피곤한 일에도 불구하고 많은 노동자들보다 더 많이 받지 못하지만 그는 뇌물을 받지 않는다.

유혹이 클 수밖에 없는 낮은 쪽으로 내려가서 세관원을 보도록 하자. 사소한 부탁을 들어주고 감사의 표시를 조금 받은 사람은 있을지 몰라도 최소한 밀수 혐의를 받는 사람은 결코 없다. 이제 그가 아무도 고마워하지 않는 일로 받는 보수가 얼마나 되는지 알고 싶은가? 1년에 6백 프랑으로서, 일당으로 30수가 조금 넘을 뿐이며 야근 수당은 없다.[4] 하루걸러 밤마다 그는 외투의 보호밖에 받지 못하면서 국경이나 해안에 서 있다. 밀수업자의 공격에 노출되어 있을 뿐 아니라 때로는 폭

4_ 1프랑은 20수이다. 서문 주20)을 참고할 것.

풍이 그를 절벽에서 바다로 날려버릴지 모른다. 그 모래밭 위로 아내가 초라한 식사를 갖고 온다. 그는 결혼을 했고 아이들도 있으며 하루에 30수에 못 미치는 돈으로 네다섯 식구를 먹여 살려야 한다.

파리의 빵 가게 직원은 두 명의 세관원, 한 명의 보병 장교, 한 명의 판사, 대다수의 교사보다 더 많이 번다. 그는 초등교사 여섯 명보다 더 많이 번다.[5]

수치다! 치욕이다! 고백하는 것조차 낯이 뜨거워지지만 가르치는 사람들에게 가장 적게 지급하는 나라, 그것이 프랑스이다.

나는 현재의 프랑스를 말하고 있다. 이와는 반대로 참된 프랑스인 혁명의 프랑스는 교직은 성직이고 교직자는 성직자와 동등하다고 선언했다. 그것은 국가가 치러야 할 최초의 비용은 교육이 되어야 한다는 원칙을 세웠다. 국민공회[6]는 그 끔찍한 재정적 빈곤에도 불구하고 초등교육에 5천4백만 프랑을 지불하려고 했고, 만일 지속되었다면 확실히 실행했을 것이다.[7] 사람들이 스스로를 물질주의자라고 부르던 특이한 시기

5_ 〔원주〕 나는 겨울에도 계속하여 고용된 보통의 빵 가게 직원의 평균 임금을 말하는 것이다. 1부 3장 주3)을 참고할 것.

6_ 1792년 9월 20일 첫 회합을 가진 국민공회는 1795년 11월 2일까지 지속되었다.

였지만, 실제로는 사상이 신격화되고 영혼이 지배했던 시기였다!

나는 이 사실을 숨기지 않겠다. 이 시대의 모든 비참함 중에서도 이것보다 내게 더 큰 무게로 다가오는 것은 없다. 프랑스에서 가장 존경받아야 하지만 가장 불쌍하고 가장 무시되는 사람들이 초등학교 교사라는 것이다.[8] 자신의 참된 도구와 힘이 무엇인지 모르고, 그 가장 강력한 정신적 지렛대가 바로 이런 부류의 사람들이라는 것을 모르는 국가는 그들을 국가의 적들에게 내준다. 당신들은 성당의 신부들이 더 잘 가르친

7_ 〔원주〕 라카날의 보고에 따르면 테르미도르 9일보다 석 달이 지난 브뤼메르 27일이었다. 다음을 참고할 것. Joseph Lakanal(1762~1845), *Exposé sommaire des travaux de Joseph Lakanal*, p. 135. (〔역주〕 테르미도르 9일은 로베스피에르가 축출되었던 날이다. 라카날은 프랑스의 과학자이자 정치가이자 교육자였다.)

8_ 〔원주〕 폴 로랭의 다음 저작은 공식 기록으로서 대단히 중요하다. Paul Laurain, *Tableau de l'instruction primaire en France*, Hachett, 1837. 로랭은 여기에서 1833년에 모든 초등학교를 방문했던 490명의 장학사들의 보고서를 요약하고 있다. 그는 우리의 초등학교 교사들이 겪고 있는 비참상과 경멸을 보여주기 위해서는 어떤 강한 표현도 충분하지 못하다고 언급한다. 그는 어떤 교사는 1년 통틀어 100프랑을, 다른 자들은 겨우 50프랑만을 받고 있다고 단언한다(107쪽). 게다가 그들은 제때 지급받지도 못하며 때로는 지급이 되지 않기도 한다. 그들은 화폐로 지급받지도 않는다. 가정마다 최악의 작물을 교사를 위해 남겨두었는데, 그는 등에 가방을 메고 일요일마다 문 앞에서 구걸해야 했다. 그가 감자를 요구하면 잘 받아들여지지 않았다. 왜냐하면 그들은 그가 돼지를 훔치려고 한다고 생각했기 때문이다. 이 공식적인 보고서 이후 새로운 학교가 만들어졌다. 그렇지만 오래된 교사들의 운명은 바뀌지 않았다. 작년에 요구했지만 허사였던 100프랑의 봉급 인상이 올해에는 하원에서 허용되기를 바랄 뿐이다.

다고 말한다. 나는 그에 반대한다. 그러나 그게 사실이라 할지라도 그게 나와 무슨 상관인가? 학교의 선생님은 프랑스이다. 성당에서 가르치는 신부들은 로마이다. 그들은 외국인이자 적이다. 차라리 그들의 책을 읽으라. 그들의 관습이나 관련성을 추적하라. 대학의 아첨자들인 그들은 가슴 깊은 곳으로부터 제수이트회에 속한다.[9]

나는 다른 곳에서 성직자들의 예속에 대해 말한 바 있다.[10] 성직자는 위대하고 동정을 받아야 할 자격이 있다. 로마의 노예이고 주교의 노예인 그는 그 밖에도 자신의 현상황에 대해 잘 알고 있는 상급자에게 저당을 잡힌 셈이다. 그런데 노예인 이 성직자가 교사에게는 폭군이다. 교사가 법적인 부하는 아니지만 성직자는 봉신封臣으로 군림하는 것이다. 어머니이기도 한 교사의 아내는 성직자의 가정부를 안주인처럼 받들어야 할 뿐 아니라 영향력 있는 신도의 비위도 맞춰야 한다. 가정을 갖고 있으면서 간신히 살림을 꾸려가는 이 여인은 교구 신부와 사이가 좋지 않은 교사는 죽은 사람이라는 사실을 잘

9_ 서문 주1)에서 밝혔던 것처럼 당시 제수이트회는 프랑스 보수 세력의 중심으로서 미슐레는 물론 미슐레가 이 책 『민중』을 헌정한 에드가르 키네도 제수이트회의 박해를 받으며 그들과 싸웠다. 미슐레는 1843년 콜레주 드 프랑스의 강좌에서 제수이트회를 공격하는 강의를 한 적이 있다. 콜레주 드 프랑스에 대해서는 서문 주35)를 참고할 것.

10_ Jules Michelet, *Du prêtre, de la femme, de la famille*, 1845.

알고 있다. 왜냐하면 교구 신부는 교사가 무식하다고 암시하는 데 그치지 않기 때문이다. 그 정도가 아니라 그는 부도덕하고 주정뱅이이고, ……라고. 그의 자식들은 해가 지날수록 자신들은 행실이 좋다고 항변을 더 해야 하지만 허사이다. 단지 교구 신부만이 도덕적이다. 물론 그들에 대한 소송이 몇 개 걸려 있긴 하지만 곧 해결된다.

예속이다. 둔중한 예속이다! 나는 높고 낮은 모든 수준에서 그 예속이 가장 가치 있고, 가장 겸손하고, 가장 존경을 받아야 하는 사람들을 분쇄시키는 것을 본다.

나는 합법적인 위계질서에 대한 의존관계나 자연적으로 우월한 자에 대한 복종관계를 말하고 있는 것이 아니다. 나는 위에서 아래로 무겁게 눌러오는 불투명하고 간접적인 예속의 관계를 말하고 있다. 그것은 침입하듯 의문을 제기하며 엿보며 영혼까지도 지배하려고 넘본다.

상점 주인과 관리직 사이에는 큰 차이가 있다. 앞서 말했던 것처럼 상점 주인은 자신의 외적인 관심사의 아주 사소한 문제에 대해 거짓말을 해야 한다. 그렇지만 자신의 영혼과 관련된 문제에 있어서 그는 독립을 지킬 수 있다. 관리직이 공격을 받는 것은 바로 이런 측면이다. 그는 영혼의 문제에 있어서 고통을 받으며, 때로는 자신의 종교적 신앙이나 정치적 신념에 대해 거짓말을 하도록 강요받는다는 것이다.

가장 현명한 자들은 자신이 잊히도록 열심히 일한다. 그들은 살기를 회피하고 생각하기를 회피하며, 자신들이 아무것도 아닌 듯이 행세한다. 그들은 자신의 게임을 너무도 잘해서 마침내 그렇게 행세할 필요조차 없어진다. 그들은 사실상 그들이 행세하려고 했던 것이 된 것이다. 그럼에도 불구하고 프랑스의 손이자 눈인 공무원들은 아무것도 보지 않으려 하고, 아무것도 움직이지 않으려 한다. 그러한 팔다리를 가진 신체는 많이 아픈 것임이 확실하다.

이 불행한 사람은 그렇게 자신을 아무것도 아닌 것으로 만듦으로써 시름을 덜었을까? 언제나 그렇지는 않다. 더 많이 양보하고 더 많이 물러설수록 그들은 더 많은 요구를 받는다. 그들은 '헌신의 증거'라고 불리는 '적극적 업무'까지 하라는 요구를 받는다. 그가 어떤 일들에 대해 유용한 정보를 제공한다면 승진까지 바라볼 수 있으리라는 것이다. "이를테면, 네 동료인 저 친구는 믿을 만한가?"

여기에 고통을 받는 아픈 사람이 있다. 그는 아주 지쳐서 집으로 돌아간다. 부드럽게 질문을 받으면 그는 고백할 것이다…… 이 위중한 상황에서 당신은 그가 어디로부터 위안을 얻을 것이라 생각하는가? 식구들로부터? 아닐 것이다.

슬프고 하기 어려운 말이지만 해야만 한다. 오늘날 사람은 그가 잘 이해하고 있는 세상이나 친구들 때문에 부패하지 않는다. 누가 친구를 갖고 있기나 한가? 아니다. 그는 가족 때문에 부패하는 경우가 가장 흔하다. 자식들을 걱정하는 훌륭한 아내는 남편의 승진을 위해 무슨 일이라도 할 것이며, 그를 비열한 일로 밀어넣기까지 할 것이다. 헌신적인 어머니는 남편이 자신의 '헌신의 증거'로 재산을 모으는 것이 당연하다고 생각한다. 목적이 모든 것을 정당화한다. 좋은 명분을 위해 일하는데 그게 악인가? 유혹으로부터 보호해주어야 할 가족에게서 오히려 유혹이 나온다면 그는 어떻게 행동할 것인가? 악이 덕의 모습을 하고, 자식에 대한 애정이라는 모습을 하고, 아버지의 권위에 대한 존경이라는 모습을 하고 그에게 찾아온다면 어떻게 행동할 것인가?

우리 관행의 이러한 측면은 대단히 심각하다. 나는 이보다 더 암울한 것을 알지 못한다.

그렇지만 이러한 수단을 통해서도 제수이트회가 가하는 저열한 굴종 상태는 프랑스에서 결코 성공하지 못할 것이라고 믿는다. 이 고귀한 나라에서는 그릇되고 비열한 모든 것에 대한 반감을 그 어떤 것도 이길 수 없다. 대중은 선하다. 위에 떠오른 거품 찌꺼기로 판단하지 말라. 대중은 때로는 동요할지 몰라도 스스로를 안정적으로 만드는 힘을 갖고 있다. 군대의 명예감은 우리의 영웅적 전설에 의해 언제나 새로워진다. 좌절하려는 많은 사람들이 무엇 때문인지도 모르면서 그 순간에 정신을 차린다. 그것은 우리의 전쟁 영웅들의 보이지 않는 영혼이 그의 얼굴 위로 지나간다는 것을 느꼈기 때문일 것이다. 그것은 낡은 깃발의 숨결이다.

아! 나는 깃발만을 바랄 것이다. 그 깃발이 프랑스를, 군대의 프랑스를 살리게 되기를. 세계의 눈길이 꽂혀 있는 프랑스의 영광스러운 군대여, 순수하게 유지되기를![11] 군대가 적에게는 쇠가 되고 부패에는 철이 되어 막아주기를! 경찰의 정신이 거기에 침투하지 않기를! 반역자들과 추악한 제안과 물밑에서 이루어지는 승진의 미끼에 대한 혐오를 언제나 유지하기를!

이 젊은 군인들의 수중에 어떠한 신뢰가 걸려 있는가! 미래에 대한 어떠한 책임감이 걸려 있는가! 당장 내일이 될지도 모르겠지만, 문명과 야만 사이의 최후의 결전이 있는 날, 심판관은 그들이 비난받을 일이 없으며, 그들의 칼은 순수하고 총은 녹슬지 않았음을 알게 될 것이 틀림없다. 그들이 지나가는

11_ 〔원주〕 만일 비열한 일들이 있었다면 그것은 명령에 의한 것이었다. 그들이 명령을 내린 자들을 넘어서 다시 일어서기를. 지나가는 길에, 우리의 신문은 자신들의 이익을 위해 영국인들이 날조한 비방을 환영하는 일이 잦다는 것을 지적하자.

것을 볼 때마다 나의 심장은 뛴다. "이곳에, 이곳에만 땅 위에서는 분리되어 있는 두 사물인 힘과 정신이, 용기와 권리가 함께 간다. 만일 세계가 전쟁에 의해 구원을 받는다면, 당신들만이 구원할 수 있을 것이다. 프랑스의 신성한 총검이여, 당신들 위를 비추고 있는 그 빛은 어떤 눈으로도 바라볼 수 없으며 그 어느 것도 어둡게 만들 수 없을 것이다."

7

부자와 부르주아의 예속

엄격한 군대를 갖고 있는 국민이 유럽에서는 조금도 중요하지 않다. 이러한 현상은 행정이나 정부의 허약성만으로는 충분하게 설명될 수 없다. 불행하게도 그것은 훨씬 더 일반적인 원인으로부터 나온다. 그것은 새롭지만 곧 낡아버린 지배계급의 몰락을 말한다. 나는 부르주아를 말하고 있는 것이다.

내 말을 더 잘 이해시키기 위해 나는 조금 더 전으로 거슬러올라가야 한다.

14세기에 중세를 분쇄시키고 우리의 최초의 혁명을 가져왔던 영광스러운 부르주아는 사람들을 귀족계급에 신속하게 편입시켰다는 특징을 갖고 있다.[1] 그것은 계급이라기보다는 하

1_ 〔원주〕 잘 알려져 있듯 이러한 전환은 법복귀족(noblesse de robe)을 통해 이루어졌다. 그렇지만 잘 알려지지 않은 것은 14세기와 15세기에 손쉽게 군인이 되었던 과정이다. (〔역주〕 법복귀족은 전통적인 대검귀족(noblesse d'épée)에 대립되는 개념이다. 본디 무기를 갖고 왕이나 영주를 보호해주는 대가로 영지를

나의 디딤돌이나 단계에 불과했다. 이후 자신의 작품인 새로운 귀족과 새로운 군주를 완성시킨 뒤 부르주아는 유동성을 잃고 상투화되어서 자주 조롱받는 계급으로 남게 되었다. 17세기와 18세기의 부르주아는 사생아 같은 존재여서 자연이 그들을 미발육의 상태에 멈춰놓았던 것처럼 보였다. 위에서든 아래에서든 별로 보기 좋지 않은 잡종이어서, 걸을 줄도 날 줄도 모르는 채 스스로에 만족하며 가식 속에 유유자적했다.

혁명이 얼마 지나지 않아 태어난 현재의 부르주아는 그들 머리 위에 귀족이 없는 상태에서 신분이 상승했다. 그런 만큼 그들은 한꺼번에 하나의 계급이 되기를 원했다. 그들은 태어나면서부터 스스로를 너무도 확고하게 고정시켜 순진하게도 그들 자신이 귀족이 될 것이라고 믿었다. 그들은 옛 계보의 귀족이 재현되기를 원하는 것처럼 보였다. 그러나 예상할 수 있듯이 그들이 만들어낸 것은 옛 계보가 아니라 낡아버린 계보였다.[2]

부르주아는 독립적인 계급이 되기를 원할 뿐이지만 그 계

얻었던 귀족들과 달리, 그들은 왕실에 돈을 빌려준 뒤 그에 대한 보상으로 직책을 얻은 사람들을 가리킨다. 따라서 이 말에는 단지 '법복을 입었기에 귀족이 된 사람들'이라는 냉소적인 함의가 담겨 있다.)

2_ 〔원주〕 옛 프랑스에는 세 계급이 있었다. 새로운 프랑스에는 민중과 부르주아라는 두 계급만 있다.

급의 경계가 어디에서 시작하고 어디에서 끝나는지 정하는 것은 쉽지 않다. 그것은 전적으로 부유한 사람들로만 구성되지 않았다. 가난한 부르주아도 많이 있었다.[3] 이곳에서는 일용 노동자인 사람이 시골에서는 재산을 갖고 있다는 이유로 부르주아일 수 있다. 그렇기 때문에 어떤 사람들처럼 부르주아와 민중을 엄밀하게 구분할 수는 없다. 그렇게 구분한다면 그것은 두 개의 국가를 만들려는 것과 다르지 않을 것이다. 시골에 작은 땅을 소유한 사람은 부르주아라 불리든 불리지 않든 민중이며, 민중의 심장이다.

부르주아에 대한 정의를 확대하든 축소하든 주목해야 할 중요한 점은 지난 50년 동안 행동의 주도권을 잡아왔던 부르주아가 이제는 마비되어 거동이 불가능한 것처럼 보인다는 것이다. 아주 최근에 생겨난 부류가 거기에 새로운 생명을 부여

3_ [원주] 사람들이 이 단어를 어떻게 사용하는지 주의깊게 관찰하면 그 말을 사용할 때는 재산이라기보다는 일용할 양식을 얻는 데 불안을 느낄 필요가 없을 정도의 독립과 여유가 기준이 된다는 것을 알게 될 것이다. 하루에 5프랑을 버는 노동자가 1년에 3백 프랑밖에 수입이 없으며 엄동 1월에도 검은 외투를 입고 산책하는 굶주린 집주인에게 "부르주아님"이라고 부르는 모습은 어렵지 않게 볼 수 있다. 만일 안정성이 부르주아의 본질이라면 부자인지 가난한지도 결코 알지 못하는 사람들인 상인들을 거기에 포함시켜야 하는 것일까? 아니면, 확고하게 자리를 잡은 것처럼 보이기는 하지만 그 자리를 돈이나 그 밖의 다른 방식으로 사들여 자본가의 노예가 된 사람들도 포함시켜야 하는 것일까? 그들이 진정 부르주아가 아니라 할지라도 그들은 이익이나 두려움이나 무슨 수를 써서라도 평화를 얻으려 하는 확고한 생각 때문에 부르주아에 집착하려 한다.

해야 할 운명이었던 것처럼 보이긴 했다. 나는 1815년에 생겨난 산업 부르주아를 말하는 것인데, 그들은 왕정복고기의 투쟁 속에서 강화되었고 어느 누구보다도 1830년의 7월혁명을 주도했던 사람들이다. 원래의 부르주아라기보다는 프랑스의 부르주아인 그들은 다만 이익을 위한 부르주아로서 감히 움직이려고 하지 않는다. 부르주아계급은 움직이기를 원하지 않고 그럴 능력도 없다. 그들은 움직임을 잃었다. 그들이 민중을 떠나는 것을 목격하는 데 반세기면 충분했다. 행동과 정력을 갖고 올라섰던 그들은 그 승리 속에서 단숨에 침몰했다. 그리도 급작스러운 몰락은 유례없는 일이었다.

이 이야기를 우리가 하는 것이 아니다. 그들 스스로 그 이렇게 말한다. 그렇지만 부르주아의 몰락과 그들이 함께 끌고 내려간 프랑스의 몰락에 대한 가장 슬픈 고백은 그들에게서 나오지 않았다.

10년 전 한 목사가 여러 사람들 앞에서 이렇게 말했다. "프랑스는 이류 국가들 중에서 최고가 될 것이다." 당시에는 매우 겸손하게 보였지만 그 이후에 일어났던 일들에 비추어보면 그 말은 거의 야심만만한 예언이었다. 그리도 급격하게 몰락하다니!

대외적으로 급격한 몰락일 뿐 아니라 국내에서도 급격한

몰락이었다. 악은 너무도 커져 그것에 의해 이익을 보는 사람들까지도 의기소침하게 만들었다. 더이상 다른 사람을 속일 수 없는 속임수에 그들조차도 관심을 둘 수가 없었던 것이다. 배우는 관객만큼이나 지루해했다. 그들은 청중과 함께 하품했고 스스로에게 싫증을 내며 자괴감에 기진맥진했다.

몇 년 전 그중 한 재치 있는 사람이 더이상 위인은 필요 없으니 이제부터는 위인이 없이 살아도 된다는 글을 썼다. 그 말은 적절했다. 다만 그가 그 말을 다시 쓴다면 이번에는 범위를 확대시켜 이류급의 재능을 가진 범속한 사람들도 마찬가지로 필요가 없으니 그들마저 없이 살아도 된다고 해야 할 것이다.

10년 전에는 언론이 영향력을 행사하는 체했다. 이제는 그마저도 포기했다. (민중이 거의 읽지 않는) 문학에 대해서만 말하기 위해 유일하게 읽는 부르주아에게는 더이상 예술이 필요하지 않다고 언론은 인식했다. 따라서 그들은 누구의 불평도 사지 않으면서 가장 비싼 두 개의 항목인 예술과 비평을 재조정했다. 그것은 즉흥시인과 익명의 소설가들에게 호소했고, 그 뒤에는 단지 자신들의 이름을 지키기 위해 세번째 계급의 노동자들에게 호소했다.

전반적인 쇠퇴는 크게 느껴지지 않았다. 모든 것이 똑같았기 때문이다. 모두가 내려가면 상대적인 높이는 똑같이 남아

있는 것이다.[4]

소음이 별로 없는 오늘날 한때는 우리가 그리도 소란스러운 국민이었다고 누가 말할 수 있을까? 귀가 거기에 적응하며, 목소리도 따른다. 음폭은 변화한다. 많은 사람들이 울부짖음이라고 생각하는 것이 사실은 낮은 외침이다. 유일하고 높은 소음은 증권거래소에서 나올 뿐이다. 가까이서 그 소음을 듣고 그 요동을 보는 사람은 이러한 격랑이 부르주아계급에 잠재하고 있던 거대한 늪을 흔들어놓을 것이라고 낙관했을 것이다. 잘못됐다. 그 부르주아계급이 물질적인 이익에 대해 적극적인 관심을 보였다고 생각하는 것 자체가 잘못된 것은 물론이거니와 오히려 그들을 영광스럽게 만들고 있다.[5] 그들이 강

4_ 『민중』이 출간되기 9년 전에 빅토르 위고도 이미 이러한 전반적인 쇠퇴를 인식하고 있었다.

5_ [원주] 프랑스는 로(존 로: John Law: 1671~1729. 남해 물거품 사건과 관련된 영국의 경제학자) 등등의 경우에서 보았듯 영국과 관련된 광풍의 순간을 제외하면 상업적 정신을 가진 적이 없었다. 이러한 사실은 사업의 길에 들어서서 손쉽게 성공 가도를 달리다가도 큰 재산을 만들 수 있는 길목에서 쉽사리 멈춰서는 사람들에게서 확인된다. 사업이건 다른 일이건 몇천 프랑을 번 프랑스 사람은 스스로가 부자라고 믿으면서 더이상 일을 하지 않는다. 그와 반대로 영국인은 자신이 획득한 부에서 더 부유해질 수단을 찾는다. 그는 죽을 때까지 일한다. 그는 사슬에 못이 박여서 주어진 일만 한다. 그 일이 더 큰 척도에서 주어졌더라면, 그는 자신의 삶을 자유롭게 배려할 기회를 줄 수 있는 여가를 필요로 하지 않는다. 따라서 프랑스에는 외국의 자본가들을 제외한다면 부유한 사람들이 거의 없다. 이 몇 안 되는 부자들도 영국에 가면 거의 가난한 사람에 속할 것이다. 그렇게 남은 부자들 중에서도 소송에 걸려 있거나 저당이 잡혀 있거나 불확실한 많은 사람들을 제외시켜야 한다.

한 이기주의자들인 것은 사실이지만 그들은 적극적이지 않다. 활기찬 몇 순간을 제외한다면 그들은 곧 사라질까 두려워하는 첫 수익에 집착한다. 이들은 특히 지방에서 믿기 어려울 정도로 손쉽게 모든 것을 체념하며 범속하게 바뀐다. 그들은 가진 것이 적은데, 그것도 어제 얻었을 뿐이다. 그렇지만 그나마 지킬 수 있다면 그들은 생각하지 않고 살려고 한다.[6]

옛 부르주아를 규정하던 것, 즉 안정성이 새 부르주아에게는 없었다.

지난 두 세기 동안의 부르주아는 이미 오래된 부는 물론 재산으로 간주되었던 법복 관직과 재정 관직, 그리고 교역 회사의 독점 등등에 확고하게 기반을 두고 프랑스에서 왕만큼이나 안정이 되었다고 생각했다. 그들이 조롱을 받은 것은 오만하게도 위대한 사람들을 어색하게 흉내내려 했다는 사실이다. 그들의 능력보다 더 높이 올라가려고 했던 시도는 17세기의 기념비 대다수의 특징이었던 과장과 허풍으로 표출되었다.

6_ 〔원주〕 나는 파리 근교의 꽤 큰 도시를 알고 있다. 거기에는 1년에 4천에서 6천 프랑 정도의 집세를 받는 몇백 명의 집주인이 살고 있다. 이 사람들은 그 숫자를 넘어서는 것을 생각해본 적이 없다. 그들은 아무것도 하지 않는다. 책도 읽지 않고, 신문이나 간신히 읽을 정도이다. 그들은 아무것에도 관심이 없고, 서로를 보지도 않으며, 함께 모이는 적은 결코 없으며, 서로에 대해 거의 알지 못한다. 그들은 증권거래소의 매력도 느껴본 적이 없다. 하지만 불행하게도 도시에서 절약하며 저축하는 더 낮은 계층이 그 매력을 느꼈다. 이 복마전에 대해 경고해주는 신문조차 없는 시골에까지 증권이 퍼져 있었다.

새로운 부르주아가 조롱을 받는 것은 이전의 군대의 부르주아와 오늘날의 소심한 부르주아가 대조되기 때문이다. 그들은 그러한 소심성을 조금도 숨기지 않으면서 어떤 경우에도 특징적인 순진성을 갖고 표현하고 있다. 만일 길거리에서 세 명이 임금에 대해 말하게 되어, 그들 노력 때문에 부자가 된 사업자에게 1수의 임금 인상을 요구한다면 그 부르주아는 공포에 떨고 비명을 지르며 경찰의 도움을 요청할 것이다.

최소한 옛 부르주아는 일관적이었다. 그는 자신의 특권을 자랑했고 확대시키려 하면서 높은 곳을 바라봤다. 오늘날의 부르주아는 낮은 곳을 바라본다. 그는 자신이 올라갔던 것처럼 자신의 뒤에 있던 무리가 올라가는 것을 보며, 그 올라가는 사람들을 좋아하지 않는다. 그는 물러서서 권력자들의 편에 서려 한다. 그는 이러한 퇴행의 경향을 솔직하게 받아들일까? 자신의 과거가 지금의 자신을 부정하기에 거의 받아들이지 않을 것이다. 그는 거의 언제나 이러한 모순적 견지를 지킬 것이다. 원칙으로는 자유주의자이나 실제로는 이기주의자로서, 원하면서 원하지 않을 것이다. 그에게 뭔가 프랑스적인 것이 남아 있다면 그는 순진하게 꾸짖고 평화적으로 호전적인 신문을 읽으며 그것을 완화시키려 할 것이다.

우리의 정부 대다수가 이렇듯 두려움이 증가한 슬픈 현상을 이용해왔다는 사실을 말해야만 한다. 그것은 장기적인 정신의 죽음과 다르지 않다. 어떤 정부에서는 산 사람들보다는 죽은 사람들과 거래하는 것이 더 쉽다고 생각했다. 부르주아가 민중을 두려워하도록 만들기 위해 어떤 정부에서는 사람들을 돌로 만드는 메두사의 머리 두 개로 항상 그들의 간담을 서늘하게 만들었다. 그것은 공포정치와 공산주의였다.

역사는 어떤 사람도, 어떤 당도 복원시킬 수 없는 공포정치라는 특수한 현상을 지금까지 검토한 바가 없었다. 그에 대해 내가 지금 여기에서 말할 수 있는 것은 이 대중적 환상을 배후에서 조종했던 테러리스트들은 결코 민중 출신이 아니었다는 것이다. 그들은 부르주아와 귀족들로서, 교양 높고 섬세하고 이상한 정신의 소유자였다. 그들이야말로 소피스트이자 스콜라철학자였다.

공산주의에 대해서는 다시 논의하게 될 것이지만, 지금은 한마디 말로 충분하다. 사유재산이 폐지된 최후의 나라, 그것이 바로 프랑스다. 공산주의학파의 누군가가 말했듯 "재산은 훔친 것일 뿐"[7]이라면 여기에는 2,500만 명의 도둑이 있는데,

7_ 이것은 프루동(Pierre-Joseph Proudhon: 1809~1865)의 말이다. Pierre-Joseph Proudhon, *Ou'est-ce que la propriété? Recherche sur le principe du droit et du gouvernement*, 1840.

그들이 내일 당장 그것을 포기하지는 않을 것이다.

그럼에도 불구하고 그 둘은 가진 사람들을 두렵게 만들기 위한 뛰어난 정치적 장치였다. 그들은 원칙을 거스르며 행동했다. 아니, 그 장치들은 그들에게서 원칙을 빼앗아갔다. 특히 스위스에서 제수이트회와 그 친구들이 공산주의를 통해 얻어낸 것을 보라. 자유주의자들의 입지가 강화되려고 할 때마다 때마침 흉악하고 잔인한 음모의 뉴스가 소음처럼 울려퍼져 개신교도건 가톨릭이건, 베른이건 프리부르[8]건 많은 재산가들을 두려움에 빠지게 했다.

어떤 감정도 고정적이지 않으며 두려움이라고 다를 것이 없다. 두려움 역시 커진다는 것을 받아들여야 한다. 두려움은 언제나 그 대상을 확대시키며 두려워하는 사람의 병든 상상력을 더욱 약화시킨다. 매일 새로운 불신이 싹튼다. 오늘은 어떤 생각이 위험해 보이는데 내일은 어떤 사람이, 어떤 계급이 위험해 보인다. 그들은 더욱더 걸어 잠근다. 그들은 담장을 치고 문과 마음을 꼭 닫아둔다. 빛은 안 된다. 빛살 하나라도 흘러들어오지 않도록 작은 틈조차 없어야 한다.

민중과의 접촉도 더이상 없다. 부르주아는 단지 경찰의 보

8_ 프리부르(Fribourg)는 스위스의 중서부에 있는 도시이다. 독일어식 표기로는 프라이부르크(Freiburg)이지만, 독일의 프라이부르크와는 별개의 도시이다.

고서를 통해 그들에 대해 알 뿐이다. 그는 자신에게서 훔치고 조롱하는 하인을 통해서만 민중을 볼 뿐이다. 그는 유리창 건너편에서 소리지르다가 진흙탕에 넘어져 구르는 술 취한 사람들을 통해서만 민중을 볼 뿐이다. 그는 사실상 그 불쌍한 악마가 소매와 도매로 독극물이 주입된 술을 팔아서 그가 그런 상태에 빠지도록 만든 사람들보다 더 정직하다는 것을 알지 못한다.

험한 일이 험한 사람과 험한 언사를 만든다. 민중의 목소리는 거칠다. 그는 군인이었고 언제나 군대의 동력을 발동시킨다. 부르주아는 민중의 방식이 폭력적이라고 결론짓는데, 그는 거의 언제나 틀렸다. 여기에서보다 시대의 진보가 더 두드러지는 곳은 없다. 최근에 무장 경찰이 목수들의 어머니[9]의 집을 급습하여 금고를 부수고 서류와 빈약한 저축금을 압수했을 때 이 용감한 사람들은 자제하면서 법에 호소하지 않았던가?

일반적으로 부자는 어제 가난했다가 부유해진 사람들이다. 어제의 그는 오늘 그가 피하려고 하는 노동자이자 군인이자 농민이었다. 부자로 태어난 손자가 그 모든 것을 잊을 수 있다는 것은 충분히 이해할 수 있다. 그렇지만 30~40년 사이 한

9_ 여기에서 '어머니'(mère)는 혈육의 의미가 아니라 어떤 직종의 길드에서 회계일 같은 것을 하면서 노동자들을 도와주는 여성을 가리킨다.

사람의 생애 속에서 스스로를 모른 체한다는 것은 설명이 불가능하다. 맙소사, 참전 용사로서 수백 번이나 적을 마주쳤을 사람이 가난한 동포를 마주치는 게 두려워 보지 않으려 하다니! 그들이 무슨 일을 했기에? 당신이 옛날 시작했던 일을 그들은 지금 시작하고 있을 뿐이다. 밖에 지나가고 있는 저 사람은 더 젊은 당신일 뿐이다. "라마르세예즈"를 부르면서 군대에 가고 있는 저 젊은이는 1792년에 어린아이로 떠났던 당신이 아닌가?[10] 야심과 전쟁의 숨결로 가득찬 아프리카의 장교는 1804년 불로뉴[11]의 기지를 상기시키지 않는가? 상인과 노동자와 군소 제조업자는 당신과 마찬가지로 1820년 무렵 그들의 행운을 좇고 있었다.

이 사람들은 당신과 같다. 할 수만 있다면 그들은 올라설 것이다. 더 좋은 시절에 태어났기 때문에 더 좋은 수단을 통해 그렇게 될 것이 확실하다. 그들은 얻을 것이고 당신은 잃지 않을 것이다. 다른 누군가로부터 빼앗지 않으면 얻지 못한다는 그릇된 생각을 버리라. 상승하는 사람들의 파도에는 저마다 새로운 부의 파도가 있다.

10_ 1792년 9월 20일의 발미(Valmy)전투를 기점으로 프랑스군의 공세가 시작되었다.

11_ 불로뉴(Boulogne)는 프랑스 북단의 항구 도시로서 당시에는 나폴레옹의 영국 침공을 위한 수송 기지였다.

당신은 스스로를 그리도 잘 고립시키고 가둬두는 것의 위험성을 모르는가? 그것은 단지 공백을 가둬두는 것에 불과하다. 사람들과 생각들을 배제시킴으로써 당신은 스스로를 위축시켜 빈곤하게 만든다. 당신은 당신의 계급 속에, 작은 범위의 습관 속에 갇혀 있는 것인데, 거기에서 당신의 정신과 개인적 행동은 더이상 필요하지 않다. 문은 꽉 닫혀 있는데, 그 안에는 아무도 없다. 가난한 부자여, 당신이 더이상 아무것도 아니라면 무엇을 그리도 잘 지키려고 하는가?

영혼을 열고 거기에 지난 일에 대한 기억이 있는지, 무엇이 남아 있는지 보도록 하자. 혁명에 대한 젊은 열정이 남아 있는가? 누가 그 최소한의 흔적이라도 찾으려 하겠는가? 제국시대의 전사와 같은 힘과 왕정복고기의 자유주의적 여망 그 모두가 더이상 보이지 않는 듯하다.

오늘날 우리는 이 사람이 스스로를 높이려 하는 한 발자국마다 더 작아지고 있는 것을 보고 있다. 농부는 엄격한 기강과 각성된 마음과 절약 정신을 갖고 있었다. 노동자는 자신의 식솔에게 의지할 만한 좋은 동지였다. 기업가는 적극적이고 활기찼으며 기업가로서 애국심을 갖고 외국의 기업에 대항했다. 그러나 이 모든 것은 그 과정에서 사라졌고, 아무것도 그 자리를 대체하지 않았다. 그의 집도, 그의 금고도 가득찼지만 그의 영혼은 비어 있을 뿐이다.

삶은 삶을 비추고 삶에 끌릴 뿐 고립에 의해서는 소멸한다. 삶이 자신과 다른 삶과 섞이고 다른 존재와 연계될 때 그것은 더 큰 힘과 행복과 풍요 속에 존재하게 된다. 식물인지 동물인지 확신할 수 없는 생명계의 척도에서 낮은 곳의 불쌍한 존재로 내려가면 당신은 고독 속으로 들어간다. 이 비참한 존재는 서로 간에 거의 어떤 관련도 없다.

어리석은 이기주의! 두려워하는 부자와 부르주아계급은 어느 쪽을 바라보는가? 그들은 어디로 동맹을 찾아 연계하러 갈 것인가? 가장 변화가 심한 그들에게 곧바로 갈 것이다. 이 나라에서 왔다가 가버린 정치적 세력, 혁명의 날에 돈과 서류 가방을 들고 해협을 넘어 영국으로 도피했던 자본가들에게로 갈 것이다. 재산가들이여, 땅 그 자체와 마찬가지로 결코 움직이지 않는 사람들이 누구인지 알고 있는가? 민중이다. 그들을 지지하라.

부자들이여, 당신들의 안녕은 물론 프랑스의 안녕은 당신들이 민중을 두려워하지 않는 일에 달려 있다.[12] 민중에게 다가가 그들을 알려고 하고, 사실과는 동떨어진 그릇된 이야기

12_ 대시인 라마르틴도 바로 이런 심정에서 「민중 찬가*Ode au Peuple*」라는 시를 썼다. 라마르틴에 대해서는 서문 주7)을 참고할 것.

들을 버리도록 하라. 그들을 이해해야 한다. 입을 열고 마음도 열고, 인간 대 인간으로 함께 이야기하라.

강하고 능력 있는 사람들을 찾아가 그들에게 적응하지 않는다면 당신은 언제나 가라앉고 나약해지고 쇠퇴할 것이다. 이것은 통상적인 의미로 '능력 있는 사람들'이라는 말을 사용하는 것이 아니다. 150명의 법률가를 소유한 모임이 3백 명을 갖게 된다고 해도 중요하지 않다. 현대판 스콜라철학자들의[13] 교육을 받은 사람들은 세계를 쇄신시키지 못한다. 오히려 그들이 찾아가야 할 사람들은 문화가 없거나 그들과는 다른 문화를 갖고 있는, 본능과 영감을 갖고 있는 사람들이다. 그것은 우리가 문화라 생각하는 방식과는 다르기 때문에 우리가 잘 이해하지도 못하지만, 그 사람들과 연계한다면 공부하는 자들에게는 생명이, 사업가에게는 실제적인 감각이 돌아올 것이다. 프랑스의 현재 상황이 잘 보여주고 있듯 그러한 것들은 최근에 사라졌었다.

거대하고 솔직하고 관대한 연대를 위해 부자와 부르주아로부터 무엇을 바랄 수 있을지 나는 모르겠다. 그들은 크게 병이 들었다. 그렇게 멀리까지 간 사람들은 쉽게 회복되지 않는

13_ 제수이트회를 가리킨다.

다. 그렇지만 나는 그들의 아들들에 대해서는 희망을 갖고 있다고 고백한다. 학교의 강단에서 마주치는 이 젊은이들은 더 좋은 성향을 갖고 있다. 그들은 민중에 우호적인 모든 말을 따뜻한 마음으로 환영한다. 그들이 더 많은 일을 하기를. 그들이 손을 뻗쳐 머지않아 민중과 연합하여 공동적인 재생에 나서게 되기를. 이 유복한 젊은이들이 짧은 기간에 올라서서 즐기다가 몰락한 아버지들의 삶이라는 무거운 짐을 지고 있다는 것을 잊지 않기를. 이 유복한 젊은이들은 태어나면서부터 지쳐 있었기에 젊었다 할지라도 민중의 정신을 거두어들임으로써 다시 젊어져야 할 필요가 있었다. 그들의 가장 큰 힘은 그들이 얼마 전 떠나왔던 뿌리인 민중에 여전히 가까웠다는 사실에 있었다. 그들이 동정의 마음을 갖고 민중으로 돌아간다면, 그리하여 1789년 프랑스혁명 이후 프랑스의 재능이자 재산이자 힘이었던 활력을 조금이나마 되찾을 수 있다면!

젊건 늙었건 우리는 피곤하다. 반세기 전부터 지속되었던 그 일을 왜 지금 고된 하루의 끝에 인정하지 않으려 하는가? 나처럼 다양한 계급과 온갖 종류의 시련을 겪어오면서 민중의 풍요로운 본능을 간직해온 사람들조차 그 내적 투쟁의 여정에서 그 동력을 많이 잃었다. 늦었다. 그것을 느낀다. 저녁은 늦게 오지 못한다. “벌써 높은 산의 큰 그림자가 떨어지고 있다."

그렇다면 이제 젊고 강한 당신들이여! 오라, 노동자들이여! 우리는 그대들에게 팔을 열리라. 우리에게 새로운 열기를 전해주시라. 세상이, 삶이, 학문이 다시 시작할 수 있도록.

나로서는 나의 학문, 내가 사랑하는 공부인 역사학이 이 민중의 삶에서 새롭게 소생하면서 이 새로운 길이 내가 꿈꿔왔던 위대하고 유익한 그 무엇이 되기를 간절히 바랄 뿐이다. 민중으로부터 민중의 역사가가 나올 것이다.

그 사람은 나보다 민중을 더 사랑하지 않을 것이 확실하다. 나의 과거 전체가, 나의 참된 조국과 가족과 심장이 민중에 있다. 그러나 많은 일들이 나로 하여금 민중으로부터 가장 풍요로운 요인을 이끌어내는 것을 방해했다. 우리가 받았던 전적으로 추상적인 교육은 오래도록 나를 메마르게 만들었다. 교육이 만들어놓은 내 안의 소피스트를 지워버리기 위해서는 오랜 세월이 필요했다. 나는 그 외국의 부속물로부터 벗어남으로써 나 자신에 도달할 수 있었다. 나는 부정적인 길을 통해서만 나 자신을 알 수 있었다. 그것이 내가 언제나 진리에 성실하고 열정적이었음에도 불구하고 나의 정신 앞에 놓여 있는 위대한 단순성이라는 이상에 도달하지 못했던 이유이다. 그대에게, 젊은이여, 그대에게 내게 결여되어 있던 것을 선사

하겠노라.[14] 민중의 아들로서 민중으로부터 더 멀리 떨어져 있지 않은 그대는 그대의 막강한 힘과 고갈되지 않는 활력을 갖고 즉시 민중의 역사라는 영토에 도달하게 될 것이다. 나의 시냇물은 그대의 격류를 만나면 저절로 사라질 것이다.

내가 이룬 모든 것을 그대에게 주겠노라. 그대는 내게 망각을 줄 것이다. 나의 불완전한 역사가 더 바람직한 기념비 속에 흡수될 수 있기를. 그곳에서 학문과 영감은 더 큰 조화를 이루며, 그곳에서는 방대하고 침투력 있는 연구 속에서 위대한 군중의 숨결과 민중의 풍요로운 영혼을 느끼게 되기를.

14_ 〔원주〕 그러나 나는 먼저 이 젊은이를 돕고 준비시켜야 한다. 그것이 내가 역사 연구를 계속하는 이유이다. 책이란 더 좋은 책을 만들기 위한 수단이다.

8

1부의 요약과 2부의 도입

짧은 지면 속에서 사회를 구성하는 긴 사다리를 일별하자니 슬픈 세계에 대한 고통스러운 생각과 감정이 무리지어 나를 감싼다. 큰 육체적 고통! 얼마나 더 큰 정신적 고통이 따를 것인가! 모르는 고통은 없다. 나는 내 몫의 고통을 알고 느낀다. 그렇지만 나는 나의 감정과 기억을 떨쳐버리고 그 안갯속에서 나의 작은 빛을 따른다.

처음부터 나의 빛은 프랑스였으며, 그것은 나를 속이지 않을 것이다. 프랑스를 향한 감정, 조국을 위한 시민의 헌신이 내가 사람과 계급을 판단하는 기준이다. 그것은 정신적인 기준이지만 자연적인 기준이기도 하다. 살아 있는 모든 것에게 각 부분은 무엇보다도 전체와의 관련성 속에서 가치를 갖는다.

지구과학에서와 마찬가지로 국민성에서도 열기는 아래에 있다. 내려가라, 그러면 그 열기가 증가하는 것을 알 수 있을 것이다. 낮은 곳은 끓는다.

가난한 사람들은 마치 빚을 진 것처럼, 해야 할 일이 있는 것처럼 프랑스를 사랑한다. 부유한 사람들은 프랑스가 자신들의 소유물인 것처럼, 프랑스가 자신들에게 해줘야 할 일이 있는 것처럼 프랑스를 사랑한다. 전자의 애국심은 의무감이다. 후자의 애국심은 권리라는 탈을 쓰고 있는 요구이다.

앞서 말했던 것처럼 농민은 합법적인 결혼을 통해 프랑스와 결합되었다. 프랑스는 농민의 영원한 아내이다. 그는 그녀와 일체이다. 노동자에게 프랑스는 아름다운 애인이다. 그는 아무것도 갖고 있지 않지만, 그는 프랑스를, 그 고귀한 과거와 영광을 갖고 있다. 지역적 관념으로부터 자유로운 그는 거대한 통일성을 찬양한다. 이러한 감정이 그에게서 약화되면 그는 기아와 격무의 노예가 되어 대단히 비참해질 것임이 확실하다. 그 감정은 결코 사라지지 않는다.

공장주와 상인으로 올라가면 이해관계에 의한 불행한 예속이 더욱 커진다. 그들은 줄타기를 하듯 언제나 위험에 처해 있다고 느낀다. 파산! 부분적인 파산을 모면하기 위해 그들은 곧 전체적인 파산의 위험을 감수한다. 이들이 7월혁명을 만들고 없앴다.

그렇지만 몇백만 명으로 이루어진 이 계급에서 그 신성한 불꽃이 결정적으로, 구제받을 길도 없이 소멸했다고 말할 수 있을까? 아니다. 나는 그 불꽃이 그들 속에 잠재하고 있다고 기꺼이 믿으려 한다. 영국인과의 경쟁이 그 불꽃이 사라지는 것을 막을 것이다.

더 위로 올라가면 얼마나 추울 것인가! 알프스만큼이나 추울 것이다. 나는 눈의 영역에 도달한다. 정신의 생장은 점차 사라지고 국민성의 꽃은 창백해진다. 그곳은 이기주의와 두려움이라는 갑작스러운 서리가 내린 밤에 사로잡힌 세계 같다. 한 계단 더 올라가면 두려움조차 물러선다. 그곳은 조국이 있을 수 없는 계산기의 세계, 순수한 이기주의의 세계이다. 더이상 인간은 없고 숫자뿐이다. 자연조차 포기한 참된 빙하의 세계이다.[1] 내려가는 것을 허락해주기를. 내게 그곳은 너무도 추

1_ 이곳의 빙하는 알프스의 빙하처럼 공평무사한 무관심을 갖고 있지 않다. 알프스의 빙하는 생명수를 축적하고 있다가 여러 국가에 차별 없이 쏟아놓는다. 누가 어떤 말을 하더라도 유대인은 조국을 갖고 있으며, 그것은 런던의 증권거래소이다. 그들은 모든 곳에서 활동하지만 그 뿌리는 황금의 나라에 두고 있다. 유럽을 삼키고 있는 동작 없는 전쟁인 무장을 한 평화는 모든 국가의 자금을 그들의 수중에 두게 만들었으니 그들의 사랑의 대상은 무엇일까? 현상 유지의 국가인 영국이다. 증오의 대상은 무엇일까? 움직임의 나라인 프랑스이다. 최근에 그들은 프랑스가 거부하는 사람들 몇십 명을 매수함으로써 프랑스를 죽일 수 있을 것이라고 믿었다. 또다른 실수였다. 허영심 때문이었는지 지나친 안심 때문이었는지 그들은 왕을 자신의 무리 속으로 흡수하면서 자신들은 귀족과 뒤섞였다. 그렇게 함으로써 그들은 정치적 위험을 감수해야 했다. 그들의 선조였던 중세의 유대인들이라면 결코 하지 않았을 일이다. 유대인들의 지혜가 이렇게까지 몰락하다니!

워 숨을 쉴 수도 없으니.

내가 믿어왔던 것처럼 사랑이 곧 삶이라면 높은 곳에는 삶이 거의 없다. 프랑스의 광활한 생명계에서 한 사람으로 하여금 자신의 삶을 확장시킬 수 있도록 만들어주는 국민감정에 대해 말하자면 상층계급으로 더 높이 올라갈수록 사람의 활기는 더욱 줄어드는 것처럼 보인다.

그렇지만 최소한 높은 곳에 있는 그 사람들은 그에 대한 보상으로 고통은 덜 받는 한편 더 자유롭고 더 행복하지 않을까? 그렇지 않다고 생각한다. 예컨대 시골의 불쌍한 소지주보다 더 우월한 큰 공장의 주인이라 할지라도 은행가의 노예라고 하는 점에서는 소지주와 마찬가지이며, 어쩌면 그 예속이 더 심할 수도 있다. 장사라는 모험에 자신의 저금을 투입하고, 내가 설명했던 것처럼 가족들과 타협하여 타락하며, 근심스러운 기다림과 질투와 경쟁에 피가 마르는 작은 상점의 주인도 노동자보다 더 행복하지 않다. 만일 그 노동자가 독신이고 실직 때를 대비하여 일급 4프랑 중에서 30솔을[즉 1.5프랑을] 저축할 수 있다면 그는 상점 주인보다 비교가 되지 않을 정도로 더 즐겁고 더 독립적일 것이다.

부자는 자신의 악만으로도 고통을 받으리라고 말할 수 있을 것이다. 사실 그것만으로도 큰 고통이다. 그러나 거기에 권태와 도덕적 좌절을 더해야만 한다. 도덕적 좌절이란 한때는 더 훌륭했던 사람이 자신이 몰락하고 있다는 것을 느끼기에 충분한 삶을 유지하고 있으면서 정신이 명료한 순간마다 자신이 작은 정신의 소유자가 갖는 비참함과 어리석음 속으로 떨어지고 있다는 것을 볼 때마다 갖게 되는 감정이다. 가라앉고 있는데 어떤 의지의 힘으로도 다시 올라설 수 없다는 것보다 더 슬픈 일이 어디에 있겠는가? 프랑스인에서 세계시민으로 떨어지고, 그냥 사람으로 떨어지고, 거기에서 연체동물로 떨어지다니!

이 모든 것을 통해 나는 무슨 말을 하려는 것인가? 가난한 사람이 행복하다고? 모든 운명은 평등하다고? 가난에 대한 〔내세의〕 보상이 있을 것이라고? 신이시여, 참된 마음을 죽이고 이기주의를 다시 확신시키기에나 적합한 그런 명제를 내가 떠받들지 못하게 하소서. 육체적 고통이 정신적 고통을 배제시키기는 고사하고 그 둘은 대체적으로 함께 연결되어 있다는 것을 나는 보고 경험하여 알고 있다. 그 두 고통은 자매처럼 손을 잡고 가난한 사람들을 분쇄시키려는 데 합의한다. 예컨대 극빈자 구역에 사는 아낙네의 운명을 보라. 그녀가 낳은 아이는 단지 죽기 위해 태어난 것 같으며, 그녀는 물질적인 가난함 속에서 정신적 고통의 무한한 원인을 찾을 뿐이다.

정신적이건 육체적이건 이 사회는 다른 무엇보다도 그 자체만의 악을 갖고 있다. 그 악은 더욱더 민감하게 받아들여진다. 나는 인류의 일상적인 악이 감소했다고 믿으며, 역사는 그 사례를 충분하게 제시했다. 하지만 그러한 악이 실제로 줄어든 것에 비해 악을 체감하는 강도는 무한하게 늘어났다. 사고가 확대되면서 슬픔에도 새로운 영역이 열린 반면, 가슴은 사랑과 가족의 유대를 통해 행복에도 새로운 가치를 부여했다. 어느 누구도 희생을 감수하면서까지 느끼려 하지 않는 것이 확실한 고통을 위한 값비싼 기회라고? 그러나 그 기회가 삶을 훨씬 더 불안하게 만든다면? 사람들은 현재에 의해서만 고통을 느끼는 것이 아니라, 어떻게 될지 모를 미래 때문에도 고통을 받는다. 미리 고통을 받는 영혼은 다가올 악을 느끼고 예견하는데, 때로 그 악은 결코 오지 않기도 한다.

설상가상으로 이 극단적인 개인적 감수성의 시대는 모든 것이 개인을 조금도 배려하지 않는 집단주의적인 수단을 통해 이루어지는 시대이다. 모든 종류의 행동은 어떤 거대한 힘의 주위로 집중되며, 싫든 좋든 사람들은 이 소용돌이 속으로 휩쓸린다. 이 방대한 비인격적인 체제 속에서 인간의 비중은 얼마나 될 것이며, 그 자신이 무엇이 될 것인가? 그의 고귀한 생각과 애절한 슬픔은 어떻게 될 것인가? 아, 누가 그것을 말할 수 있을까? 거대하고 위엄 있고 냉담한 기계는 돌아간다. 그 거대한 무게를 견뎌내고 있는 작은 톱니바퀴들이 살아 있는 사람들이라는 것을 알지도 못하면서.

그런데 하나의 동일한 추진력에 의해 기능하는 그 살아 있는 톱니바퀴들이 최소한 서로를 알고 있을까? 그들에게 필수적인 협력관계는 정신적 관계를 이끌어냈을까? 결코. 이것이야말로 이 시대의 신기한 미스터리이다. 함께 일하는 일이 가장 많은 시대가 어쩌면 가장 마음이 단합되지 않은 시대라는 것. 생각을 함께 모아 유통시키고 확산시키는 집단주의적인 수단이 이보다 더 큰 적이 없었는데 고립이 이보다 더 심했던 적도 없었다는 것.

이 미스터리는 그것을 낳은 체제가 밟아온 역사적 과정을 고찰하지 않는다면 설명이 불가능하다. 나는 이 체제를 한마디로 '기계주의Machinisme'라고 부를 것이다. 그 기원을 상기하도록 허락해주기를.

중세는 사랑의 공식을 규정했지만 증오로 마감했을 뿐이다. 그 시대는 불평등과 부정의에 봉헌함으로써 사랑을 불가능하게 만들었다. 르네상스라고 불리는 사랑과 자연의 격렬한 반발은 새로운 질서의 기반을 닦지 못한 정도가 아니라 무질서처럼 보였다. 질서를 필요로 하는 세상은 이렇게 말했다. "좋다, 더이상 사랑하지 말자. 천 년의 경험으로 충분하다. 힘들을 결합시켜 질서와 힘을 찾도록 하자. 우리는 사랑이 없이 힘들을 결합시킬 기계를 만들 것이다. 그것은 사람들을 잘 묶고 밀어붙여 서로를 혐오하면서도 함께 일하도록 그들에게 못질을 하고, 대못을 박으며, 나사처럼 조일 것이다." 그런 뒤 그들은 옛 로마제국과 비슷한 행정적 기계를 다시 만들었으니, 루이 14세 치하 콜베르[2]의 관료제도와 같은 시기 루부아[3]의 군대였다. 이러한 기계는 규칙적인 힘으로서 인간을 고용한다는 장점을 갖고 있었다. 인간의 삶을 고용하되, 거기에는 변덕과 불평등이 없었던 것이다.

그렇지만 이러한 행정적 기계는 여전히 인간으로 이루어졌기에 인간적인 면을 유지하고 있었다. 기계주의의 경이란 인간을 없앤 것이었다. 시계의 톱니바퀴처럼 일단 우리에 의해 움직이기 시작하면 우리가 없이도 움직일 수 있는 힘을 찾도록 하자.

우리에 의해 움직이기 시작했다고? 우리도 인간인데, 그것은 결합이다. 자연이 기계의 부속품뿐 아니라 그 동력까지도

2_ 장 바티스트 콜베르(Jean-Baptiste Colbert: 1619~1683)는 1661년부터 1683년까지 루이 14세의 재상으로 있으면서 중상주의 정책을 시행했다.

3_ 루부아 후작(François Michel Le Tellier, Marquis of Louvois: 1641~1691)은 루이 14세의 전쟁 장관으로서 프랑스 육군의 병력을 40만으로 늘렸다.

제공하게 되기를. 그때 천 개의 손과 10만의 이를 갖고 실을 빗고 잣고 짜내면서 온갖 공정을 다 하는 철로 된 노동자가 만들어졌다. 동력은 어머니인 자연의 젖가슴으로부터 태어난 안타이오스[4]처럼 자연의 요소로부터 얻었다. 떨어지는 물이나, 잡혀 있다가 증기로 확장되면서 강력한 숨결로 생명력을 부여하면서 상승시키는 물로부터 얻은 것이다.

우리의 사회적 행동을 균일하게 자동적인 것으로 만들어 주는 정치적 기계는 우리에게서 애국심을 빼앗아간다. 산업의 기계는 일단 만들어지면 단조로운 제품을 무한히 복제함으로써 단 하루의 일로 언제나 우리 내부에 존재하는 예술가를 빼앗아간다. 이 정도로도 괜찮다. 인간이 별로 보이지 않으니까. 그럼에도 불구하고 기계주의는 더 많이 원한다. 인간은 아직 깊은 곳까지 기계화되지 않았다.

인간은 고독한 사색, 철학적 명상, 진리에 대한 순수한 생각을 간직하고 있다. 누구도 거기까지 영향을 미치지는 못할 것이다. 어떤 스콜라철학자가 그의 내부를 밖으로 끄집어내 자신의 공식에 엮어넣은 척하지 않는 한. 그런데 일단 인간이 무심하게 돌아가는 수레바퀴에 한 발을 올리기만 하면 정치적

4_ 그리스신화에서 포세이돈과 가이아 사이에서 태어난 거인. 어머니의 이름 가이아는 그리스어에서 대지, 지구를 뜻한다.

기계와 맞물려 있는 이 생각하는 기계는 의기양양하게 돌기 시작하면서 스스로를 '정치철학philosophie d'État'이라고 부를 것이다.

자신의 변덕을 사랑하면서 만들어내는 허황된 시를 가리키는 상상력은 여전히 자유롭게 남아 있다. 쓸모없는 일! 힘의 비참한 낭비! 상상력이 무턱대고 추구하려는 대상은 너무도 숫자가 많아서 아무리 열심히 분류한다 해도 그 수많은 계급마다 주형을 뜰 수조차 없다. 그 주형에다가 우리는 그날의 필요에 따라 주문이 들어올 소설이나 극본이나 아니면 다른 작품의 쇳물을 부어넣은 것이 아닌가? 그렇다면 더이상 문학의 일을 하는 사람도, 정열도, 변덕도 없는 것이 아닌가? 영국의 경제학자들은 한 명이 조종하는 하나의 기계로 이루어진 이상적인 산업 세계를 꿈꿨다. 기계주의의 승리는 상상력의 날개를 단 세계까지 기계화했으니 그 얼마나 아름다운가!

그 역사를 요약해보자.

조국이 없는 국가; 예술이 없는 산업과 문학; 자성이 없는 철학; 인간이 없는 인간성.

세계가 이러한 증기기관 아래에서 숨이 막혀 질식하고 있다면 무엇 때문에 놀라야 하는가? 세계는 영혼이, 삶이 없이도, 즉 사랑이 없이도 살아가는 방법을 찾아냈는데.

단결을 약속했지만 지키지 않았던 중세에 속았던[5] 세계는 그 목적을 포기하고 낙담하면서 사랑하지 않는 기술을 찾아냈다.

나는 가장 아름다운 산업의 기계와 행정적 기계를 제외시키지 않겠거니와, 기계는 인간들에게 수많은 혜택[6] 중에서도 한 가지 불행한 능력을 부여했는데, 그것은 마음을 단결시키지 않고 힘을 단결시키는 능력이었다. 그것은 사랑하지 않으면서 협동하며 서로 알지 못하면서 함께 행동하고 살아가는 능력이다. 인간관계의 정신적 힘은 기계적 집중이 획득한 모든 것을 잃어버렸다.

협동 자체에도 야만적인 고립이 존재하는데, 의지도 열의도 없는 반기지 않는 접촉에서는 마찰의 가혹함만이 느껴질 뿐이다. 그 결과는 사람들이 생각하듯 무관심이 아니라 반감과 증오이다. 단순히 사회에 대한 부정이 아니라 그 반대이다. 사회는 비사회적으로 바뀌기 위해 적극적으로 일한다는 것이다.

내 눈앞에는, 내 가슴속에는 사람들이 나와 함께 만들어왔던 우리의 비참함에 대한 개관이 놓여 있다. 이제 나는 맹세

5_ 중세에 만들어져 구성원들 모두의 권익을 위해 단결했지만 훗날 직인과 도제를 착취하는 제도로 남게 된 길드를 예로 들 수 있다.

6_ [원주] 나는 이러한 혜택에 대해 조금도 항변할 생각이 없다. 80~81쪽을 참고할 것. 기계가 없던 무능력의 시대로 누가 돌아가기를 원하겠는가?

하거니와 내가 결코 낮춰 말하지 않았던 이 현실적인 비참함 중에서도 가장 나쁜 것이 정신의 비참함이다. 그 말로 내가 뜻하고자 하는 바는 실제적 인간이건 사색적 인간이건 우리 모두가 서로에 대해 믿기지 않을 정도로 모르고 있다는 사실이다. 그리고 이러한 무지의 중요한 원인은 우리가 서로를 알아야 할 필요성을 느끼지 않는다는 사실이다. 영혼이 없이 행동하는 천 가지의 기계적 방법은 우리로 하여금 인간이 무엇인지 알려는 것을, 인간을 어떤 동력이나 숫자가 아닌 그 무엇으로 보려는 것을 회피하도록 만들었다. 기계주의의 도움을 얻어 활력적인 삶이 제거된 숫자와 추상물인 우리 자신은 언제나 낮아져 영零으로 수렴한다.

나는 각 계급마다 다른 계급과 관련해 보지도 않고 보려 하지도 않으며 살아가는 완벽한 무지를 몇백 번이나 목격했다.

예컨대 교양인이라 자처하는 우리는 민중에게 어떤 좋은 점이 있는지 알려고 힘쓴 적이 있는가! 우리는 거의 전적으로 그들의 상황에서 비롯된 수없이 많은 일들로 그들을 비난하기만 하지 않았는가! 이를테면 낡고 더러운 옷, 절주 후의 과음, 미숙한 표현, 거칠어진 손, 그 밖에도 내가 알고 있는 것이 무엇이 있지? 만일 그들의 손이 덜 거칠어졌더라면 우리는 어떻게 되었을까? 우리는 외부적인 것, 외형의 비참함만을 보고 있을 뿐, 때로 그 밑에 있는 선하고 위대한 가슴을 보지 않는다.

그들 편에서 보자면 그들은 연약한 신체에서 활력적인 영혼을 찾을 수 있다고 생각하지 않는다. 그들은 학자 노릇을 하고 있는 사람들의 절름발이 같은 삶을 조롱한다. 그들이 보기에 학자는 무위도식하는 사람이다. 그들은 사색과 명상의 힘에 대해, 인내에 의해 열 배로 늘어나는 계산의 힘에 대해 조금도 알지 못한다. 그들에게는 전쟁에서 거두어들이지 않은 우월성은 잘못된 우월성이다. 그들에게는 레종도뇌르 훈장[7]이 어찌하여 창백하고 슬프게 보이는 허약한 사람에게 잘못 수여된 것처럼 보였을지 생각하면서 미소를 지었던 일은 얼마나 많았던가?

맞다, 여기에는 오해가 있다. 그들은 발견을 만들어내는 꾸준한 연구와 사색의 힘을 오해하고 있다. 우리는 영웅을 만들어내는 본능과 영감과 정력을 오해하고 있다.

당신은 이곳에 세상 최대의 악이 있다는 것을 확신하고 있다. 우리는 서로를 증오하고, 우리는 서로를 경멸한다. 말하자면 우리는 서로를 알지 못한다.

적용할 수 있는 부분적인 치유책이라도 있다면 좋은 것이

7_ 레종도뇌르(Légion d'honneur) 훈장은 1802년 나폴레옹에 의해 도입된 이후 프랑스 정부에서 수여하는 가장 명예로운 훈장이다.

확실하다. 그렇지만 전체적인 치유책이 본질적이다. 우리는 영혼을 교정해야 한다.

가난한 사람들은 만일 어떤 법으로 부자들을 묶어놓는다면 모든 것이 끝나고 세상은 좋아질 것이라고 생각한다. 부자는 가난한 사람들을 지난 두 세기 동안 소멸해 있었던 어떤 종교적 유형으로 복구시킨다면 사회를 회복시킬 수 있으리라고 믿는다. 좋은 주제이다! 확실히 양측 모두가 정치적이건 종교적이건 자신들의 공식이 세상을 연결시킬 카발라[8]와 같은 어떤 힘을 갖고 있다고 상정하는 것이 확실하다. 마치 그들의 힘조차 마음속에서 찾을 수도, 찾지 못할 수도 있는 조화로부터 나오지 않는 것처럼.

악은 마음속에 있다. 그러니 치유책도 마음속에 있음이 확실하다! 당신의 낡은 처방전을 버리라. 마음을 열고 팔을 벌려야 한다. 아, 그들이 당신의 형제들이 아닌가. 그것을 잊어버렸다는 말인가?

나는 이러저러한 형태의 모임은 좋지 않을 수 있다는 말을 하려는 것이 아니다. 형태보다는 밑바탕이 중요하다는 것이다. 가장 뛰어난 형태의 모임이라도 당신에게 사회성이 없다면 도

8_ 카발라는 유대교의 신비주의 사상을 가리킨다.

움이 되지 않을 것이다.

연구와 사색의 인간과 본능의 인간 사이에서 누가 먼저 행동할 것인가? 우리들, 연구하는 사람들이다. 증오이건 나태이건 무관심이건 우리측의 장애물은 사소하다. 그들 편의 장애물은 진정 심각하다. 그것은 숙명적인 무지라는 것으로서, 그것은 마음이 닫혀 메마르게 만드는 고통이다.

물론 민중도 사색을 하는 것은 확실하며, 때로 그들의 사색은 우리보다 낫다. 그럼에도 불구하고 그들을 규정하는 것은 본능적인 힘이며, 그것은 생각과 행동 모두를 똑같이 관통한다. 민중에 속한 사람은 무엇보다도 본능과 행동의 인간이다.

이 세상이 해체된 것은 일차적으로 오늘날 기계주의의 시대에 만들어진 본능과 사색의 어색한 대립에서 비롯된다. 그것은 사색이 본능적 능력에 대해 갖는 경멸감의 탓으로서, 사색은 본능이 없어도 된다고 믿는다.

따라서 나는 본능과 영감이 무엇인지 설명하고, 그 법을 제시해야 할 것이다. 청컨대 나를 따라 이 연구로 들어오기를. 그것이 나의 주제의 전제 조건이다. 정치의 나라는 그 자신을 도덕의 나라라는 거울에 비쳐보지 않으면 그 자체는 물론 그곳의 악과 치유책을 알게 되지 못할 것이다.

2부

사랑을 통한 해방 : 자연

1
지금까지 연구되지 않았던 민중의 본능

이 방대하고 어려운 주제를 시작하던 순간 이 길에 나밖에 없어 도움을 받을 사람이 없다는 생각은 별로 고무적이지 못했다. 혼자였다! 그럼에도 불구하고 나는 용기와 희망에 충만하여 앞으로 나아갔다.

귀족적 재능을 갖춘 고귀한 작가들은 언제나 상층계급의 풍습을 그리면서 민중을 기억했다. 그들은 자비로운 의도로 민중을 유행에 맞췄다. 그러고는 살롱에서 나와 길을 지나가는 사람들에게 민중이 어디에 사느냐고 물어보았다. 사람들은 유곽이나 감옥처럼 나쁜 장소를 가리켰다.

이러한 오해의 결말은 아주 슬프다. 왜냐하면 이런 작가들은 자신들의 의도와 상반되는 결과를 초래했기 때문이다. 우리가 민중에 관심을 갖도록 만들기 위해 그들이 선택하여 묘사하고 기술한 것들은 당연히 우리로 하여금 민중을 멀리하고 두려워하게 만들었다. "뭐라고? 민중이 이렇다고?" 이것은 소심한 부르주아 한 명의 목소리에 불과하다. "다급해. 경찰력을 늘리고 우리도 무장을 해야 해. 문을 잠그고 빗장을 조여야 해!"

그러나 실상을 들여다보면 위대한 극작가라는 명목으로 알려져 있던 이 예술가들은 민중이라는 명칭 아래 극히 일부의 사람들만을 보여주고 있다. 사고와 폭력과 범죄로 가득차서 공포의 효과를 곧바로 느끼게 만들 수 있는 사례만을.

범죄학자이건 경제학자이건 풍속화가이건 그들은 모두 예외적인 민중만을 거의 전적으로 다뤄왔던 것이다.

그들은 이 계급마저 박탈당했던 계급, 매년 범죄의 증가와 상습범의 수로 우리를 놀랍게 만드는 그 사람들만을 다뤄왔던 것이다. 그 사람들은 우리의 공개적인 범죄 보고서와 결함 없는 양심에 의한 재판을 통해 잘 알려지게 된 민중으로서, 유럽의 다른 나라들보다 언제나 더 쉽게 노출된 민중이다. 독일의 비밀 재판과 영국의 신속한 판결은 그 범죄에 대한 대중의 선정적 반응을 일으키지 않는다. 그 나라에서 범죄자들은 감옥에 갇히거나 식민지로 유배된다. 프랑스보다 범죄자가 두세 배 더 많은 영국은 자신의 상처를 드러내지 않는다. 반면 이곳 프랑스에서는 어떤 계급도 그 상처를 숨길 영광을 누릴 수 없다.

이상한 사회다. 다른 사람들이 본 피해로 연명하는 사회인데, 피해를 본 바로 그 사람들이 관심을 갖고 그 사회를 추구하려 한다. 그들의 행적을 등록하고 말을 배열하고 정신에 탐닉할 신문도 있다.[1] 그들에게는 이름만으로도 세상이 알아주는 영웅과 유명인사 들이 있다. 그들은 규칙적으로 재판정에 앉아 자신들의 정견을 말한다.

민중을 그린다는 사람들 앞에 서 있을 특권을 거의 독점하다시피 한 이 엘리트 종족은 대체적으로 대도시에 무리를 지어 살고 있는 군중 출신이다. 거기에는 어느 누구보다도 노동계급이 다수를 차지한다.

여기에서도 또다시 범죄학자들이 여론을 주도한다. 경제학자들이 '민중'이라고 부르는 사람들을 연구할 때 그들은 범죄학자들의 주장과 영감을 따른다. 그들에게 민중은 무엇보다도 노동자였고, 엄밀하게는 공장의 노동자였다. 이것은 노동자가 전체 인구의 2/3을 차지하는 영국에서는 적합한 말일지 모르지만 프랑스에서는 그렇지 않다. 거대한 농업국가인 프랑스에

1_ 파리에는 *Gazette des tribunaux*라는, 소송만을 독점적으로 다루는 신문이 있다.

서 노동자는 인구의 1/6밖에 되지 않는다.[2] 인구가 많은 계급이긴 하지만, 결국엔 소수에 불과하다. 이들을 표본으로 삼아 연구했던 사람들에게는 이것이 민중의 초상화라고 기술할 권리가 없다.

그 관찰자들을 사로잡았던 대도시의 그 재치 많고 타락한 무리들을 잘 검토해보자. 그들의 말을 듣고, 때로는 대단히 영리한 그들의 재치를 되씹어보면 당신은 아직 아무도 주목하지 못한 사실을 알게 될 것이다. 때로는 읽는 법도 모르는 이 사람들이 그럼에도 불구하고 나름대로 대단히 계발된 정신을 갖고 있다는 것이다.

항상 다른 사람과 접촉하면서 같이 살아가는 사람들은 그 단순한 접촉만으로도 자연적 온기라는 효과를 필연적으로 발전시킨다. 그들은 서로를 교육시킨다. 나쁜 교육이라고 말할 수도 있겠지만, 어쨌든 교육이다. 무엇을 배우려고 하지 않아도 매 순간마다 저절로 알게 되는 대도시에서 수천 개의 새로운 것들을 알려고 한다면 눈을 뜨고 길거리에 나가기만 하면 된다. 그 길이 그 도시가 학교인 것을 잘 알고 있지 않은가? 그곳에 살고 있는 사람들은 본능적이고 자연적인 삶을 살지 않

2_ 〔원주〕 그 1/6 중에서도 공장 노동자는 아주 소수에 불과하다.

는다. 그들은 좋은 일인지 나쁜 일인지는 모르겠어도 관찰하고 사색하는 교양 있는 사람들이다. 나는 그들이 때로는 아주 섬세하며, 사악할 정도로 교묘한 경우를 종종 본다. 세련된 문화의 효과가 여기보다 더 잘 드러나는 곳은 없다.

세상에서 자연에 위배되는 것을, 어린아이들의 본능과 정반대되는 것을 찾으려 한다면 사람들이 '파리의 부랑아gamin de Paris'[3]라고 부르는 이 인위적인 존재들을 보면 된다. 그렇지만 악마에게서 가장 최근에 태어난 가장 인위적인 존재는 런던의 두려운 애어른들이다. 그들은 열두 살이면 밀매를 하고 훔치고 진을 마시고 여자들과 어울린다.

예술가들이여, 이들이 당신들이 그려야 할 대상이다. 이상하고 예외적이고 괴물 같은 이들을 찾아 그리라는 말이다. 당신들은 도덕주의자들인가, 만화가인가? 오늘날엔 그 둘 사이에 차이가 있을까?

어느 날, 한 사람이 위대한 테미스토클레스[4]를 찾아가 기억력을 증진시킬 방법을 물었다. 그는 신랄하게 대답했다. "차라

3_ 〔원주〕 악에 손쉽게 물들고 모든 면에서 도발적인 이 버려진 아이들도 재치와 용기라는 품격을 어느 정도 갖고 있다는 것이 우리 국민성의 놀라운 면이다.

4_ 테미스토클레스(Themistocles: c. 524~459 BC)는 아테네의 정치가이자 장군으로서 아테네 하층민들의 지지를 받았다. 페르시아군의 제2차 침공 때 해군력을 강화시켜 살라미스해전을 승리로 이끌었다.

리 내게 망각하는 기술을 알려주시오."

신이시여, 내게 그 망각의 기술을 주시기를. 그리하여 당신들의 괴물, 망상이 빚은 창조물, 나의 주제를 혼란시키게 만드는 그 모든 것들을 잊게 해주시길. 당신들은 확대경을 들고 그들의 시궁창으로 들어가 더럽고 야비한 것을 찾으면 환호성을 지르며 우리에게 보여준다. "승리, 또 승리. 우리는 민중을 찾았소!"

우리가 민중에 관심을 갖도록 하기 위해 그들은 민중이 문을 억지로 열거나 열쇠를 따는 모습을 보여준다. 이렇게 생생한 그림에다가 그들은 심오한 이론을 덧붙인다. 그 이론을 들으면 재산을 놓고 벌이는 이 전쟁에서 민중은 스스로를 합리화시키고 있을 뿐이라는 것이다. 다른 슬픔에 더해서 이렇듯 경솔한 친구를 갖고 있다는 것은 진정 끔찍한 불행이다. 그러한 행동과 그러한 이론은 결코 민중의 본모습이 아니다. 군중이 순수하지도 않고 비난받을 면도 많다는 것은 확실하다. 그렇지만 그들의 절대다수를 지배하는 생각으로 그들을 규정하려 한다면 그 모습과는 정반대로 일과 절약 등 가장 존중받아야 할 수단을 통해 이 나라의 장점을 이루고 있는 방대한 작업, 즉 모든 계급의 토지 소유에 동참하고 있다는 것을 알게 될 것이다.

나는 내가 혼자라고 느낀다고 말했었다. 만일 내게 용기와 희망이 없다면 나는 슬플 것이다. 본디 약하고 이전의 작업과 관련하여도 약했던 나는 나 혼자 움직여야 하는 거대한 기념비 앞에 서 있는 것처럼 이 방대한 주제 앞에서 더욱 나약해진다. 아, 그 기념비는 외국의 군중과 이끼와 곰팡이의 공격을 받고 비와 먼지와 지나가던 사람들에 의해 마모되면서 오늘날 얼마나 훼손되었는가? 예술을 위한 예술의 인간이라는 예술가여, 와서 보라. 그를 즐겁게 하는 것은 바로 그 이끼일 뿐. 나는 그 이끼를 뜯어낼 것이다. 지나가는 예술가여, 이것은 예술을 위한 놀이가 아니다. 이것은 제단이다.

나는 땅을 뚫고 이 기념비의 깊은 지반을 발굴해야 한다. 지금 그 비명碑銘은 흙에 덮여 깊은 곳에 숨겨져 있다. 내게는 그것을 파낼 호미도 곡괭이도 삽도 없다. 내 손톱만으로 충분할 것이다.

어쩌면 10년 전 할리루드5에서 두 개의 진기한 자료를 발견했을 때의 행운을 갖게 될지도 모른다. 나는 유명한 교회 유적지에 있었는데, 지붕이 사라진 지 오래여서 비와 안개에 노

5_ 할리루드(Holyrood)는 스코틀랜드의 에든버러에 있는 지역의 이름이다. 본디 그 이름은 그곳에 있던 수도원에서 비롯되었는데, 스코틀랜드어에서 '할리루드'는 '거룩한 십자가'를 뜻한다.

출되었던 그곳의 무덤은 모두가 두꺼운 초록 이끼로 덮여 있었다. 불행하게도 이제는 사라져버린 〔프랑스와 스코틀랜드 사이의〕 오랜 우호관계에 대한 기억은 그 무덤에서 프랑스의 옛친구에 대한 어떤 글도 읽을 수 없었다는 사실 때문에 나를 슬프게 했다. 나는 비석 하나에서 기계적으로 이끼를 긁어낸 뒤 에든버러의 길거리를 포장했던 최초의 프랑스인에 대한 비명을 읽었다. 호기심이 발동한 나는 죽음의 얼굴이 새겨져 있는 또다른 비석을 향했다. 많이 가라앉아 있었던 이 무덤은 곰팡이라는 수의로 덮여 있었다. 다른 도구가 없었던 나는 손톱으로 긁어낸 뒤 라틴어로 된 비명의 일부를 읽을 수 있었다. 한참 뒤 나는 거의 마모된 단어 네 개를 해독해낼 수 있었다. 그것은 대단히 중요한 의미를 간직하고 있었으며 깊은 생각을 하도록, 그리고 비극적인 결말을 짐작할 수 있도록 만들어주기에 충분했다. 그 네 단어는 다음과 같다. "Legibus fidus, non regibus." 왕이 아니라 법에 충성하라.[6]

오늘 나는 다시 파낸다. 나는 이 비석의 밑바닥에 도달하고 싶다. 그러나 이번에 파내고 싶은 것은 내란에 대한 증오의 기

6_ 〔원주〕 그 뒤에는 내가 읽었던, 또는 읽었다고 생각했던 비명의 전문이 실려 있다. 그것은 3백 년 동안 이끼에 의해 거의 마모되었다.

넘비가 아니다. 반대로 내가 찾기를 바라는 것은 이 건조하고 얼어붙은 땅 아래로 내려가서 사회의 온기가 다시 시작하는 밑바닥이다. 그곳에는 모든 사람의 삶의 보물이 간직되어 있으며, 말라버린 사랑의 샘물이 이 세상을 위해 다시 한번 솟아오를 것이다.

2

약해졌지만 여전히 강한 민중의 본능

비판이 나의 첫 한마디를 기다리면서 나에게 침묵을 부과한다. "당신은 백몇십 페이지에 걸쳐 사회적 비참함의, 각 신분에 지워진 예속의 대차대조표를 만들었다. 그 악에 대한 논의의 끝에는 마침내 그 치유책에 대해 알게 되리라는 희망으로 우리는 참아왔다. 그리도 생생하고 확실하고 특정화된 악에 대해서 우리는 모호한 말이나 진부한 감수성이나 도덕적, 형이상학적 치유책보다는 더 나은 무엇인가를 내세워줄 것이라고 기대한다. 정확한 개혁을 제시하라. 모든 악폐마다 무엇이 바뀌어야 하는지 명확한 대안을 작성하여 의회에서 발의하라. 만일 당신이 불평과 몽상에 머물러 있겠다면 당신이 결코 떠나지 말았어야 할 당신의 중세에 머물러 있는 것이 더 좋겠다."

특별한 치유책이 없지는 않았던 것으로 보인다. 우리의 법

령집에는 5천 개가량의 치유책이 있다. 거기에 매일 새로운 것들이 더해지지만 개선이 되는 것은 보이지 않는다. 법을 다룬다는 그 의사들은 이곳저곳에서 보이는 개별적 증상을 고립된 개별적인 질병으로 보면서 국부적인 치료법만을 적용시킬 뿐이다. 그들은 사회적 신체를 연결시키는 심오한 연대는 물론 그것과 관련된 모든 문제들에 대해 잘 알지 못한다.[1]

헤로도토스는 의학의 유년기에 이집트에는 신체의 각 부분마다 다른 의사들이 있었다는 이야기를 전해준다. 한 사람은 코를, 다른 한 사람은 귀를, 또다른 한 사람은 위를 치료하는 식이다.[2] 그들의 치료법이 조화를 이루는가 하는 것은 중요하지 않았다. 서로 동떨어져 방해하지 않으면서 치료했다. 모든 부분이 치료되었어도 환자는 죽었으나, 그것은 죽은 사람의 문제였을 뿐이다.

나는 의학에 대해 다른 이상을 갖고 있다고 고백한다. 내게는 외형적이고 국부적인 치료를 하기 이전에 그러한 증상을

1_ 〔원주〕 예컨대 그들은 형벌제도의 문제가 공교육의 문제에 의존한다는 사실을 보려고 하지 않는다. 사람을 형성하건 교정하건 개선시키건 제거하건 국가가 불러야 하는 것은 교사이지 목수가 아니다. 신과 프랑스의 이름으로 말을 해야 할 종교적, 정신적, 국민적 교사여야 한다. 나는 도덕이나 종교의 감정조차 아무런 영향을 끼치지 못할 절망적인 사람들이라고 여겨지는 비참한 존재까지도 여전히 조국에 대한 감정을 간직하고 있는 사례를 알고 있다.

2_ 헤로도토스, 『역사』, 제2권, 84.

초래하게 만든 내적인 병을 알려고 하는 것이 효과적일 것으로 보인다. 나의 견해로 이 내적인 병은 비사회성을 만들어낸 심장의 경직이고 마비이다. 이러한 비사회성은 무엇보다도 우리가 처벌을 받지 않으면서 스스로를 고립시킬 수 있다는, 다른 사람의 어떤 도움도 필요로 하지 않는다는 그릇된 생각에 기인한다. 특히 부유하고 교양 높은 계급은 민중의 본능에는 아무것도 볼 것이 없다고, 책에서 얻은 지식으로 충분하며 행동의 인간이 그들에게 가르칠 것은 없다고 생각한다. 그들을 교화시키기 위해 본능과 행동의 능력이 얼마나 풍요로운지 천착해봐야 할 필요가 있다. 그것은 멀고 올바른 길이지만 다른 누구도 그 길에 있지 않았다.

나는 세 가지 사실을 검토해보고자 한다. 방금 전에도 나는 그 길에 홀로 있다고 말했지만, 내가 틀렸다.

첫번째로 나는 현재의 관찰을 제시하려는데, 이 경우에 그것이 특히 중요한 것은 그것이 외부뿐 아니라 내부의 관찰이기 때문이다. 나는 민중의 아들들과 함께 있었고, 그들을 잘 안다. 내가 민중의 아들이다. 사물의 핵심에 서 있는 내가 어찌 다른 사람들처럼 예외를 규칙으로 받아들이고 그 괴물 같은 모습을 그들의 본성이라고 받아들이는 오해를 할 수 있겠는가?

나의 두번째 장점은 이러저러한 새로운 풍습이나 과거에 태어난 특정한 계급에 큰 관심을 두지 않는다는 것이다. 반면 나를 대중의 정당한 보편성에 한정시키면서 어렵지 않게 그것의 과거와 연결시킬 수 있다는 것이다. 낮은 계급에서 변화는 높은 계급보다 많이 더디다. 나는 대중이 우연히 땅 밖으로 솟구쳐나왔다가 바로 죽어버린 괴물처럼 갑작스럽게 태어났다고 보지 않는다. 오히려 대중은 역사의 여명부터 법칙에 따른 발생 계보에 의해 이어져왔다고 본다. 생명이란 그 발생, 그 조상과 선례를 알게 되면, 바꾸어 말해 그것이 태어나기 오래전부터 어떻게 존재해왔는지를 보게 되면 덜 신비롭다.

세번째로, 이렇듯 민중을 그 현재와 과거 속에서 보면서 다른 민중의 문명이나 야만의 상태가 어떠한 것이듯 그 다른 민중과의 필연적 관계를 재정립하게 되었다. 모든 민중은 서로 설명하고 논평한다. 당신이 제기하는 어떤 물음에 다른 이가 대답한다. 예컨대 당신은 피레네나 오베르뉴 산악 지대 사람들의 어떤 관습이 상스럽다고 생각한다. 나는 그 관습이 야만적이라고 보면서 그렇게 이해하고 분류한다. 나는 삶의 척도 속에서 그 위상과 가치를 그렇게 알고 있다. 우리 민중의 관습 중에서 반쯤은 사라져버린, 설명할 수도 없고 어떤 이유나 의미도 없듯 보이다가 원초적인 영감과 조화를 이루며 내게 다시 모습을 드러내는 것들이 사실은 잊힌 세계의 지혜와 다름 없다. 부지불식간 마주쳤던 형체 없는 그 불쌍한 잔해를 웬일인지 나는 길가에 놔둘 수 없었다. 나는 그것을 들어 아무렇게나 내 외투의 옷자락에 담아 넣었다. 곧 다시 잘 살펴본 나는 종교적 감흥까지 불러일으키는 사실 하나를 알게 되었다. 내가 주워모은 것은 돌이나 자갈이 아니라 내 선조들의 유해였다.[3]

과거를 통해 현재를 분석하고 여러 국민과 여러 시대를 비교하는 일은 이 작은 책자에서는 가능하지 않다. 그럼에도 그 과업은 나의 관찰과 독서, 그 밖의 모든 종류의 정보가 나에게 제공해준 우리의 현재 관습과 관련된 나의 연구 결과물을 점검하고 설명하는 데 도움이 되었다.

누군가는 여전히 미심쩍어할 것이다. "그런데 그러한 점검은 그 자체로 위험하지 않은가? 그러한 분석은 무모하지 않은가? 오늘날 우리가 보고 있는 민중은 그 기원과 중요한 관련성을 유지하고 있는가? 현시점에서는 산문적인 그 민중이 야만의 시대에 시적인 숨결을 갖고 있던 그 종족들을 조금이라도 상기시킬 수 있는가? 우리는 창조적인 소양과 능력이 민중에게

3_ 〔원주〕 나의 책 『프랑스 법의 기원*Origines du droit français*』(1837)을 읽은 사람은 이것을 잘 이해할 것이다.

는 언제나 결여되어 있었다고 주장하지 않는다. 그들도 만들어낸다. 원시 민중들이 저마다 그들의 노래를 갖고 있다는 것이 그 충분한 증거이다. 그들은 문명에 의해 변화되었거나 우월한 계급에 접근하여 그들과 섞였을 때도 만들어낸다. 그러나 원시적 영감도 문화도 없는 민중, 즉 문명화되지도 않고 미개하지도 않으며 따라서 중간 상태에 있어 저속하며 거친 그 민중은 무능하게 남아 있어 만들어내지 못하는 것이 아닌가? 고귀한 감정과 시를 타고난 미개인들 자체도 그러한 거친 사람들의 자손들이 유입해 들어오는 것을 보면 혐오감을 갖지 않겠는가?"

나는 오늘날 특히 도시의 민중에게 육체적 쇠퇴는 물론 때로는 정신적 타락까지도 만연해 있음을 부정하지 않는다. 고대에는 노예들이 지고 있던 짐인 모든 고된 일들을 이제는 하층계급의 자유민들이 분담하고 있는 것으로 나타나고 있다. 모두가 고통을, 진부한 통속성을, 노예제의 추악함을 함께 나누고 있다. 예컨대 가장 행복하게 태어나 즐거운 프랑스 남부의 거주자들조차도 슬프리만큼 일로 허리가 휘었다. 오늘날 최악은 허리만큼이나 영혼도 휘었다는 것이다. 고통, 결핍, 빚쟁이나 세리에 대한 두려움. 이보다 덜 시적인 것이 있을까?

민중 자체는 덜 시적이며, 그를 둘러싼 사회도 마찬가지이다. 우리의 사회에는 그들이 음미할 만한, 생생하고 감동적인 세부에 대한 신랄한 묘사를 포함하는 시가 거의 없다. 이 사회에 있는 시라고는 때로는 아주 복합적인 조화를 말하는 고상한 시로서, 숙련되지 않은 눈으로서는 포착할 수 없는 것이다.

불쌍하고 외로운 사람들은 알지도 못하는 사이에 자신을 밀어붙이고 있는 이렇듯 방대한 대상과 거대한 집단적 힘에 둘러싸여서 스스로가 나약해지고 모독을 받고 있다고 느낀다. 그에게는 이전에 개인의 창의성을 그리도 강하게 만들어 줬던 자존심이 조금도 없다. 만일 그에게 해석을 할 창의력이 없다면 그는 이 강력하고 현명하며 학식 높은 것처럼 보이는 거대한 사회 앞에서 용기를 잃은 채로 남아 있을 것이다. 그는 빛의 중심이라는 곳에서 오는 모든 것을 받아들이며 자신의 생각보다는 그 빛을 아무런 의심도 없이 선택할 것이다. 그 지혜 앞에서 민중의 작은 뮤즈는 물러서서 숨조차 쉬지 못할 것이다. 그 지혜는 그 도시의 소녀에게 침묵을 강요하거나 그 자체를 위한 노래를 부르도록 만들었다. 이리하여 정교하고 고귀한 클래식풍의 베랑제[4]가 국민의 음악가가 되어 전 국민을 사로잡으며 마을의 오래된 노래는 물론 우리의 선원들이 부

4_ 서문 주5)를 참고할 것.

르던 오래된 노랫가락까지 대체했다. 최근의 노동자 시인들은 라마르틴[5]의 운율을 모방하면서 민중의 창의성으로부터 얻었던 모든 것들을 가능한 한 포기하고 희생시키려 하고 있다.

민중이 글을 쓸 때 저지르는 잘못은 언제나 그들의 힘의 원천인 가슴을 떠나 상층계급의 추상적 개념과 일반화를 차용하려고 한다는 데 있다. 민중에게는 그들이 인식하지 못하는 큰 장점이 있다. 그것은 인습적인 언어를 알지 못한다는 것으로서, 그들은 이미 만들어진 상투적인 문구나 공식에 쫓기듯 홀려서 글을 쓰는 우리와는 다르다는 것이다. 우리는 글을 쓸 때 마치 우리가 민중이 된 것처럼 글을 쓴다. 그런데 글을 쓰는 노동자들은 우리를 선망하며 가능한 한 우리를 모방하려 한다. 그들은 글을 쓰기 위해 정장을 하고 장갑을 낌으로써 강인한 손과 힘찬 팔을 잘 사용했을 때 사람들이 부여받는 우월성을 잊으려 한다.

큰일일까? 행동하는 인간에게 그들의 글이 무엇인지 왜 묻는가? 민중의 창의력의 참된 산물은 책이 아니라 용기 있는 행동과 영혼이 깃든 말과 열정적이고 영감이 있는 언어로서, 그것은 내가 언제나 길거리에서 마주치는, 영혼에 의해 조금

5_ 서문 주7), 1부 7장 주12)를 참고할 것.

도 영향을 받을 것 같지 않는 통속적인 입에서 나온다. 더군다나 통속성으로 혐오스러운 그 사람에게서 낡은 옷을 벗긴 뒤 제복을 입히고 총검과 북을 쥐고 군기를 앞에 들게 해보라. 더이상 알아볼 수 없을 것이다. 다른 사람이 서 있을 것이다. 앞의 그 사람은 어디로 갔는가? 다시 찾기 어려울 것이다.

이러한 침몰, 이러한 타락은 외형적일 뿐이다. 기반은 지속되고 있다. 이들은 여전히 핏줄 속에 와인이 들어 있다. 가장 지쳐 보이는 사람들에게서도 섬광을 찾을 수 있다. 언제나 군대의 힘이 있고 과감한 단호함과 독립적인 정신의 행진이 있다. 모든 측면에서 족쇄에 갇힌 그 독립심을 그들은 어디에 위치시켜야 할지 모르기에 종종 그것을 악에 포함시키면서 그것을 사실보다 더 나쁘게 과장했다. 영국과는 정반대였다.

외부의 족쇄와 내부의 끓어오르는 힘찬 삶. 이러한 대비가 한눈에도 충격적으로 보이는 그릇된 행동과 언행의 부조화를 많이 만들어냈다. 또한 그것은 귀족주의적인 유럽으로 하여금 프랑스의 민중을 이탈리아와 아일랜드와 웨일스 등의 가상적이고 몸동작이 많은 민중과 혼동하게 만들며 즐거워했던 것이다. 우리의 민중을 그 민중들과 가장 강력하고 분명한 방식으로 구분해주는 것은 그들의 가장 큰 일탈이자 상상력의 돌출이자 그들이 즐겨 말하는 돈키호테주의의 과잉 속에서도 프랑스의 민중은 상식을 유지하고 있다는 사실이다. 가장 격앙된 순간에도 그의 견고하고 냉정한 말은 그의 다리가 여전히 땅 위에 서 있고, 그가 자신의 흥분 상태로 인해 바보가 되지 않았음을 보여준다.

이것은 프랑스인들의 일반적인 성격에도 통용된다. 특히 그 민중을 돌아본다면 그들을 지배하는 본능이 그들에게 행동이라는 큰 장점을 부여한다는 것에 주목하자. 사색에 의한 사고는 심사숙고와 토론이라는 중간 과정을 거쳐야 행동에 도달한다. 그것이 거쳐야 할 일은 너무도 많아서 때로는 아무런 행동에도 도달하지 못하게 된다. 반면 본능적인 사고는 행동에 도달하며 그 자체가 거의 행동과 마찬가지이다. 사고와 행동이 거의 같은 순간에 일어난다.

본능을 더 긴밀하게 따르는, 우리가 열등하다고 부르는 계급은 바로 그 이유 때문에 특히 더 행동이 가능하며 행동할 준비가 언제나 되어 있다. 그러나 우리 교양인들은 잡담하고 논쟁하면서 우리가 가진 힘을 말로 소비한다. 우리는 책에서 책으로 옮겨다니거나 책과 책이 싸우게 만드는 헛된 즐거움에 탐닉하여 신을 교란시킴으로써 스스로를 지치게 만든다. 우리는 사소한 주제에 크게 화를 내면서 큰 상처를 받았기에 행동에 나서겠다고 위협한다. 그러나 말을 하고 난 뒤에는 아무 일도 하지 않는다. 우리는 행동하지 않는다. 우리는 다른 논쟁으로 넘어간다.

그들은 말을 많이 하지 않는다. 그들은 학자나 늙은 여인처럼 목이 쉬도록 소리 높여 말하지 않는다. 그러나 기회가 오면 그들은 소음을 내지 않고 그 기회를 활용하여 힘차게 행동한다. 말을 아끼면 행동의 힘이 커진다.

그렇다면 그 두 계급 사이의 재판관으로서 고대나 중세의 영웅들을 택해서 그 두 계급 중 누가 귀족을 구성하는지 물어보자. 그들은 조금도 주저하지 않고 "행동하는 사람들"이라고 대답할 것이다.

만일 상식과 건전한 판단 속에 우월성을 위치시키려 한다면 나는 프랑스의 옛 농민들보다 더 분별 있는 계급을 알지 못한다. 그는 이윤의 문제에 있어 보여주는 솜씨는 두말할 것 없고, 인간을 잘 알고, 그가 본 적이 없던 사회도 잘 예측한다. 그는 내적인 성찰은 물론 자연현상을 예지하는 특출한 능력도 갖고 있다. 그는 고대의 예언자보다도 하늘을, 그리고 때로는 땅을 더 잘 판단했다.

전적으로 육체적으로 생존하는 삶을 사는 이들은 그 겉모양 밑에서 생각하고 꿈을 꿨다. 젊은이에게 꿈이었던 것이 노인에게는 성찰과 지혜가 되었다. 그와는 다른 우리는 명상을 도발하고 유지시키고 고정시킬 모든 지원군을 갖고 있다. 그러나 반면 삶의 즐거움과 공허한 대화에 몰입하는 우리는 별로 사색하지 않으며 더욱이 원하지도 않는다. 그와 반대로 민중은 때때로 자신의 일의 본질 속에서 강요된 고독 속에 있게 된다. 들판에서 일하거나 군중 속의 고독을 만들어내는 소란스러운 일터에 있거나 고립되어 있는 그는, 권태에 빠져 죽기를 원하지 않는다면 자신의 영혼을 내면으로 돌려 자신과 대화를 나누고 있음이 확실하다.

특히 민중의 여성은 누구보다도 가족은 물론 남편까지도 돌봐야 할 필요를 느낀다. 그녀는 매일같이 무한한 솜씨와 고결한 계략을 사용하면서 때로는 오랜 시간에 걸쳐 놀라울 정도로 성숙한 경지에 도달하게 된다. 나는 인생의 말년에 수많은 고된 시련을 거쳐오면서도 최고의 본능을 간직해왔고 사색을 통해 언제나 정신을 고양시켜왔으며 순수하고 헌신적인 삶을 자연스럽게 개선시킴으로써 스스로를 격상시킨 여성들을 보아왔다. 더이상 그들은 그들 계급에 소속되지 않으며, 그렇다고 다른 계급에 소속되지도 않는다. 내 생각에 그들은 진정 누구보다도 우월하기 때문이다. 당신이 그들이 경험했다고 조금도 상상하지 못할 문제에 있어서까지 그들은 탁월한 신중함과 통찰력을 부여받고 있다. 그들은 개연성의 세계를 너무도 명확하게 보기 때문에 사람들은 그 여성들이 예언의 재능까지 갖고 있다고 쉽게 믿곤 한다. 그들이 아닌 다른 어느 곳에서도 나는 서로 구분될 뿐 아니라 대립되는 것처럼 보이는 두 가지 사물이 결합되어 있는 것을 보지 못했다. 그것은 세속적인 지혜와 신의 정신이다.

3

민중은 본능을 희생함으로써 많은 것을 얻었을까?—혼합된 계급

우리가 언급해왔던 이 현명하고 신중한 농민은 하나의 고정관념을 갖고 있다. 그의 아들은 농부가 되지 않고 신분을 상승하여 부르주아가 되어야 한다는 것이다. 그는 아주 쉽게 성공을 거둔다. 교육을 마친 뒤 성직자나 변호사나 공장주로서 '무슈'가 된 그는 어렵지 않게 찾아볼 수 있다. 혈색이 좋고 강인한 인종인 그는 모든 자리를 채우며 세속적인 적극성을 갖고 모든 일을 한다. 그는 연설가가, 정치가가, 큰 식견을 가진 중요한 인물이 될 것이며, 그는 작은 사람들과는 공통점이 없을 것이다. 당신은 모든 것을 뒤덮는 목소리의 그를 어디에서나 마주칠 수 있다. 그는 빛나는 장갑 속에 아버지의 투박한 손을 숨기고 있다.

나는 스스로를 잘못 표현하고 있다. 나의 아버지는 강한 손을, 그 아들은 투박한 손을 갖고 있다. 의심의 여지없이 아버지가 더 튼튼했고 더 섬세했다. 그는 귀족에 훨씬 더 가까웠다. 그는 말을 많이 하지 않으면서 단도직입적이었다.

아들은 아버지의 신분을 포기함으로써 상승했을까? 발전이 있었을까? 문화와 지식에 있어서는 의심의 여지가 없다. 그러나 독창성과 실제적인 분별력에 있어서는 그렇지 못하다.

오늘날에는 모두가 자신의 신분을 떠난다. 그들 모두는 상승했거나 아니면 상승했다고 믿는다. 지난 30년 동안 50만 명의 노동자들이 면허를 따고 주인이 되었다. 농촌의 일용 노동자로서 지주가 된 사람들은 셀 수 없을 정도로 많다. 이른바 자유직은 하층계급으로부터 엄청나게 충원을 하여 이제는 포화 상태에 이르렀다.

이 모든 것의 결과로서 사상과 도덕에 심대한 변화가 나타났다. 인간이 자신의 영혼을 물질적 상황에 맞추기 시작한 것이다. 이상한 일이다. 이제는 가난한 사람의 영혼, 부자의 영혼, 상인의 영혼과 같은 것이 존재한다. 마치 인간이 재산의 부속물인 것 같다.

계급들 사이에는 연대와 결속이 아니라 조급하고 미숙한 혼합만이 있었다. 의심할 바 없이 그것은 새로운 평등이 마주쳤던 극복하기 어려운 장애물을 약화시키기 위한 것이었다. 그럼에도 불구하고 이러한 변화는 그 결과로서 예술과 문화

등 모든 것에 통속성의 흔적을 크게 남겨놓게 되었다. 놀랍게도 여유 있는 사람들과 부자들까지 값싸고 평범한 물건에 적응했다. 대단히 호화로운 집에서조차 평범하고 추하고 천한 물건들을 볼 수 있었다. 사람들은 예술을 원했다—싼값에. 참된 고귀성을 만드는 재료인 희생의 능력은 신흥 부자에게는 결여되어 있었다. 그에게는 그 능력이 정치에 있어서만큼이나 예술에 있어서도 결여되어 있었다. 그는 아무것도 희생하지 않으려 했고, 자신의 현실적인 이익을 위해서조차 희생하지 않았다. 이러한 정신적 허약함이 그의 쾌락과 허영심에도 따라다녀 그를 통속적이고 초라하게 만들었다.

모든 계급으로 만들어진 이 계급은 그리도 급조되었다가 이미 쇠퇴하고 있는데, 이 혼합된 계급은 생산적으로 바뀔 수 있을까? 의심이 간다. 노새는 불임이다.

프랑스, 폴란드와 같은 나라의 민중 중심의 군대와 비교할 때 영국의 군대는 압도적으로 부르주아적인 것처럼 보인다. 그것은 부르주아의 미래에 대한 우리의 전망을 밝혀줄 것이다. 영국보다 계급의 변화가 더 심했던 나라는 없으며, 신흥 부자와 상인의 자제들이 애써 귀족인 체 행세하려고 했던 나라도 없다. 지난 두 세기 동안 영국의 귀족 전체를 쇄신시켰던 이 사람들은 이름과 문장紋章은 물론이거니와 훌륭한 장원과 가구와 물려받은 수집품까지도 특별한 관심을 갖고 보존했다. 그들은 자신들이 점유하게 된 유서 깊은 가문의 예법과 인품까지도 복제하려는 정도까지 나아갔다. 그들은 자만심까지도 유지하면서 오래된 귀족들의 태도와 언사와 예법을 표현하고 향유했다. 인정한다. 그렇지만 전통을 보존하고 옛것을 만들어낸다는 그 노력으로 그들이 생산해낸 것은 무엇인가? 그들은 진지한 귀족이 되어 그에 따르는 정신도 갖게 되었지만, 그 기저를 살펴보면 그들에게는 지략도 정치적 창의력도 별로 없을 뿐이다. 그들에게는 대영제국의 현재의 위엄이나 미래에도 이어질 그 위엄에 걸맞은 품격이 하나도 없다. 묻거니와 셰익스피어와 베이컨의 영국은 어디에 있는가? 변장을 했건 작위를 받았건 상관없는데, 크롬웰 이후 영국은 부르주아계급이 지배해왔다. 그들의 권력과 부는 측정이 불가능할 정도로 증가했다. 문화의 수준이 상승했지만, 그와 동시에 영국의 신사들 사이에서 어떤 슬픈 평등이 확립되고 있다는 것을 알게 되었다. 그것은 인간과 사물이 모든 곳에서 서로 닮아가는 현상이다. 당신은 그들의 우아한 서체 속에서 하나의 글자가 다른 글자와 구분되는지 거의 알 도리가 없다. 그들 도시 속에서 집들도 서로 구분되지 않는다. 그 국민들 속에서 한 영국인과 다른 영국인이 구분되지 않는다.

우리의 주제로 돌아가자면, 나는 미래에 위대한 창의의 독창성은 모든 타고난 인품이 힘을 잃는 그 범속한 혼합된 계급 속으로 사라져버리지 않을 사람들에게 속할 것이라고 기꺼이 믿으려 한다. 그 창의의 독창성은 상승하기를 원하지 않는 강인한 사람들, 민중으로 태어나 민중으로 남으려는 사람들을 만나게 될 것이다. 안락한 위치로 올라선다는 것. 그것은 좋은 일이다. 그러나 부르주아계급으로 들어가 지위와 습관을 바꾼다는 것은 그 강인한 사람들에게는 별로 바람직해 보이지 않는다. 그들은 그렇게 함으로써 얻을 것이 없다고 느낀다. 대중의 강인한 활력과 거대한 본능, 정신의 용기 등 이 모든 것이 노동자들에게 더 잘 보존되어 있다. 단지 그가 고된 일로 분쇄되거나 그의 삶이 지나치게 어려워서 여유를 가질 수 없지 않은 한.

나의 눈앞에는 상승을 원하지 않던 양식 있는 사람들 두 명이 예로 떠오른다. 한 명은 지적이고 사색적인 공장 노동자인데 그는 십장이 되는 것을 언제나 거부한다. 그는 책임감과 비난과 공장장과의 불유쾌한 접촉을 두려워하며 침묵 속에서 자신의 생각과 함께 일하는 것을 좋아한다. 내가 이야기를 나눈 적이 있었던 신비로운 노동자를 떠올리게 만드는 그가 그 새로운 직책을 맡았더라면 그는 찬탄할 만한 그 내적인 평화를 잃게 되었을 것이다.

다른 한 명은 제화공의 아들인데, 고전은 물론 법학에 대한 공부까지 마친 뒤 변호사가 되었지만, 가족의 필요에 의해 아무런 불평의 말 한마디 없이 아버지의 가업을 이었다. 그는 강인한 영혼은 올라가는 일이건 내려가는 일이건 상관없이 실행할 수 있다는 것을 보여주었다. 그의 체념은 보상을 받았다. 영광을 추구하지 않았던 이 사람은 이제 아들을 통해 그 영광을 얻었다. 특출한 재능을 타고난 그는 아버지의 직업에서 예술의 감흥을 발견했고, 이제는 우리 시대의 가장 위대한 화가로 꼽히게 되었다.[1]

지위와 직업과 습관의 계속적인 변화는 모든 내적인 완성을 방해한다. 그러한 변화는 범속하고 가식적이고 비생산적인 것들의 혼합물을 산출할 뿐이다. 악기의 현弦을 개선한다는 명목으로 그 비율을 바꾸려고 하는 사람은 결국 그것을 공통적인 평균에 접근하도록 만들어 악기는 쓸모없고 화음은 불가능하게 만드는 것이다.

당신 자신으로 남아 있다는 것, 그것은 위대한 힘으로서

1_ 토마 쿠튀르(Thomas Couture: 1815~1879)를 가리킨다. 그의 아버지는 제화공이었다. 쿠튀르는 미슐레는 물론 미슐레의 아내 뒤메닐 부인의 초상화도 그렸다.

독창성을 위한 기회이다. 행운이 변화한다면 더 좋다. 그러나 자연은 그대로 남아 있게 하자. 민중은 자신의 본능을 질식시키기에 앞서 그것을 지켜야 한다. 그래야만 좋은 부르주아의 정신을 따를 수 있다. 만일 그가 자카르[2]처럼 자신의 직종에 충실하여 그것을 개선시킨다면, 아니면 베르나르 팔리시[3]처럼 직종으로부터 예술을 만들어낸다면 이 세상에 그보다 더 큰 영광이 어디에 있겠는가?

2_ 조세프 마리 자카르(Joseph Marie Jacquard: 1752~1834)는 자동 직조기를 발명한 프랑스의 방직공이자 상인이었다.

3_ 베르나르 팔리시(Bernard Palissy: 1510?~1589?)는 16세기 프랑스의 도자기공이었다. 중국의 도자기를 모방했던 그의 제조 방법은 지속적으로 이어지다가 19세기에 크게 부흥하여 상업화되기에 이르렀다.

4

단순한 사람들—어린이, 민중의 해석자

민중의 본능이라는 최고의 재능을 이해하기 원하는 사람은 부르주아계급의 품격과 결함을 모두 공유하고 있는 그 혼합되고 잡종으로 절반 정도만 계몽된 정신의 소유자들에게 관심을 두지 말아야 한다. 그들은 특별히 단순한 사람들을 찾아서 연구해야 한다.

단순한 사람들은 일반적으로 생각을 분산하지 않는다. 분석이나 추상이라는 기제로 무장되어 있지 않은 그들은 모든 것을 삶이 제시하는 것 그대로 하나로서, 전체로서 구체적으로 바라본다.

단순한 자들이 위대한 민중을 이룬다. 자연적으로 단순한 자들과 문화적으로 단순한 자들이 있다. 그들에게는 구분을 하는 지능이 결코 있지 않다. 어린이들은 구분하지 않으며, 농민과 평범한 민중도 구분하는 일에 익숙하지 못하다.

학자와 비평가처럼 분석하는 사람들, 예외nisi와 구분distinguo의 사람들은 단순한 사람들을 높은 곳에서 내려다본다. 그럼에도 불구하고 단순한 사람들은 그들이 그 일부를 이루며 살아가고 있는 자연적인 상태 속에서 사물을 구분하지 않고 있는 그대로 본다는 장점을 갖고 있다. 사색에 몰두하지 않는 그들은 본능이 풍요로운 경우가 많다. 이들 계급에게는 영감도 적지 않으며, 때로 그것은 일종의 예지력에 도달하기까지 한다. 그들 중에는 서로 떨어져 있음에도 산문처럼 지루한 삶에서 가장 고귀한 시적 정신인 마음의 단순성을 간직한 사람들이 있다. 어린 시절의 이러한 신성한 재능을 간직하고 있는 사람들은 드물다. 보통 그것은 특별한 은총과 일종의 거룩함을 전제로 한다.

그 은총에 대해 말하려는 것만으로도 그 은총이 필요하다. 학문이 단순성을 배제하는 것은 결코 아니지만, 학문은 단순성을 주지 못한다. 의지도 단순성과는 별로 상관이 없다.

툴루즈의 위대한 법학자[1]는 자신 저작의 가장 어려운 부분에서 독자들로 하여금 잠시 멈춰 서서 자신이 이 섬세한 주제에 대해 안내해줄 빛을 찾을 수 있도록 기도해달라고 했다.

1_ 『법의 정신』을 쓴 프랑스의 계몽사상가 몽테스키외(Charles-Louis de Secondat, Baron de La Brède et de Montesquieu: 1689~1755)를 가리킨다.

우리는 단순성을 얼마나 필요로 하는가! 나와 당신과 친구들과 나의 책의 독자들 모두가! 우리에게는 섬세함이라는 재능과는 정반대되는 단순함이라는 재능과 어린 마음을 갖는 것이 얼마나 더 필요한가!

현자는 더이상 "어린이들을 내게 보내라"라고 말하는 것으로 만족하지 못할 것이 확실하다. 현자가 어린이들에게 가야 한다. 현자는 어린아이들 둘레에 있으면서 배울 것이 많다. 어린이들이 할 수 있는 가장 좋은 일은 공부를 미뤄두고, 별 도움도 되지 않는 책들도 팽개치고 다만 어머니와 유모 사이로 스며들어 배운 것을 잊고 까먹는 것이다.

잊는다고? 아니, 오히려 그들의 지혜를 개선시키고 그것을 신에 더 가까이 있는 사람들의 본능에 따라 조정하고, 그것을 작은 기준에 맞춤으로써 교정하고, 세 개의 세계에 대한 지식이 요람 속에 들어 있는 것보다 더 많은 것을 포함하고 있지 않다고 말하는 것이다.

지금 우리가 이 책에서 다루고 있는 주제인 민중에 대해서만 말하자면 어린아이를 관찰하는 것보다 민중을 더 잘 꿰뚫어볼 수 있는 방법은 없다. 어린이는 민중의 해석자이다. 이것이 무슨 말일까? 어린이는 민중이 변형되기 이전에 태어났을 때의 본모습을 보여주는 민중 자체라는 것이다. 어린이는 범속하거나 거칠지도 않고 질투를 모르며 불신이나 혐오를 조장하지도 않는다. 어린이는 민중의 해석자일 뿐만 아니라 많은 경우에 민중이 순진무구하다는 것을 보여준다. 거친 사람의 입에서 나오는 거칠고 흉한 말이 당신이 순진하다고 보는 당신의 어린아이의 입에서도 나온다는 것은 확실한 사실이다. 그리하여 당신은 공정하지 못한 편견에 대해 경계하는 법을 배우는 것이다. 행복하게도 인습적인 언어를 모르고 상상력을 말소시키는 틀에 박힌 공식이나 문구도 알지 못하는 점에서 민중과 같은 어린이는 스스로 모범을 보이며 자신의 언어를 끊임없이 추구하여 찾아낸다. 그 둘은 때로 행복한 열정을 갖고 그것을 찾아낸다.

더구나 민중은 모든 것이 바뀌어도 여전히 젊음과 원초적인 것을 유지하고 있다는 사실을 당신은 어린이를 통해 이해할 수 있다. 당신의 아들은 브르타뉴나 피레네의 농민처럼 모든 순간마다 성서나 『일리아스』의 언어를 말한다. 비코[2]나 볼

2_ 잠바티스타 비코(Giambattista Vico: 1688~1744)에 대해서는 서문 주35)를 참고할 것. 비코는 『새로운 학문』의 제3권 「참된 호메로스의 발견」에서 호메로스의 서사시 『일리아스』와 『오디세이아』의 저자가 그리스의 민중이며 그 두 서사시는 제대로 해석하면 그들의 역사를 보여주고 있는 자료라는 주장을 펼쳤다.

프[3]나 니부르[4]의 과감한 이론은 고대의 어둠 속에 있는 당신을 위해 어린아이가 갑작스럽게 열어놓는 어떤 말들이 갖는 밝고 심오한 섬광과 비교하면 아무것도 아니다. 추상적 관념에게조차 부여된 역사나 서사의 형식을 고찰하면서 유년기의 민중은 그들의 가르침을 전설로 이야기했고 도덕적 진리로 역사를 만든 일은 얼마나 많았던가! 현인이여, 우리는 여기에서 침묵을 지켜야 한다. 둘러서서 옛 시대의 이 어린 선생님의 말을 들어보자. 그가 말하는 것을 우리에게 가르쳐주기 위해 그는 깊이 파고들어가야 할 필요를 느끼지 않는다. 그는 살아 있는 증인이다. "그는 그곳에 있었기에 그 이야기를 더 잘 알고 있다."

유년기의 민중에게서와 마찬가지로 어린이에게도 모든 것은 구체적이고 살아 있는 상태로 농축되어 있다. 오늘날 우리가 도달하게 되었던 특히 추상적인 상태를 인식하기 위해서는 어린이를 보는 것만으로 충분하다. 많은 공허한 추상적 개념은 이러한 검증을 견디지 못한다. 무엇보다도 생기가 넘치고

3_ 프리드리히 아우구스트 볼프(Friedrich August Wolf: 1759~1824)는 독일의 고전학자로서 『호메로스 서설』이라는 저서를 통해 호메로스가 개인이 아니라는 주장을 펼쳤다.

4_ 바르톨트 게오르크 니부르(Barthold Georg Niebuhr: 1776~1831)는 덴마크계 독일의 역사가로서 고대 로마의 역사에 큰 업적을 남겼다. 미슐레에 따르면 로마사에 대한 니부르의 해석은 비코의 해석과 유사한 점이 많았다.

말하기를 좋아하는 우리 프랑스의 어린이들은 조숙한 상식을 갖고 끊임없이 우리를 현실로 되돌려보낸다. 이 천진한 비평가들은 현자마저 당황스럽게 만든다. 이들의 순진한 질문이 현자들에게 풀기 어려운 사물의 핵심을 제시한 적이 자주 있다. 그들은 현자들이 결코 천착하지 않겠다고 동의한 것 같은 문제에 대해서 우리처럼 외면하는 법을 배우지 않았다. 그들의 작지만 과감한 논리는 언제나 그 문제를 향해 직진하라는 것이다. 만일 어른들이 아이들의 반론을 침묵시키지만 않았더라면 이 세상에는 어떤 신성한 부조리함도 지속되지 않았을 것이다. 네 살부터 열두 살까지, 이때가 그들 논리의 시기이다. 이유기와 사춘기 사이에 그들은 그 이후보다 더 경쾌하고 비물질적이고 정신에 생기가 더 많다. 한 저명한 문법학자는 언제나 아이들과 살기를 원했는데, 그는 그 시기에 가장 섬세한 추상의 능력을 찾을 수 있다고 내게 말했다.

그들은 본능적인 삶으로부터 사색적인 삶으로 신속하게 이행하면서 무수히 많은 것들을 잃는다. 그 이전까지는 본능이라는 거대한 바탕 위에 살면서 모유의 바닷속에서 헤엄친다. 이 침침하지만 풍요로운 바다에서 논리가 몇 줄기 빛을 이끌어내기 시작하면 의심의 여지없이 진보가 나타나며, 그것은 삶에 필요한 조건이다. 그러나 이러한 진보는 어떤 의미에서는 추락에 불과하다. 한때는 작은 신이었던 어린이가 어른이 되는 것이다.

유년기와 죽음은 영겁이 인간에게 빛을 뿜어내는 순간이며, 예술의 용어로 받아들이건 신학의 용어로 받아들이건 그것이 은총이다. 놀면서 삶에서 어떤 시도를 하는 유아에게 은총은 생생하다. 삶을 마감하려는 죽어가는 사람에게 은총은 엄숙하고 장중하다. 그 둘 모두 신성한 은총이다. 성서의 위대한 말씀보다 이 진리를 더 잘 이해하게 만들어주는 것은 없다. "너희들은 신이며, 너희들이 신이 될 것이다."[5]

아펠레스[6]와 코레지오[7]는 이러한 신성한 순간만을 끊임없이 연구했다. 코레지오는 하루종일 어린이들이 노는 것을 보곤 했다. 고대인에 의하면 아펠레스는 죽어가는 사람들만을 그렸다고 한다.

떠나는 일이 도착하는 그날, 즉 두 세계 사이의 이행이 있는 그날 인간은 모든 것을 함께 포괄하는 것처럼 보인다.[8] 이

5_ 「시편」 82장 6절을 변형시킨 것으로 보인다.

6_ 아펠레스(Apelles)는 기원전 4세기 그리스의 화가였다.

7_ 코레지오(Antonio Allegri da Correggio: 1489~1534)는 이탈리아 르네상스 시대에 파르마에서 주로 활동했던 화가이다.

8_ 〔원주〕 죽음이라는 신비에 대한 공포, 즉 이제야 무엇을 말해야 할지 알게 되었을 때 입을 닫게 만드는 봉인은 페르 라셰즈 공동묘지의 유대인 전용구역에서 발견한 장엄한 작품이 잘 포착하고 있다. 그것은 앙투안 프레오(Antoine Préault: 1809~1879, 프랑스 낭만주의시대의 조각가)가 만든 흉상, 아니 흉상

전에 그가 던져졌던 본능적인 삶은 사고의 여명이자 황혼인데 의심의 여지없이 본능은 사고보다 모호하지만 훨씬 더 방대하다! 중간에 개재하는 추론과 사색의 삶은 모호한 광막함으로부터 나왔다가 그곳으로 되돌아가는 협소한 선 하나에 불과한 것. 이것을 잘 알고 싶다면 어린이나 죽어가는 사람 옆에서 면밀하게 관찰하라. 그의 베개 옆에 조용히 있으면서 살펴보라.

불행히도 나는 많이 아끼는 사람들에게 죽음이 다가오는 것을 목격할 기회가 많았다. 특히 「이사야서」를 읽으며 죽어가는 여인의 침상에서 보냈던 긴 겨울날을 기억한다.[9] 이 대

이라기보다는 두상인데 수의 속에서 입술 위를 손가락으로 누르고 있다. 진정 섬뜩한 작품인데, 심장이 그 강렬한 인상을 견딜 수 없을 정도로서, 죽음이라는 끌로 깎아낸 작품처럼 보인다. ([역주] 1804년 나폴레옹이 이 공동묘지를 개장했을 때 이곳에는 종교와 무관하게 누구도 묻힐 수 있다고 정해놓았지만, 그곳에는 유대인과 이슬람교도를 위한 전용구역이 있다. 프레오가 1842년에 만든 〈침묵〉이라는 제목의 조각이다.)

9_ 이것은 1842년 타계한 아내 뒤메닐 부인의 죽음을 가리킨다. 어릴 적부터의 친구 폴 푸앵소(Paul Poinsot)가 1821년에 사망했을 때, 일에 전념하느라고 별거

단히 슬픈 광경은 잠과 깨어남 사이의 투쟁의 광경이며 일어서려다가 다시 쓰러진 영혼의 고된 꿈이다. 허공 속에서 헤엄치던 그녀의 두 눈은 두 세계 사이의 불확실성을 슬프게도 정확하게 표현했던 것이다. 흐릿하나 방대한 그녀의 생각은 지나간 삶 전체를 되돌아보면서 무한한 예감과 함께 확대되었다. 그 모든 불안감의 밀물과 썰물을 함께 나누며 이 위대한 투쟁을 목격했던 증인은 난파선에 있는 것처럼 어떤 확고한 믿음에 매달렸다. 그것은 영혼이 원초적인 본능으로 복귀한다 할지라도 미지의 세계에 대해 이미 예견을 하고 있기 때문에 절멸되지는 않으리라는 믿음이다.

모든 것이 암시하는 것으로 봐서 그녀는 오히려 삶의 과업을 더 행복하게 떠맡을 어떤 더 젊은 존재에게 그 이중적인 본능을 부여하려 했던 것으로 보이며, 그렇게 함으로써 그 영혼이 꿨던 꿈과 시작했던 생각과 말하지 못했던 의지에 목소리를 부여하려 했던 것이다.10

중이었던 첫 아내 폴린 루소(Pauline Rousseau)가 1839년에 사망했을 때에도 미슐레는 큰 슬픔을 느꼈다.

10_ 〔원주〕 "어린아이가 어머니의 피로부터 나올 때에 조상이 아기를 받아들인다. 나의 영혼이여, 네가 다시 태어났구나. 다시 한번 인간의 신체 속에서 잠들기 위해"(나의 저작 『프랑스 법의 기원』에 인용된 인디언의 법). "악의 유전"이라는 가설은 물론이거니와 "영혼의 윤회"라는 가설을 받아들이지 않더라도 우리의 최초의 본능은 우리 선조들의 집단적인 정신을 반영한다고 믿을 수 있다. 그것이 젊은 여행자의 여정을 위한 식량인 것이다. 그 젊은 여행자도 거기에 많은

어린이와 죽어가는 사람을 관찰하면 언제나 한 가지 사실이 충격적이다. 그것은 자연이 그들에게 부여하는 완벽한 고귀성이다. 인간은 고귀하게 태어나서 고귀하게 죽는다. 인간이 야비해지고 천박해지면서 불평등을 만들어내기 위해서는 한 평생의 일이 필요하다.

어머니가 무릎을 꿇고 앉아서 예수라고 부르는 아기를 살펴보자. 사회와 교육이 곧 그를 바꾸어놓았다. 그의 내부에 있으면서 그를 신성하게 만들었던 무한성이 사라진다. 그는 스스로를 규정하고 스스로를 정확하게 만드는 것도 사실이지만, 그는 축소된다. 논리와 비판은 하나의 덩어리처럼 그의 내부에 있던 것을 비정하게 깎아내고 조각한다. 무정한 조각가의 끌은 부드러운 원재료 속으로 파고들어가 전체를 조각낸다. 그는 벌써 얼마나 빈약하게 손상되었는가! 그의 본성의 폭넓은 고귀함은 이제 어디로 갔는가? 최악은 그렇게 거친 교육 덕분에 그는 나약하고 빈곤하게 바뀌었을 뿐만 아니라 통속화되었다는 것이다.

것을 더한다. 이론을 밀어두고 책을 덮고 자연을 관찰하면 나는 우리에게서 희미한 본능처럼 생각이 솟구쳐오르는 것을 볼 수 있는데, 그것은 황혼 속에서 빛을 발하며 사색의 빛으로 그 자체를 더욱 빛나게 발전시킨다. 그 뒤 그것은 공식이 되며 더욱더 그렇게 받아들여진다. 그것은 우리의 습관 속으로 들어오고, 우리 자신 속으로 들어오게 되어 우리는 더이상 그에 대해 검토하지 않는다. 그 뒤 마지막으로 그것은 다시 희미해져 우리의 본능의 일부가 된다.

우리가 어린 시절을 후회할 때 그 대상은 우리 앞에 있었던 삶과 세월이 아니라 사라져버린 우리의 고결성이다. 실로 그 당시에는 아직 굽혀지지 않은 존재에 대한 순진한 위엄을 간직하고 있었고, 모두가 평등했고 젊었고 아름답고 자유로웠다. 인내심을 갖자. 그것은 다시 돌아올 것이니. 불평등은 삶에서만 존재할 뿐이니, 평등과 자유와 고귀성 그 모두는 죽음과 함께 우리에게 돌아온다.

아! 그러나 수많은 어린이들에게 그 순간은 너무도 빨리 온다. 어린이에게서 우리는 삶을 보고 배울 기간을, 삶에 준비할 기간을 보고 싶어할 뿐이지만 그들 대다수는 결코 살지 못한다. 사람들은 그들이 "한참 뒤에" 행복하기를 원하며, 이 불확실한 시대의 행복을 확실하게 하기 위해 사람들은 그들이 이미 확보해둔 그 짧은 순간을 지루함과 슬픔으로 가득 채움으로써 그들을 분쇄시킬 뿐이다.[11]

아니다. 어린 시절은 시대나 삶의 단계가 아니다. 그들은 민중이며, 그것도 순진한 민중이다. 대체적으로 오랫동안 피어

11_ [원주] 나는 그들에게 부과된 엄청나게 많은 일이나 자연이 그들에게 명한 유연한 성격에 우리가 가하는 무수히 많고 과도한 처벌을 말하는 것이 아니다. 오히려 내가 말하려는 것은 그 어린 존재들을 거칠고 부주의하게 차가운 추상화 속으로 던져넣게 만드는 어리석은 냉혹함이다. 어머니의 가슴에서 방금 나온 이 어린 존재들은 여전히 따뜻하며, 그 꽃을 피우게 되기를 바라고 있을 뿐이다.

있지 않는 인류의 꽃으로서 자연에 순응하며 그 가슴에 곧 다시 안길 것이다. 사람들이 어린이에게서 억누르려고 하는 것이 바로 그 자연이다. 중세의 야만 상태로 돌아가고 있는 인간은 여전히 어린이에 대한 야만을 유지하고 있다. 그들은 언제나 비인간적인 원칙으로부터 출발한다. 우리의 본성은 악하며, 따라서 교육보다는 개혁이 더 돈이 들지 않으며, 인간의 예술과 지혜는 신이 우리에게 부여한 본능을 처벌해서 개량해야 한다는 것이다.

5

계속—어린이의 자연적 본능은 사악한가?[1]

인간의 본능은 처음부터 사악했는가? 인간은 태어날 때부터 사악한가? 어머니의 가슴으로부터 갓 태어나 내가 손으로 받쳐든 이 아기가 벌써 저주를 받았는가?

기술하기조차 고통스러운 이 잔혹한 문제에 대해 중세에는 아무런 동정심도 아무런 주저함도 없이 그렇다고 대답했다.

뭐라고? 이리도 순진하고 전혀 무장도 되지 않아 자연 전체가 측은하게 생각할 것 같아서 어머니가 없다면 암늑대나 암사자라도 젖을 물릴 것 같은 이 존재가 악의 본능과 아담이 망쳐놓은 숨길을 갖고 있다고? 서둘러 악령을 제거하지 않으면 악마에게 속하게 될 것이라고? 그 이후에도 만일 유모의 손안에서 죽게 된다면 저주를 받게 되어 지옥의 검은 야수들

1_ [원주] 주의깊지 못한 독자는 이 장이 주제에서 벗어났다고 생각할지 모르지만 사실은 이 장이 핵심이다. 2부 9장을 볼 것.

에게 던져질 심판을 받을 운명이라고? 교회는 말한다. "당신을 위해 증언을 해준 영혼을 짐승에게 던지지 말라."[2] 그런데 이 작은 존재가 어떻게 증언을 할까? 아직 말을 하지도 알아듣지도 못하는데.

1843년 8월 루체른 인근에 있는 묘지 몇 곳을 방문하던 중 나는 그러한 종교적 공포에 대한 솔직하고도 비통한 표현을 마주쳤다. 옛 관례에 따라 모든 묘지의 바닥에는 성수를 담은 병이 놓여 있었는데, 그것은 죽은 자들을 밤낮으로 지키고 지옥의 야수들이 신체를 지옥으로 탈취해가는 것을 막거나 영혼에 고통을 가하고 흡혈귀로 만들려는 것을 막기 위한 것이었다. 그렇지만 어린아이의 영혼에 대해서는 보호할 방법을 갖고 있지 않았다. 그 잔인한 두려움은 몇몇 비명에 새겨져 있었다. 나는 오랫동안 이 비명 앞에 서서 가슴이 뜯겨나가는 것 같았다. "나는 두 살의 아이입니다. 그런 어린이가 벌써 심판대에서 신의 면전에 서야 한다는 것은 얼마나 끔찍한 일입니까?" 나는 눈물을 터뜨렸다. 나는 어머니의 절망의 밑바닥을 본 것 같았다.

프랑스 대도시 빈민촌은 거대한 죽음의 소굴이다. 그곳의

2_ 「시편」 74장 19절에 비슷한 구절이 있다.

여성들은 비참할 정도로 출산을 자주 하지만 울기 위해 아이를 낳을 뿐이며, 끝없이 애도하는 중세의 어머니들에 대한 상을 불완전하게나마 보여준다. 미개할 정도로 예견이 부족했기에 항상 임신했던 그들은 눈물과 빈곤 속에서 중단 없이 아이를 낳았고, 그것은 곧바로 죽음을, 저주받은 자들을 낳은 것이었다.

끔찍한 시대였다. 지옥과 같은 아이러니가 떠돌아다니는 것 같은 잔혹한 환상의 세계. 남자, 자신의 흔들리는 악마적인 악몽의 장난감. 여자, 언제나 어머니이자 언제나 애도해야만 하는 남자의 장난감. 아이는 삶이라는 슬픈 놀이에서 하루는 장난을 치며 놀지만, 미소 짓다가 울다가 사라진다. 아이는 백만으로 천만으로 몰려오는 작은 불행의 그림자일 뿐, 단지 어머니의 기억 속에서만 남아 있는 것. 어머니의 절망은 특히 한 가지 사실에서 그 모습을 드러낸다. 그녀는 쉽게 포기하며 악과 저주에 빠져든다. 그녀는 남자의 냉혹함에 자발적으로 복수한다. 그녀는 타락하며 울고 웃는다.[3] 그녀는 사라진다. 그러

3_ [원주] 정절을 지키지 않는 여자가 중세 특유의 주제였다. 다른 시대에는 이렇게 많은 사례가 없었다. 이 재미있는 이야기, 즉 농담의 영원한 주제는 내막을 알고 이해하는 사람들을 슬프게 만들 뿐이다. 그것은 그 여성들의 나약함에 대해 어떤 치유책도 없이 그들의 영혼을 공허하게 만들고 도덕적인 굴욕을 주며 선 앞에 좌절하게 만들고 그들 자신과 그들의 구원을 포기하게 만든 그 시대의 압도적인 정신적 무력감만을 느끼게 만들어줄 뿐이다.

나 그녀가 아기를 따라간다 하더라도 무슨 상관이란 말인가?

살아남은 아이라고 더 행복한 것은 없다. 중세는 그 아이에게 끔찍하게 선생질을 했다. 중세는 그에게 결코 배운 적이 없었던, 단순한 사람으로서는 결코 접근할 수 없었던 가장 복잡한 상징을 내밀었다. 그 수업은 가장 높은 지식을 갖고 있는 로마제국조차도 이해하기 힘든 것이었는데, 이 미개인의 자식들, 숲에서 길을 잃은 농노의 아들들이 그것을 배우고 이해해야 했다. 그는 그것을 반복하여 배운다. 비잔틴제국과 스콜라 철학의 가시 돋친 공식을 이해하는 일은 그가 받은 매질과 구타와 채찍질보다 더한 것을 그로부터 빼앗아간 것이었다.

선출이라는 원칙하에 민주적인 교회는 어려운 가르침 때문에 귀족주의적이었고 극소수의 사람들만이 진실로 그 가르침을 얻을 수 있었다. 교회는 자연적 본능이 처음부터 사악하고 퇴폐한 것이라고 저주하면서 학문과 형이상학과 가장 추상적인 공식만을 구원의 조건으로 만들었다.[4]

4_ [원주] 누군가가 (그 시대에는 거의 모든 사람을 가리켰던) 교양이 없는 사람들은 이해하지 않아도 된다고 반박한다면 그것은 저주의 고통까지 받게 되는 인간 지성의 전면적인 포기라는 어려운 수수께끼를 단어의 뜻을 이해하고 있다고 믿고 있는 몇몇 학식 높은 사람들에게 맡기려는 것일 뿐이라는 사실을 받아들여야 한다. 그 결과를 보라. 일단 그 수수께끼가 제기되고 그에 못지않게 모호한 논평이 그것을 둘러싸게 되면 인류는 그 앞에서 침묵을 지키고 무능하게 바뀐다. 고대의 찬란했던 시기 전체만큼 광막했던 5세기부터 11세기까지의 인류는 기도 몇 마디와 아이들의 전설 몇 개조차도 감히 시도하지 못했다. 게다가 그러

동방의 종교의 모든 신비와 서방의 철학의 모든 정교함이, 한마디로 동방과 서방의 모든 난제를 포괄하고 있는 세계가 하나의 똑같은 공식으로 압축시켜놓았다. 교회는 말한다. "좋다. 이것이 하나의 거대한 컵 속에 들어 있는 세계 전체이다. 사랑의 이름으로 그것을 마시라!" 그리고 여기에서 그 교리를 지탱하기 위해 교회는 역사와 감동적인 전설을 불러온다. 그것이 컵의 언저리에 묻어 있는 꿀이다.

"컵 속에 들어 있는 것은 무엇이든 마실 것이다. 정말로 사랑이 바닥에 있다 할지라도." 이것이 인류의 반응이었다. 여기에 진정한 어려움과 진정한 반론이 있었다. 그들이 거듭 말하듯 아이들을 그렇게 만든 것은 증오와 인간적 오만함이 아니라 사랑이었다.

중세는 사랑을 약속했지만 주지는 않았다. 그들은 "사랑하라, 사랑하라"[5]라고 외쳤다. 그럼에도 그들은 법과 국가와 가

한 미미한 움직임조차 카롤링거 공의회의 명백한 금지에 의해 중단되었다.

5_ 〔원주〕 그들은 그렇게 말했던 것뿐 아니라 진심으로 그렇게 원했다. 이렇게 감동적인 사랑을 향한 갈망이 중세의 창의성을 보여주며, 그들에 대한 우리의 영원한 동정심을 확인시켜준다. 나는 나의 책 『프랑스 역사』의 제2권에서 중세에 대해 했던 말을 한마디도 철회하지 않는다. 나는 단지 그들의 정열과 이상만을 이야기했다. 오늘 실제적인 관심사에 관한 이 책에서 나는 현실과 결과만을 제시할 수 있을 뿐이다. 1833년에 인쇄된 그 책의 마지막 부분에서 나는 중세가 그 붕괴를 피하고 변모해갈 희망을 언급하기도 했지만, 이미 그 체제의 무능함을 지적했었다. 1844년 5월 11일 우리는 중세로부터 얼마나 멀리 떠나왔을까? 진실하고 용감한 정통 기독교도인 국회의원 한 명이 원죄와 타락의 원리로부터 형

족에 불평등한 가증스러운 사회적 질서에 봉헌했다. 단지 몇 명만이 파악할 수 있었던 대단히 정교한 그들의 가르침은 이 세상에 새로운 종류의 불평등을 가져왔다. 그들은 내기가 거의 불가능한 가격을 구원에 붙였는데, 그것은 난해한 학문이라는 가격으로서, 그렇게 함으로써 그들은 형이상학적 학문을 갖고 단순한 사람들과 어린이들에게 그리도 무거운 짐을 지웠다. 고대에 그리도 행복했던 어린이는 중세에 지옥을 경험했다.

어린이가 본디의 그로서 순진무구하게 다시 나타나기 위해서는 이성이 몇 세기에 걸쳐 빛을 발해야 했다. 인간이 대를 이어 타락한 존재라는 것은 믿기 어렵다.[6] 기독교도가 아닌

벌의 이론을 이끌어냈다. 가톨릭교도조차 그 생각으로부터 물러섰다.

6_ 〔원주〕 신학의 혼란은 무엇보다도 법학의 발전과 궤를 같이했다. '존엄 모독죄'(lèse-Majesté)(〔역주〕 국왕이나 국가의 존엄성에 모독을 가한 범죄를 이르는 말로서 황제 개인의 숭배가 심했던 로마제국 말기에 나타나기 시작하여 중세에 널리 퍼져 있었다. 때로는 반역죄로 다스려지기도 했지만 절대왕정이 사라지면서 점차 범죄로 취급되지 않기에 이르렀다)에 대한 처벌은 아버지에서 상속자로 세습되어, 재산의 몰수를 통해 그것이 이루어졌다. 법이 엄밀한 의미에서 그 죄를 인정하고 있는 한 신학은 '신성 존엄 모독죄'(loi de lèse-Majesté divine)를 유지하면서 그 죄를 아버지에게서 아들로 대물림할 수 있었다. 그러나 법이 관대해지기 시작하면서 사랑과 은총의 세계인 신학에서 인간의 법에서는 포기했던 이 '범죄의 세습'(hérédité du crime)이라는 이 끔찍한 원리를 유지하기가 더욱더 어려워졌다. 성보나벤투라, 인노켄티우스 3세, 토마스 아퀴나스와 같은 스콜라철학자들은 어린이들을 그 영원한 불로부터 면제시켜주는 한편 저주의 다른 측면에서는 남겨놓는 방식밖에는 그것을 완화시킬 길을 찾지 못했다. 보쉬에는 스폰드라티에 반대하면서 어떤 사람들이 그럴듯하게 주장하듯 그

현자와 단순한 자와 무지한 자들은 물론 세례를 받지 못하고 죽은 어린아이들까지 저주했던 야만적인 원리를 받아들이기는 어려워졌다. 그들은 그 아이들을 위해 연옥이라는 완충지역을 만들기도 했는데, 그곳에서 그 아이들은 어머니와 멀리 떨어져 언제나 울면서 헤매고 다녔다.

그러나 그것은 불충분한 구제책이었고, 마음은 만족하지 못했다. 르네상스와 함께 케케묵은 원리의 가혹함에 대한 사랑의 반격이 터져나왔다. 사랑과 은총의 체제라고 자칭하던 곳에서 저주받았던 결백한 자들을 구원하는 일은 법의 이름으로 나왔다. 그러나 한 명에 의해 모두가 저주받고 한 명에 의해 모두가 구원받는다는 두 가지 관념에 전적으로 의존하던 그 체제는 그 첫번째의 관념을 포기하면서 두번째의 관념을 동요시키지 않을 수는 없었다.

어머니들은 자식들의 구원에 대해 다시 믿기 시작했다. 그

원리가 얀센주의자들에게만 특유한 것이 아니었음을 잘 확인시켜주었다. 오히려 그것이 교회와 (그레고리오스 나지안제노스를 제외한) 교부철학자들과 공의회와 교황의 원칙이었다는 것이다. 사실상 어린아이들을 저주로부터 면제시켜준다는 것은 그 신앙 체계의 근본인 원죄와 그 세습을 포기한다는 것을 뜻했다. ([역주] 성보나벤투라[Bonaventura: 1221~1274]는 프란체스코 수도회 소속의 신학자로서 신학의 거의 모든 주제에 대해 방대한 저술을 남겼고, 1484년 성인으로 시복되었다. 니콜로 스폰드라티[Niccolò Sfondrati: 1535~1591]는 교황 그레고리우스 14세를 가리킨다. 그레고리오스 나지안제노스는 4세기 콘스탄티노플의 대주교였다.)

이후 어머니들은 스스로가 정말로 정통인지 아닌지는 묻지 않으면서 언제나 이렇게 말한다. "아기들은 이 낮은 곳에서 그러했듯, 그 높은 곳에서도 천사임이 확실합니다."

마음이 이겼고 자비가 이겼다. 인간성은 낡아빠진 부정의로부터 더욱더 멀리 나아갔다. 이제 그것은 옛 세계로부터 정반대 방향으로 항해한다. 어디로 갈 것인가? 우리가 충분히 예견할 수 있듯이 순진무구한 자들을 결코 비난하지 않을 곳으로, 지혜가 이렇게 말하는 곳으로. "단순한 자들을, 작은 자들을 내게로 보내라."

6

일탈—동물의 본능, 그들을 위한 항변

단순한 자들, 즉 본능의 겸허한 자녀들에 대한 검토를 아무리 서둘러 마쳐야 한다고 할지라도 나의 마음은 잠시 멈춰 가장 단순하고 가장 순진하고 아마도 가장 불행한 존재에 대해 한마디를 하도록 강요한다. 그것은 동물이다.

나는 얼마 전에 아이들이 고귀하게 태어난다고 언급한 바 있었다. 이와 비슷하게 자연학자들은 어린 동물이 태어날 때 지능이 높고 그때에는 어린아이와 닮았다고 말한다. 동물도 자라면서 잔인해지고 야수가 된다. 불쌍한 영혼이 육체의 무게에 굴복하여 자연의 유혹과 키르케[1]의 마법을 따른 것처럼 보인다. 그 뒤 인간은 동물로부터 등을 돌리고 거기에서 더이상 영혼을 보려고 하지 않는다. 어린이만이 마음의 본능을 통

1_ 키르케는 그리스신화에서 미약과 약초에 대한 지식을 많이 갖고 있는 마녀이다. 자신에게 거슬리는 사람들을 동물로 만드는 능력으로도 잘 알려져 있다.

해서 이 경멸받는 존재 속에 여전히 인간이 들어 있다는 것을 느낀다. 그는 동물에게 말을 걸고 대화를 나눈다. 동물은 그 말을 들으며 어린이를 사랑한다.

동물, 얼마나 어두운 신비인가! 얼마나 광막한 꿈과 무언의 슬픔의 세계인가! 그렇지만 너무도 눈에 드러나는 그들의 몸짓이 언어를 대신하여 고통을 표현해준다. 자연 전체는 자신의 약한 동생을 유기하고 비하하고 학대하는 인간에 항의한다. 자연은 그들 모두를 창조한 신 앞에서 인간을 비난한다.

편견을 갖지 말고 그들의 온화하고 꿈꾸는 듯한 자태와 그중 가장 진화했다는 동물이 인간에게 표현하는 애정을 들여다보라. 그들은 어떤 악령이 성장을 멈추게 만들어 유아기 최초의 꿈조차 펼치지 못하게 만들어놓은 어린이 같지 않은가? 아니면 어떤 지나가던 운명이 지운 무게 아래 벌받고 모욕당하는 영혼은 아닐까? 그 불완전한 형상의 포로가 된 존재에게 걸린 주문은 잠에 빠져 있는 사람처럼 주변에 있는 자들에 의해 결정된다. 그러나 그는 잠에 빠져 있는 것이나 마찬가지이기 때문에 우리가 알 수 없는 꿈의 영역에 있을 뿐이다. 우리는 세상의 밝은 면을 보고 동물은 어두운 면을 본다. 누가 더 심오한지 말할 수 있을까?[2]

동양에서는 동물이 자고 있거나 주문에 걸린 영혼이라는 믿음을 간직하고 있었다. 중세에는 그 관념으로 돌아갔었다. 종교나 체제에서도 이런 자연의 목소리를 질식시킬 수는 없었다.

우리보다 피조물에 더 가까웠던 인디아는 모두가 형제라는 관념을 더 잘 지키고 있었다. 인디아는 위대한 두 개의 성스러운 시 「라마야나」와 「마하바라타」의 시작과 끝에 그 내용을 적어넣었다.[3] 이 두 개의 거대한 금자탑 앞에서 우리 서양의 초라한 작품들은 존경을 보내야 한다. 당신이 이 서양이라는 논객에게 피곤해진다면 바라노니 당신의 어머니인 그 고귀

2_ 〔원주〕 "피조물의 오만한 제왕인 우리는 원한다면 오늘 행동하도록 하자. 그러나 우리의 교육은 자원의 원리 아래에 있다는 것을 잊지 말자. 식물과 동물이 우리의 최초의 교사이다. 우리가 관리하는 이 존재들이 곧 우리 스스로 길을 찾는 것보다 더 잘 우리를 안내한다. 그들이 더 확실한 본능을 통해 우리의 어린 이성을 안내한다. 우리가 지금 멸시하고 있는 이 작은 것들이 우리에게 조언한다. 우리는 이들 신의 비난받을 수 없는 아이들을 관찰하면서 많은 것을 얻는다. 고요하고 순수한 그들은 그 무언의 존재 속에 천상의 비밀을 간직하고 있는 것처럼 보인다. 당신이 언제나 보고 있는 나무와 언제나 모든 곳에 날아다니는 새가 우리에게 가르쳐주는 것이 없을까? 독수리는 태양 속에서, 부엉이는 어둠 속에서 읽지 않는가? 떡갈나무 아래 무겁게 늘어져 있는 큰 황소조차 그 긴 꿈속에 어떤 생각도 없을까?" 『프랑스 법의 기원』, p. LXIX.

3_ 「라마야나」와 「마하바라타」는 산스크리트어로 된 고대 인디아의 서사시이다. 「라마야나」는 전설적인 영웅 라마가 인도 대륙을 점령해나가던 과정을 기록했다. 해석에 따라 기원전 15세기에 서술되었다는 설과 기원전 11세기에 서술되었다는 설이 있다. 기원전 10세기의 작품으로 추정되는 「마하바라타」는 왕족 내부의 권력 다툼이 주제지만 철학과 종교적인 문제까지 다루고 있다.

하고 친절하고 장엄한 고대로 돌아가도록 하라. 사랑, 겸허함, 장엄함. 거기에서 그 모든 것들이 함께 결합되어 있는 것을 보게 될 것이다. 그것이 그리 단순하면서도 오만함과는 거리를 두고 있기에 겸허함에 대해서는 더이상 말할 필요가 없을 정도이다.

인디아는 자연에 대한 친절함 때문에 보상을 받아왔다. 인디아에서는 동정심이라는 재능도 창의력이었다. 최초의 인디아 시인은 두 마리 비둘기가 날아가는 것을 본다. 그들의 우아하고 사랑스러운 날갯짓에 경탄하고 있는데, 한 마리가 화살에 맞아 떨어진다. 그는 운다. 부지불식간에 그의 신음은 심장의 박동에 의해 측정되는데 그것이 운에 맞는 움직임이 되며 시가 탄생한다. 그 이래로 노래하는 비둘기는 둘씩 짝을 지어 사람들의 노래 속에 다시 탄생하여 온 누리 위를 날며 사랑한다(「라마야나」).

고마움을 느낀 자연은 인디아에 또다른 재능인 다산성을 선물했다. 친절함과 존경으로 둘러싸여 있던 자연은 인디아를 위해 동물에게는 삶의 샘을 증식시켜주었고, 그것이 땅을 다시 새롭게 만들었다. 그곳에는 고갈이 없다. 전쟁과 재앙과 굴종이 그리도 많았지만 그곳에는 신성한 암소의 젖이 마르지 않았다. 우유의 강물이 이 축복받은 땅에 언제나 흐르고 있다. 그 자체의 선함으로 축복받고 열등한 존재에 대한 친절한 배려로 축복받은 것이다.

처음에 인간과 신의 미천한 자식들을 연결시켜주었던 감동적인 유대를 깨뜨린 것은 자만심이었다. 그렇지만 처벌이 따랐다. 땅이 반란을 하여 비인간적인 종족을 거두어 먹이기를 거부했다.

오만함의 세계인 그리스와 로마의 도시는 자연을 경멸했다. 그곳에서는 예술만을 중시하며 스스로만을 높이 평가했다. 단지 고귀한 것만을 원했던 이 오만한 고대는 그 밖의 다른 모든 것을 억압하는 데 성공했다. 낮고 저속해 보이는 것들은 모두 눈앞에서 사라졌다. 노예뿐 아니라 동물들도 사멸했다. 그 둘이 제거된 로마제국은 사막과 같은 권위 속으로 진입했다. 언제나 주기만 하던 땅은 대리석의 정원처럼 그 위를 뒤덮고 있는 기념비들 속에서 더이상 재활하지 못했다. 도시는 남았지만 지방은 그러지 못했다. 서커스와 개선문은 남았지만 오두막과 노동자는 남지 않았다. 훌륭한 길이 언제나 통행자를 기다렸지만 아무도 지나가지 않았다. 그럴듯한 수도水道가 조용한 도시로 강물을 보냈지만, 그곳에는 갈증을 채워줄 사람이 없었다.

이러한 폐허에서 단 한 사람의 가슴속에서만 소멸하는 것들에 대한 항변과 애도를 찾을 수 있었다. 인간과 동물이 한꺼번에 죽어갔던 내전의 파멸 속에서 단 한 사람만이 고대 이탈리아를 풍요롭게 만들어준 일하던 황소를 위해 동정의 눈물을 쏟아냈다.[4] 그는 이 사라져가던 종에게 신성한 노래를 봉헌했다.[5]

친절하고 심오한 베르길리우스! 마치 그의 무릎 위에 앉아서 양육된 것이나 다름없었던 나는 동정심과 훌륭한 마음을 가졌다는 특별한 영광이 그에게 돌아가는 것을 보면서 행복하다. 천진하게 소심하면서도 시골풍의 긴 머리를 가진 이 만토바의 농부[6]는 스스로 인식도 못하는 사이에 역사의 여정을 절반쯤 지나면서 두 개의 세계와 두 개의 시대 사이의 주교이

4_ 베르길리우스를 가리킨다. 그는 「농경시」 제3행에서 일하는 황소를 돌봐야 할 필요성을 말하고 있다. Publius Vergilius Maro, *Georgics*, III. 한편 호라티우스도 다음의 시에서 가축에 대한 칭찬을 늘어놓고 있다. Quintus Horatius Flaccus, *Epodes*, XVI.

5_ 〔원주〕 더 완성도가 높은 또다른 노래를 베르길리우스는 자신이 가장 아끼는 친구였던 집정관이자 시인 갈루스(Gaius Cornelius Gallus)에게 헌정하는데, 거기에서 그는 형제이자 위안을 주던 그 친구에게 자연의 가장 겸허한 자식인 순진무구한 동물을 증정한다. 상사병에 걸린 시인의 상처를 달래주기 위해 전원의 신들을 초청했는데 "양들도 옆에 서 있었다". 그것이 갈루스의 자존심을 건드렸을까봐 그는 곧 매력적으로 분위기를 전환시킨다. "그들은 우리를 부끄럽게 여기지 않소, 우리도 그들을 부끄럽게 여기지 맙시다, 신성한 시인이여"(Nostri nec pœnitet illas; nec te pœniteat pecoris, divine poeta).

6_ 베르길리우스는 만토바주의 마을 비르질리오(Virgilio) 출신으로서 로마 건국의 서사시 「아이네이아스」를 쓰기 이전에 「농경시」와 「전원시」로 명성을 높였다.

자 예언가가 되었다. 자연에 대한 친절함에 있어서는 인디아인이었고, 인간에 대한 사랑에 있어서는 기독교도였던 이 단순한 인간은 그 넓은 가슴속에 모두를 위한 아름다운 도시를 갖고 있었다. 거기에는 생명을 갖고 있는 모든 것들마다 자신들만 들어갈 수 있게 되기를 원했지만 그 누구도 배제시키지는 않았다.

기독교는 친절한 정신을 갖고 있음에도 고대의 자연과의 결속을 부활시키지 못했다. 기독교는 자연에 대한 유대교의 편견을 유지하고 있었다. 스스로를 잘 알고 있던 유다[7]에서는 이 인간의 자매를 너무 사랑하게 될까 두려워하면서 그 저주로부터 도피하려 했다. 이러한 두려움을 충실하게 받아들였던 기독교에서는 인간을 동물적 본성으로부터 최대한으로 먼 거리에 두려고 하면서 동물을 비하시켰다. 복음전도자들에 따라다니던 상징적 동물이나 어린양과 비둘기에 대한 냉정한 알레고리도 짐승을 향상시키지 못했다. 새로운 축도도 동물에 이르지 못했다. 구원은 가장 작고 보잘것없는 피조물에게 가지 못했다. 신이 된 인간은 동물이 아닌 인간을 위해 죽었다. 구원을 조금도 받을 수 없었던 동물은 이교도나 불경한 자들

7_ 유데아 또는 유다이아로 불리기도 하는 이곳은 이스라엘 남부의 산악 지역이다.

처럼 기독교의 법에서 열외에 있었고 때로는 사악한 원리의 공범인 것으로 의심을 받는 경우가 흔했다. 그리스도는 복음서에서 악마로 하여금 돼지 속에 머물도록 허용하지 않았던가?

오랜 세기에 걸쳐 언제나 악마의 면전에서 중세가 겪어왔던 공포를 우리는 결코 알지 못할 것이다. 보이지 않는 악의 환영幻影, 악몽, 부조리한 고문![8] 그리고 그것으로부터 매 순간마다 우리를 웃게 만들어 너무도 슬퍼 눈물이 나올 수밖에 없는 상황에서조차 웃어야 하는 기이한 삶이 나온다. 누가 악마에 대해 의심하는가? 나는 악마를 보았다고 찰스황제는 말했다. 나는 악마를 보았다고 교황 그레고리우스 7세는 말했다. 교황이 된 주교들과 평생 기도를 했던 수도승들은 황제와 교황 뒤에 악마가 움직이지 않아도 서 있는 것을 느낀다고 선언했다. 가난한 농촌의 농노들은 교회의 현관에 조각되어 있는 짐승의 모습으로 악마를 보면서 집으로 돌아올 때마다 자신의 가축에게서 그 모습을 볼까 두려워했다. 밤이면 그 짐승들은 화로의 흔들리는 불빛 속에서 환상적인 모습을 보인다. 황소는 이상한 마스크를 쓴 것 같고 염소는 의심스러운 표정을

8_ 『프랑스 역사』 중세편 제2권에서 미슐레는 세계가 끝이 나 "모든 것이 저주를 받았다"는 1000년 무렵의 대공포에 대해 서술했다.

지었다. 밤에 털을 만지기만 하면 어둠 속에서 불꽃을 쏴대는 고양이에 대해서는 어떻게 생각해야 할 것인가!

어른을 안심시켜주는 자는 어린이다. 어린이는 그 동물들을 무서워하지 않고 친구로 만든다. 그는 황소에게 풀잎을 주고 염소에 올라타며 검은 고양이를 용감하게 다룬다. 그 정도가 아니다. 그는 동물을 모방하여 그 목소리를 흉내낸다. 그러면 식구들은 웃는다. "왜 내가 동물을 무서워해야 하는가? 내가 틀렸다. 여기에 기독교 가정이 있다. 성수도 있고 축성 받은 회양목 가지[9]도 있다. 누가 감히 오겠는가? 나의 가축은 신의 가축이라 순진무구한 어린이들인데. 들에 있는 짐승들조차도 신을 알고 있는 듯한 모습을 보인다. 그들은 은자처럼 산다. 예를 들어 살아 있는 숲처럼 나무들 사이를 돌아다니며 머리 위에 십자가를 갖고 있는 멋진 사슴은 그 자체가 기적처럼 보인다. 암사슴은 나의 암소처럼 온화하며 작은 뿔을 갖고 있다. 어머니가 없다면 암사슴이 나의 아이들에게 젖을 먹였을 것이다." 모든 일이 과거에 일어났던 것처럼 역사의 형식으로 쓰인 이 글의 마지막 문장은 마침내 중세의 가장 아름다운 전설로 발전하기에 이르렀다. 그것이 브라반트의 주느비에

9_ 축성받은 회양목 가지(buis bénit)는 부활절 전주의 일요일에 교회에서 축성한 회양목 가지를 말한다. 성스러운 주간에 들어선 것을 상징한다.

브 전설이다. 인간에 의해 박해받던 가족이 동물의 도움을 받는다. 순결한 아내는 숲속의 짐승에 의해 구조된다. 이렇게 구원은 가장 보잘것없고 비천한 존재로부터 오는 것이다.[10]

복원된 동물들은 농가에서 그들을 사랑하는 어린이들 다음에 위치한다. 그것은 마치 귀족 집의 식탁에서 가난한 친척들이 낮은 자리에 앉는 것과 마찬가지이다. 축일과 같은 때에 그런 대접을 받으며 기쁨과 슬픔을 함께 나누고 장례식이나 결혼식의 예복을 입기도 한다. 그것은 아직도 브르타뉴에서 관습으로 남아 있다. 그들이 말을 하지 못하는 것은 사실이지만 그들은 유순하고 참을성 있게 듣는다. 자신의 집에서 성직자인 셈인 인간은 주의 이름으로 그들에게 설교를 하기도 한다.[11]

10_ 브라반트의 주느비에브 전설은 중세에 널리 퍼져 있던 이야기이다. 주느비에브(제노베바나 제노베파로 불리기도 한다)는 팔라틴 기사 지크프리트의 아내였는데, 구혼을 거절당했던 사람의 모함을 받아 사형 선고를 받았으나 도피하여 아들과 함께 굴속에서 6년을 숨어 살며 암사슴의 젖으로 연명했다. 마침내 음모를 알아낸 남편 지크프리트가 암사슴을 추적하여 구출하고는 명예도 회복시켜준다는 이야기이다. 실제로 이 전설은 바이에른 공 루트비히 2세의 아내였던 브라반트의 마리의 이야기에 바탕을 두고 있다. 남편에 의해 순결을 의심받은 마리는 남편에 의해 참수된다. 그러나 훗날 순결이 밝혀지고 남편은 참회한다. '마리'라는 이름이 '주느비에브'로 바뀐 것은 파리의 수호성인 주느비에브에 대한 숭배 때문으로 추정된다.

11_ 〔원주〕 나의 『프랑스 법의 기원』에서 벌에 행하는 설교를 보라. (〔역주〕 『프랑스 법의 기원』 제2권 2장 3절에는 성갈루스(St. Gallus: 550?~646?)가 여왕벌을 부르기 위해 했다는 설교가 수록되어 있다.)

성직자의 현학보다 훨씬 더 순수하고 심오한 민중의 지혜는 소심하지만 효과적으로 자연의 복원을 작동시켰다. 이에 대해 자연은 고마움을 표했다. 인간은 보답을 받았다. 아무것도 갖지 않은 이 불쌍한 존재들이 보물을 주었다. 동물은 사람을 받자마자 힘들여 증식했다. 땅은 다시 윤택해졌고 끝난 것 같았던 세상은 다시 풍요롭고 강해졌다. 마치 자비의 축복이 이슬처럼 내려왔던 것이다.

일단 이렇게 가족이 구성되면 다음으로 해야 할 일은 가능하다면 그들 모두를 교회로 데려가는 것이다. 여기에 큰 어려움이 있다. 그들은 동물을 흔쾌히 받아들이려 하지만 단지 성수를 뿌리고 악령을 쫓아내기 위해서일 뿐이다. 그것은 성당의 앞뜰에서 일어나는 일일 뿐이다. "단순한 사람이여, 동물은 놔두고 혼자 들어오라. 성당의 입구는 문 위에서 당신을 보여주는 심판장이다. 현관에는 법이 기다리고 있다. 미카엘 성인이 칼과 저울을 들고 서 있다. 구원받건 저주받건 당신이 데려온 동물이 어찌 심판을 받을 수 있다는 말인가? 짐승에게 영혼이 있는가? 짐승의 영혼으로 뭘 어떻게 하란 말인가? 어린아이들처럼 짐승을 위해서도 연옥을 만들라는 말인가?"

상관없다. 우리 인간은 완강하다. 그는 존중하며 듣지만 이해하려 하지 않는다. 그는 자신의 가족을 버리고 혼자서 구원받기를 원하지 않는다. 왜 그의 황소와 당나귀는 성파울리누스[12]의 개와 함께 구원받을 수 없다는 것인가? 그들도 열심히 일했는데!

"좋아, 나는 더 똑똑해지겠어." 그는 스스로에게 말한다. "교회가 가족처럼 모이고 신이 공정하기에는 아직 어렸던 크리스마스에 모두 함께 갈 거야. 옳건 그르건 우리 모두 함께 들어갈 거야. 나랑 아내랑 아이랑 당나귀랑. 물론 당나귀도 함께 말이지. 당나귀가 베들레헴에서 우리 주를 실어나르지 않았나? 그 불쌍한 짐승도 이런 날엔 보상을 받아야지. 게다가 당나귀도 겉으로 보이는 것과 같은지 모르겠어. 나와 비슷하거든. 나도 끌려가지 않으면 그렇게 열심히 일하지 않거든."

그것은 큰 구경거리였다. 주교와 공의회의 제지에도 불구하고 사람들이 가축을 성당에 들이려는 모습은 우습다기보다는 감동적이었다.[13] 비난받고 저주받았던 자연이 용서받을 수 있는 겸손한 모습으로 자랑스럽게 돌아왔다. 자연은 무녀巫女[14]와 베

12_ 성파울리누스는 4~5세기의 시인이자 정치가로서 나폴리 인근 놀라의 주교였다.

13_ 미슐레는 『프랑스 역사』의 제3권에서 다음과 같은 일화를 전한다. "짐승들도 축성을 받으려고 끌려 들어왔다. 성당에서는 조금도 반대하지 않았다. 성당이 이 작은 것들도 접근하게 했던 것이다. 인간과 마찬가지로 짐승들도 복원되었던 것이다."

14_ 무녀(Sibylle)는 고대 그리스의 신전에서 신탁을 받던 여자 예언가들을 가리킨다.

르길리우스[15]의 사이에 이교의 성인들과 함께 돌아왔다.[16] 그들은 발람[17]이 타고 가던 동물을 멈추게 했던 그 검을 내밀었다. 그러나 옛 율법의 검은 날이 무뎌져 더이상 두려움을 주지 못했다. 율법은 그날로 끝이 났고 은총에게 자리를 내줬다. 겸허하게, 그러나 확신을 갖고 그 동물은 구유 앞으로 나아갔다. 거기에서 그 동물은 설교를 듣고 세례받은 기독교도처럼 경배하며 무릎을 꿇었다. 그 뒤 그들은 그 동물에게 노래를 불러줬다. 그를 위해 일부는 교회의 라틴어로 일부는 프랑스어로 노래를 불러 이 희극적이지만 여전히 장엄한 찬송가를 이해시키도록 했던 것이다.

무릎을 꿇고, 아멘을 말하라.
풀과 꼴은 충분히 먹었으니
한번 더 아멘을.
옛것을 버리고, 가라.

15_ 2부 3장 주6)을 참고할 것.
16_ 〔원주〕 오랫동안 루앙에 보존되어 있었다. Charles du Fresne, sieur du Cange, *Festum*.
17_ 발람은 구약에 나오는 거짓 예언자이다. 당나귀를 타고 왕을 만나러 가던 길에 검을 든 천사가 나타나 길을 막는 것과 관련된 이야기가 「민수기」에 나온다.

이렇게 복원되었어도 동물은 별 혜택을 받지 못했다.[18] 공의회에서는 또다시 동물에게 교회 문을 닫았다. 철학자들은 오만하고 메마른 마음으로 신학자들을 따라 동물에게는 영혼이 없다고 결정했다.[19] 동물이 현생에서 고통을 받은들 무슨 상관이란 말인가? 이승에서도 보상을 받아야 할 이유가 없다. 따라서 그에겐 신이 없는 것이다. 인간에게 친절한 신부는 인간이 아닌 것에게는 잔인한 폭군에 불과하다. 장난감을 만들되 느끼는 장난감, 기계를 만들되 고통을 받는 기계, 자동장치를 만들되 사악함을 견디는 힘에 있어서만 인간을 닮은 자동장치. 아! 이 불경한 생각을 고안해낸, 그리도 순진무구하나 고통받는 피조물에 그러한 형벌을 가한 이 메마른 인간들을 이 땅이 무겁게 내려와 누르기를.[20]

18_ 〔원주〕 민중의 지혜가 동물을 위해 많은 일을 했다. 그것은 교회의 반대에도 멈추지 않고 동물의 법적 지위를 창출해내면서 인간처럼 취급했다. 가장 심각한 형사 사건에서도 동물은 법정에 증인이나 때로는 범인으로 출두했다(이것은 『프랑스 법의 기원』 제8장에 나온다). 동물에게 부여된 그러한 중요성이 동물의 보존과 생존에 강력하게 기여했다는 사실에는 의심의 여지가 없다. 결과적으로 그것은 토지를 비옥하게 만들었는데, 그것은 동물이 사람으로부터 받은 대우에 대한 보답이었다. 어쩌면 이것이 중세가 그리도 많은 두려운 황폐화에도 불구하고 언제나 회복할 수 있었던 이유일 것이다.

19_ 〔원주〕 제수이트 수도회의 부주앙 신부(Guillaume-Hyacinthe Bougeant: 1690~1743)는 동물에게 영혼이 있다고 주장했다. 그 이유는 "동물이 악마이기 때문"이라는 것이었다.

20_ 미슐레는 1851년 이후 『새』 『벌레』 『바다』와 같은 자연을 대상으로 하는 책을 집필했다. 그것은 야만적인 인간 역사의 가혹함에 실망을 느껴서인데, 이미 여

우리의 세기는 하나의 위대한 영광을 갖게 될 것이다. 이 세기는 인간의 심장을 갖고 있는 철학자를 배출했다.[21] 그는 어린이와 동물을 사랑했다. 태어나기 이전의 태아는 단지 삶을 위한 준비 과정으로서, 초벌 그림으로서만 관심을 끌었었다. 그러나 그는 태아를 태아 자체로 사랑하면서 그 밝혀지지 않은 작고 어두운 삶의 과정을 끈기 있게 추적했고, 그 변화 속에서 동물의 진화 과정을 충실하게 재생해냈다. 이렇듯 자연의 참된 성소인 여성의 태胎로부터 만물이 형제라는 신비가 발견된 것이었다. 신에게 영광을!

이것이 열등한 생명의 참된 복원이다. 노예의 노예인 동물이 만물의 영장의 친척이라는 것이 밝혀진 것이다.

따라서 바라노니 이제 만물의 영장은 더 친절한 마음을 갖고 이전에 그들이 세계를 지배하게 만들어주었던 동물들을 2천 년 동안 포기하면서 땅까지 피폐하게 만들었지만 이제

기에서 그러한 내용을 예견케 한다.

21_ 프랑스의 자연학자 에티엔 주프루아 생틸레르(Étienne Geoffroy Saint-Hilaire: 1772~1844)를 가리킨다. 그의 업적은 아들 이시도르 주프루아 생틸레르(Isidore Geoffroy Saint-Hilaire: 1805~1861)로 이어졌다. 미슐레는 전도가 유망한 그 아들이 인생의 여정으로 과학의 길에 들어선 것에 대해 큰 기대를 갖고 있었다. 에티엔 생틸레르는 진화에 관한 라마르크의 이론을 옹호했던 해부학자, 고생물학자이자 태아에 대한 연구로도 명성이 높았다.

그 동물들의 교육에 더 큰 힘을 쓰게 되기를.[22] 바라노니 사람들의 번영이 이 불쌍하고 미천한 존재들을 자비롭게 대우하는 것에 달려 있다는 사실을 알게 되기를. 바라노니 동물이 자연에 더 긴밀하게 연결되어 있고 고대로부터 자연의 예언자이자 해석자였다는 사실을 학문이 기억하게 되기를. 학문은 단순한 것들 중에서 가장 단순한 이들의 본능으로부터 신의 목소리를 발견하게 될 것이다.

22_ 〔원주〕 이제 모든 곳에서 기계를 원하는 기계의 시대는 동물이 그대로 있기를 바란다면 동물이 모든 것을 앞서는 최고의 기계라는 사실을 인정해야 할 것이다. 동물은 실제적인 동력을 크게 제공하는 것 외에도 무한하지만 인식하기 어려운 또다른 동력을 제공하는데, 그것은 (영혼이라는 단어를 사용하는 것이 꺼려진다면) 삶의 생생함으로부터 온다. 따라서 동물의 가축화에 대한 연구를 다시 시작해야 한다. 피에르 르루(Pierre Leroux)와 장 레노(Jean Reynaud)의 주도로 새로 나온 다음 백과사전에 이시도르 주프루아 생틸레르가 쓴 "가축화" 항목을 참고할 것. *Encyclopédie nouvelle, ou dictionnaire philosophique, scientifique, littéraire et industriel, offrant le tableau des connaissances humaines au XIXe siècle.*

7

단순한 자의 본능과 천재의 본능
—재능을 가진 인간은
가장 단순한 어린이이자 민중이다

나는 교회의 위대한 박사의 삶에 대해 읽었다. 그가 사망한 뒤 유령이 되어 수도원으로 돌아가 가장 먼저 경배했던 자는 최고의 수도승들이 아니라 최하의 가장 단순한 불쌍한 영혼이었다. 그 불쌍한 영혼은 사흘을 더 살 수 있다는 은혜를 입었다. 그의 표정에서는 진정 천상의 즐거움이 보였다. 그 전설은 이렇게 말한다. "누군가가 베르길리우스의 시를 그에게 말해주기를."

어린아이는 미소로 어머니를 알아본다.

대다수의 천재가 어린이와 단순한 자들을 특히 좋아한다는 것은 주목할 만한 사실이다. 역으로 이 단순한 사람들은 대중 앞에서 소심하고 재치 있는 사람들 앞에서는 벙어리가 되지만 천재가 있는 곳에서는 완전한 편안함을 느낀다. 다른 사람을 압도하는 천재의 능력이 그들에게는 자신감을 준다. 그들은 그 천재들에게서 어떤 조롱도 받지 않을 것이며 오히려 호의와 보호를 받을 것임을 직감한다. 따라서 그들은 진정 그들의 자연 상태 속에 있는 것이다. 묶여 있던 그들의 혀가 풀리고, 사람들이 인습적인 언어를 모른다는 이유로 단순한 자들이라고 이름 붙인 이들이 때로는 훨씬 더 독창적이고 대단히 상상력이 풍부하다는 것을 알게 될 것이다. 그들에게는 모호하고 동떨어진 관련성을 포착하는 특수한 재능이 부여되었다.

그들은 기꺼이 대조하고 연결을 시키지만 나누고 분석하지는 않는다. 분석은 그들의 정신에 피해를 입힐 뿐만 아니라 그들에게 고통을 주고 그들의 신체를 절단하는 것처럼 보인다. 그들은 삶을 세분하는 것을 좋아하지 않으며 그들에겐 모든 것이 삶을 갖고 있는 것처럼 보인다. 그들에겐 그 어떤 것이든 모든 사물이 유기적 존재로 보이며 그들은 그것을 조금도 변화시키지 않으려고 주의를 기울인다. 그들은 분석에 의해 삶의 조화가 조금이라도 훼손되는 모습이 보이기만 하면 곧바로 물러선다. 보통 이러한 성향은 타고난 친절함과 선함을 함축하고 있다. 그들을 "선한 사람들bonne gens"이라고 부른다.

그들은 분석하지 않는 것뿐만 아니라 어떤 사물이 부분으로 나뉘어져 있는 것을 알게 되면 그것을 무시하거나 그것이 떨어져나갔던 전체와 연결하려고 정신적으로 시도한다. 그들은 타고난 게으름에 견주어보면 누구도 예상하지 못할 속도로 상상력을 발휘하여 그 전체를 재구성한다. 그들은 분해하는 데 무능력한 것만큼 구성하는 데는 능력이 많다. 아니, 오히려 그것은 너무도 손쉬운 작업이어서 능력이나 무능력이 아니라 그들의 실존 자체에 내재하는 필연인 것처럼 보인다. 사실상 그들이 단순한 사람들로서 존재하는 이유가 바로 그것이다.

빛 속에 손 하나가 나타난다. 이성을 사용하는 사람은 의심할 바 없이 그림자 속에 한 사람이 있는데 그의 손만을 보고 있는 것이라고 결론을 내린다. 그는 손으로부터 인간을 추론해낸 것이다. 단순한 사람은 이성을 사용하지 않으며 추론하지도 않는다. 손을 보자마자 그는 즉각 "사람이 보인다"고 말한다. 실제로 그는 마음의 눈으로 그렇게 보았던 것이다.

여기에서 그 둘은 일치한다. 그러나 부분에서 다른 사람들이 보지 못했던 전체를 본 단순한 사람들은 신호에 의해 보이지 않는 전체를 예언하고 확인한 것인데도 조롱받고 바보로 통용되는 경우가 무수히 많다.

다른 사람들의 눈에는 보이지 않는 것을 본다는 것은 제2의 시각이다. 일어날 것을, 태어날 것을 보는 것은 예언이다. 그것이 대중을 경악시키고 현학자들의 조롱을 산 두 가지인데, 그것은 대체적으로 단순성이라는 천부의 재능을 가리킨다.

그 재능은 문명화된 사람들에게는 드물다. 사람들이 알고 있듯 그것은 미개하고 야만적이라 할지라도 단순한 사람들에게 공통적이다.

단순한 사람들은 삶에 공감하며 그에 대한 보상으로 훌륭한 재능을 갖게 된다. 그것은 최소한의 흔적만으로도 그들은 삶을 충분히 직시하고 예견할 수 있다는 것이다.

그것이 그들이 천재들과 갖는 은밀한 관련성이다. 그들은 단순성을 통해서 힘들이지 않고도 배운다. 그것은 그의 내부에 있는 단순화라는 능력을 통해 얻어진다. 이렇듯 최고의 인류라는 천재와 최저의 인류라는 단순한 사람들이 잘 어울려 서로를 이해한다. 그들은 한 가지 사실 때문에 서로를 잘 이해했던 것인데, 그것은 자연을 위한, 삶을 위한 공감이었다. 그것이야말로 그들로 하여금 살아 있는 일체감 속에서 즐거움을 찾도록 만든 것이었다.

자연의 신비인 천재라고 불리는 사람들의 삶이나 작품을 진지하게 연구한다면 일반적으로 그들은 비판의 재능을 획득하는 과정에서도 단순한 재능을 유지하고 있다는 사실을 알게 될 것이다.[1] 다른 모든 점에서는 대립되는 그 두 사람들이 그 단순성에서 조화를 이룬다. 내적 비판이 그를 무한한 분석으로 몰고 가려 하는 것처럼 보일 때 단순성이 그의 전체적 균형을 유지시켜준다. 그것이 언제나 삶에 대한 감흥을 간직하도록 만들어주고 그가 나누어지지 않도록 지켜준다. 그러나 천재가 그 두 능력을 갖고 있다고 할지라도 그의 내부에는 살아 있는 조화에 대한 사랑과 삶에 대한 친절한 존경심이 너무도 강해서 만일 단지 분해를 하는 것을 통해서만 학문을 획득할 수 있다고 한다면 그 학문이나 공부 자체를 희생시킬 수도 있다. 그의 내부에 있는 두 사람 중에서 그는 분석하고 나누려는 사람을 거부하고 예측과 예언이라는 무지의 힘을 갖고 있는 단순한 사람을 남겨두려 할 것이다.

1_ [원주] 나는 천재의 형태가 무수히 많다는 것을 알고 있다. 여기에서 내가 제시하려고 하는 사람들은 가장 독창적이고 가장 생산적이며 위대한 발명가라고 규정되는 경우가 가장 많은 사람들이다. 라퐁텐과 코르네유, 뉴턴과 라그랑주, 앙페르와 주프루아 생틸레르는 가장 단순하면서도 가장 섬세한 사람들이다. ([역주] 라퐁텐(Jean de La Fontaine: 1621~1695)은 프랑스의 시인이자 우화작가였다. 코르네유(Pierre Corneille: 1606~1684)는 라신과 함께 프랑스를 대표하는 비극 작가였다. 라그랑주(Joseph-Louis Lagrange: 1736~1813)는 이탈리아인으로 태어났지만 프랑스로 귀화한 수학자이자 천문학자였다. 앙페르(André-Marie Ampère: 1775~1836)는 프랑스의 수학자이자 물리학자로서 전자장에 대한 학문을 확립시켰다. 생틸레르에 대해서는 2부 6장 주21)을 참고할 것.

여기에 심장의 신비가 있다. 만일 학문의 모든 구분과 가상적인 하위 구분까지 이루어진다고 할지라도 천재는 그 구분에 결코 동의하지 않고 언제나 통합을 지향하며, 가장 작은 존재에 있어서조차 그 통합을 파괴되는 것을 두려워하는 단순성을 자신의 내부에 간직하고 있다면 그것은 본연의 천재란 삶 자체를 사랑하기 때문이다. 그것은 삶을 보존하고 생산하려고 하는 사랑이다.

외부에서 이 모든 것을 혼란스럽게 보면서 이해할 능력이 없는 군중이라 할지라도 때때로 이 위대한 사람이 좋은 사람이며 단순한 사람이라는 것을 안다. 그들은 이러한 모순에 경악한다. 그러나 사실상 그것은 모순이 아니다. 단순성과 선함이 천재의 바탕이며 그 최초의 원인이다. 그것을 통해서 천재는 신처럼 생산성에 참여하는 것이다.

다른 사람들에 의해 무시되던 작은 존재들을 존중하도록 만들고 풀잎 하나라도 상할까봐 갑자기 그를 멈춰 서게 만드는 이 선함에 대중은 즐거워한다. 자신의 정신이 결코 분석에 의해 제어되지 않도록 만들고, 아직 아무도 이해하지 못했던 존재 전체나 체제 전체를 일부나 하나의 신호를 통해 직시하거나 예견하게 만드는 단순성의 정신, 이 경이로운 능력이 범속한 사람들의 경악, 아니 어쩌면 비방까지도 불러일으킨다.

그것이 그를 세상을 초월하게 만드는 것으로서, 그는 그 혼자만이 흔적을 남겨야 마땅한 여론과 장소와 시간의 밖에 존재하는 것이다.

그가 남길 흔적은 천재의 업적에 그치는 것만이 아니다. 그것은 단순성과 어린이와 선함과 거룩함의 삶 자체로서 모든 세기는 일종의 정신적 재활을 찾으러 그곳으로 돌아올 것이다. 이러저러한 그의 발명은 아마도 인류의 진보에 더 큰 도움이 되지 않을 것이다. 오히려 그가 사는 동안 약점이라고 여겨졌고 질투로 점철되었던 그의 삶이 세상의 보물이자 영원한 마음의 축제로 남게 될 것이다.

민중이 이러한 사람을 단순하다고 말한 것은 확실하게 옳다. 천재는 압도적으로 단순한 사람으로서 어린이 중의 어린이이며 민중 자체보다 더 민중적이다.

설명을 하겠다. 단순한 사람은 비지성적인 측면이 있다. 그는 동요하면서 한꺼번에 여러 길을 따르며 혼란스럽고 확고하지 못한 견해를 갖게 되면서 단순한 사람의 특성을 잃게 된다. 천재의 단순성이야말로 참된 단순성인데, 그는 결코 확고하지 못한 견해를 갖지 않는다. 물건에 비유하자면 그것은 강력한 빛과 같아서 모든 것에 침투하고 관통하기에 굴절되어야 할 필요성을 느끼지 못한다.

천재는 어린이의 재능을 갖고 있지만 어린이는 천재의 재능을 갖고 있지 않다. 앞서 말했던 것처럼 그 재능은 모호하지만 방대한 본능인데 논리적 사고가 곧 그것을 명료하게 만들면서 위축시키기 때문에 어린이는 머지않아 질문을 해대면서 반대를 위한 트집만 잡는다. 천재는 장엄하고 강력한 추진력을 갖는 천부의 본능을 간직하고 있다. 불행히도 어린이가 잃게 되는 젊고 생생한 희망을 천재는 보존하고 있다.

가장 높은 의미의 민중[2]은 민중 속에서 찾기가 어렵다. 내가 이곳저곳에서 관찰했던 그들은 민중이 아닌 어떤 계급이거나 변형되고 잠재적인 민중의 부분적인 표상이었다. 민중은 사실상 천재의 가장 고귀한 능력 속에 존재한다. 그의 내부에는 위대한 영혼이 거주한다. 온 세상은 무기력한 대중이 그의 작은 말 한마디에 전율을 느끼는 것을 보며 놀란다. 그의 목소리 앞에서는 대양의 포효도 침묵을 지키고, 민중의 파도도 그의 앞에서는 수그러든다. 그런데 이것이 왜 놀랄 일일까? 그의 목소리는 민중의 목소리이기 때문이다. 민중 스스로는 말이 없지만 민중은 그 사람 속에서, 그리고 그와 함께 있는 신 속에서 말하고 있다. 그렇다면 우리는 진정 이렇게 말할 수 있을

2_ 즉, 천재.

것이다. "민중의 목소리가 신의 목소리이다Vox populi, vox Dei".

그는 신인가, 인간인가? 천재의 본능을 표현하려면 우리는 영감이나 계시와 같은 신비한 명칭들을 찾아야 하는가? 그것은 범속한 사람들이 지향하는 것이다. 그들은 스스로 신을 날조해내야 한다. "본능? 자연? 아니다!"라고 그들은 말한다. "단지 본능만 있다면 우리는 그것에 얽매이지 않겠는가? 그것은 높은 곳에 있는, 신의 사랑을 받는 영감이다. 그것은 신이다. 새로운 구세주다!" 그러한 인간을 경배하고 그의 인간적 우월성을 인정하는 대신 그 범속한 사람들은 그를 신의 사절로 만들거나 필요하다면 신으로 만들기까지 한다. 사람들마다 그들을 그 정도까지 현혹시키려면 최소한 초자연적인 빛이 필요했을 것이라고 스스로에게 말한다. 그리하여 사람들은 그를 자연의 위에, 학문과 관찰의 위에 위치시켰다. 참된 자연 그 자체이자 다른 누구보다도 학문이 관찰해야 할 대상인 그를 말이다. 사람들은 유일하게 인간이었던 그를 인류로부터 배제시켰던 것이다. 이 탁월한 인간은 스스로가 뿌리를 내리고 있던 살아 있는 사람들의 세계로부터 분리되어 이렇듯 분별없는 찬양에 의해 하늘로 다시 던져졌던 것이다. 아! 그러니 그를 우리들 사이에 있게 하라—이 낮은 곳에서 살았던 그를. 그가 인간으로, 그가 민중으로 머물게 하라. 그가 마음을 두고 있던 어린이와 가난한 사람들과 단순한 사람들과 그를 분리하여 제단 위로 추방하지 말라. 그가 곧 군중의 정신이니 그가 그들로 둘러싸이게 하라. 그가 생산적인 충실한 삶에 빠져 우리와 함께 살고 우리와 함께 고통하게 하라. 그는 우리의 고통과 우리의 나약함에 동참함으로써 신이 숨겨놓은 힘을 얻을 것이다. 그것이야말로 그의 천재성일 것이다.

8

천재의 탄생—사회 탄생의 유형

만일 이 아래에서 완벽함이란 것을 찾을 수 없다면 아마도 그것에 가장 가깝게 접근한 것은 넘쳐나는 사랑과 힘을 통해 내적인 탁월성을 보여주는 조화롭고 생산적인 사람일 것이다. 그는 지나가는 행동뿐 아니라 위대한 영혼이 인류 전체와 함께 사회에 머물게 될 불후의 업적에 의해서도 그것을 증명하는 사람이다. 이러한 넘쳐나는 재능과 생산성, 그리고 지속적인 창의력은 우리가 거기에서 자연의 충만함과 예술의 표본을 찾아야 한다는 명백한 신호이다. 예술 중에서도 가장 복합적인 사회 예술은 풍부한 다양성이 전체적으로 조화를 이루며 창조를 이끌어내는 이 신의 걸작품이 그것이 연구하는 대상에 어떤 빛을 던져줄 수 있는지 세심하게 고려해봐야 한다.

그렇다면 내게 천재의 특징에 대해 천착하여 그 내적 조화에 대해 침투해 들어가도록 허용해달라. 그리하여 인간의 영혼 속에 자리하고 있는 그 위대한 도덕 국가의 현명한 경제와 선한 정책을 고려하도록 해달라.

앞서 말했던 것처럼 창의와 발생의 능력자인 천재는 한 인간에게 두 가지 능력이 부여되어 있다는 사실을 전제로 하는데, 천재는 단순한 사람의 본능과 현명한 사람의 사색이라는 양성兩性처럼 동떨어진 그 두 능력을 자신의 내부에 구현하고 있다. 어떤 면에서 그는 남성이자 여성이며, 어린이이자 어른이며, 야만인이자 문명인이며, 민중이자 귀족이다.

충격적인 이 이중성을 범속한 사람들은 기이한 현상이나 괴물이라고 간주하는 경우가 흔하다. 그렇지만 그 이중성이야말로 정상적이고 합리적인 인간의 특성을 최고의 형태로 구성하고 있는 바로 그것이다. 사실 그만이 인간일 뿐 다른 사람들은 아니다. 단순한 사람은 반쪽 인간이며 비판가도 반쪽 인간이다. 그들은 재생산하지 못한다. 그 범속한 사람들도 마찬가지로서 그들은 어느 쪽 성에도 속하지 않기 때문에 중성이라고 불릴 수도 있을 것이다. 완전한 사람만이 재생산을 할 수 있다. 그만이 신과 같은 창조력을 계속 유지시킬 힘이 있다. 다른 사람들은 단지 그들이 사랑을 수단으로 하여 이중성의 합일을 재현할 경우를 제외하면 모두가 불임이다. 세대를 거쳐 전달된 그들의 자연적 성향은 유일하게 생산성을 갖는 완전한 인간을 만나기 전까지는 무능하게 남아 있다.

이것은 본능과 영감의 불꽃이 그 모든 사람들에게 결여되어 있다는 말이 아니라 사색은 곧 경직되어 잊히게 된다는 것이다. 천재의 특권이란 사색보다 먼저 영감이 작동하도록 만들어 그 화염이 충분히 빛을 발하도록 만든다는 것이다. 다른 사람들에게 있어서 그것이 천천히 연속적으로 일어나서 그 간격이 그들을 메마르게 만든다는 것이다. 천재는 그 간격을 메워주고 그 사색과 영감을 결합시켜 시간을 초월하게 만든다는 것이다. 그것이 영원의 섬광인 것이다.

이런 면에서 신속한 본능은 행동에 가닿으며 그 자체가 행동이 된다. 이렇게 관념도 농축되어 생생해지면 재생산을 하게 된다.

이제는 범속해진 다른 사람들도 단순한 인간과 분석의 인간이라는 두 인간의 생산적인 이중성을 맹아의 상태로는 갖고 있었다. 그러나 그들 본연의 악의가 곧 그 둘 사이의 조화를 깨뜨렸다. 학문에 첫발을 들여놓는 순간부터 오만함이 찾아왔고, 섬세함과 비판적인 정신이 단순함을 살해했다. 사색은 조숙하게 어른이 된 것으로 그릇된 오만에 빠져 본능을 허약한 어린이라고 경멸했다. 허황되고 귀족적인 사색은 가능할 때마다 번쩍거리는 소피스트 군중과 결합하면서 그들의 조롱

앞에서 그것이 민중과 가져왔던 소박한 관련성을 부인했다. 사색은 민중을 뒤로했다. 민중의 조롱이 두려워 사색은 불경하게도 자신의 형제를 조롱하기 시작했다. 좋다. 사색은 홀로 남게 될 것이다. 그러나 홀로는 인간이 될 수 없다. 홀로는 불능이기 때문이다.

천재는 이 슬픈 정치학을 모른다. 그는 세상의 조롱에 대한 두려움 때문에 내부의 불꽃을 질식시키려는 생각을 하지 않는다. 그는 조롱을 듣지도 않는다. 그의 내부에서 사색은 신랄하지도 역설적이지도 않으며 그는 본능의 어린 시절을 소중하게 취급한다. 이 본능이라는 반쪽은 다른 반쪽에 의해 아껴져야 할 필요가 있다. 나약하고 모호한 본능은 무질서한 충동의 포로가 되기 쉽다. 왜냐하면 본능은 야망으로 가득하고 사랑에 눈이 멀었기에 빛 앞으로 돌진하기 때문이다. 사색은 이미 빛을 갖고 있기에 우월한 반면 생산적인 열정과 생기의 집중도에서는 열등하다는 것을 잘 알고 있다. 그 둘 사이에는 존엄성이라기보다는 연륜이 문제가 되는 것이다. 모든 것은 본능의 형태로 시작한다. 오늘의 사색은 어제의 본능이었다. 어느 것이 더 가치가 높을까? 누가 그것을 말할 수 있을까? 아마도 가장 젊고 가장 나약한 자들이 더 나을 것이다.

반복해서 말하거니와 천재의 생산성은 의심할 바 없이 대체적으로 마음의 선함, 친절함과 단순함에 달려 있다. 천재는 그런 것들을 갖고 본능의 나약한 시도를 받아들이는 것이다. 자신의 내부 세계에도 스스로 받아들일 뿐만 아니라 주변의 외부 세계의 인간과 자연에도 받아들인다. 모든 곳에서 그는 단순한 사람들과 공감하며 손쉽게 그들과 동화됨으로써 그는 끊임없이 연옥 속으로 생각의 새로운 맹아를 상기시키는 것이다.[1]

단순한 사람들 자신이 그에게로 날아온다. 아직 형체도 갖추지 못한 얼마나 많은 것들이 홀로 방기된 채 떠돌아다니면서 두려움 없이 그에게 다가가는지 나는 알지 못한다. 꿰뚫어보는 눈을 가진 그는 그들이 형체가 없건 미숙하건 고려하지 않고 그들을 받아들이며 그들에게 미소 지으며 그들이 생기 있음에 감사한다. 그들을 용서하고 격려한다. 이러한 관대함 때문에 그에게는 특별한 혜택이 돌아온다. 모든 것들이 그를 풍요롭게 만들고 그에게 도움이 되고 그를 강하게 만들어준다는 것이다. 다른 모든 사람들은 찾으려 하나 아무것도 찾지 못하는 모래사막과 같은 세상이 그에게는 혜택을 준다는 것이다.

1_ 연옥은 세례를 받지 못하고 죽은 어린아이들을 위한 장소였다. 2부 5장을 참고할 것.

자연의 생생한 선물이 충분히 넘쳐나는 그 영혼 속으로 사랑이 어찌 찾아오지 않겠는가? 사랑받고 있는 그 어떤 것 하나가 떠오른다. 어디에서 왔을까? 아무도 말할 수 없다. 그것이 사랑을 받고 있다는 것으로 충분하다. 그 자신이 자연 속에서 살고 있는 그것은 그의 내부에서 생장하며 살고 있다. 다가오는 모든 것을 받아들이며 모든 것으로부터 자양분을 얻고 스스로를 확장시키며 윤택하게 만든다. 그 자신이 이 세상의 꽃이듯 그것이 천재의 꽃이 된다.

얼마나 장엄한 입양의 유형인가! 얼마 전까지만 하더라도 여전히 모호했던 살아 있는 점 하나가 아버지의 눈길에 감싸여 있다가 유기 조직을 갖고 생명을 얻게 되어 광휘로 빛나게 되는 것이 위대한 발명이자 예술 작품이자 시가 아니겠는가? 이 아름다운 창조의 결과물에 나는 찬양을 보낸다. 그러나 나는 얼마나 그것이 발생했던 곳으로, 그 삶과 그 열정이 시작했던 그 부화의 장소로 따라가기를 원했던가![2]

2_ [원주] 천재가 자신의 창조에 이어지는 흔적들을 마모시키려 했다는 것은 얼마나 유감스러운가! 그들은 스스로가 준비했던 일련의 밑그림들을 간직한 적이 별로 없었다. 공을 들인다면 불완전할지라도 몇 가지 사실을 확인할 수 있을 것이다. 항상 자신의 생각을 그렸던 몇몇 위대한 화가들의 그림을 순차적으로 살펴본다면 그 불후의 작품들을 통해 그 생각의 순간들을 포착해놓았다는 것이다. 따라서 라파엘로, 티치아노, 루벤스, 렘브란트에게 있어서 생각이 발생하던 순간들을 추적하는 것은 불가능하지 않다는 것이다. 단지 렘브란트의 예만을 들자면, 〈선한 사마리아인〉 〈엠마우스의 그리스도〉 〈나자로〉와 《〈100길더 판화〉로

신은 이 힘찬 사람을 통해 자신의 위업을 성취하는 바, 이 힘찬 사람이 발명이나 예술 작품이 처음으로 용솟음쳐나오는 신성한 순간이 어떠했는지 우리에게 말해주게 되기를. 당신의 영혼이 그 새로운 존재와 나눈 첫번째의 말이 무엇이었는지, 옛 지혜와 새로운 창작물 사이의 대화가 당신의 내부에서 어떻게 이루어졌는지, 옛 지혜가 새로운 창작물을 어떻게 친절하게 받아들였는지 말해주게 되기를. 그리하여 그 옛 지혜가 아직도 거칠고 조야한 그 새 창작물의 형태를 변화시키기 않고도 격려해주었고, 그 자유를 억누르는 것과는 정반대로 그것이 자유로워져 진정 그 자체가 될 수 있게 만들었는지 말해주게 되기를.

아! 만일 힘찬 사람인 당신이 말해준다면 당신은 예술뿐 아니라 정신의 예술이라 할 수 있는 교육과 정치학까지도 계몽시키게 될 것이다. 만일 천재가 그의 생각을 애호하는 사람들에게 전달하는 문화를 우리가 알 수 있다면. 그들이 어떻게 함께 살아야 하고, 어떠한 솜씨와 친절함을 갖고 그 독창성을 해치지 않으면서 그 본성에 따라 스스로를 완성하도록 독

알려져 있는) 〈사람들을 위로하는 그리스도〉는 이 위대한 화가가 현대의 심각한 참상에 마음이 움직여 자신의 생각을 배태하고 발전시켰던 연속적인 단계를 보여주고 있다. 대단히 강렬했고 대단히 인기가 높았던 마지막 작품에서 작업장과 노동자는 유례없이 부드럽게 그려져 있다.

력하는지 우리가 알 수 있다면, 우리는 예술의 원리와 교육과 사회적 참여의 모범을 동시에 알 수 있게 될 것이다.[3]

단순한 사람과 사색적인 사람 둘이 한 사람 속에 구현될 때 그 둘은 서로를 이해하고 서로를 도우며 조화롭고 생산적이다.

사회는 교양 있고 사색적인 사람들이 본능과 행동의 사람들을 환영하고 채택하여 그들로부터 열정을 받아들이는 한편 그들에게 빛을 내줄 때 가장 조화롭고 생산적이 될 것이다.[4]

3_ 〔원주〕 이것은 플라톤이 『국가』 제4권에서 제시하고 있는 것과 같은 단순한 비교가 아니다. (〔역주〕 『국가』 제4권에서 소크라테스는 국가의 경영과 교육이나 덕성의 관련성에 대해 논하고 있다.) 아니, 그것은 그 탄생과 본성 속에서 가장 긴밀하게 있는 그대로 받아들여진 사실 자체이다. 도덕적 세계 속에서 사회적 세계를 고려하려는 일에 우리가 더 익숙해질수록 도덕적 세계가 사회적 세계의 근원이고 어머니이며 자궁이라는 것을, 즉 그 두 세계는 하나를 이룬다는 것을 알게 될 것이다.

영혼과 영혼의 투쟁, 그리고 그것으로부터 귀결되는 진보와 교육, 그 내부의 힘들 사이에서 이루어지는 조약, 영혼이 스스로에 대해 갖는 사랑, 이 협소하지만 가변적인 울타리 속에서 일어나는 결혼과 입양, 이런 것들이 철학에 정치와 교육과 사회 참여의 비밀을 드러내줄 것이다. 예술가는 자신의 작품을, 사람은 자신이 되고자 했던 어린이를, 국가는 여전히 어린이인 그 계급을 찬양하도록 하라. 그 세 가지 사실은 비슷하다. 최소한 학문과 사랑의 발전을 통해서 그 세 가지는 더욱더 비슷해질 것이다.

이러한 학문이 생겨나야 한다. 철학은 오랜 세기에 걸쳐 똑같은 관념 속에 머물러 있으면서 거기에 도달하지 못했다. 인간의 영혼을 그리도 주시했던 신비주의자들은 거기에서 신을 찾으려 함으로써 눈이 멀었다. 조금도 의심할 바 없이 신은 거기에 있다. 그러나 그 신은 그가 인간에 숨겨두었던 자신의 모습 속에서 보려 할 때, 인간의 나라이자 신의 나라에서 보려 할 때 더 잘 드러나게 될 것이다.

4_ 〔원주〕 이것을 거대한 인류의 사회로 확대시키라. 상대적으로 어떤 나라는 본능

사람들은 이렇게 말할지 모른다. "얼마나 큰 차이인가? 한 사람의 영혼 속에서는 그렇고 그런 사람들에 의해 내면의 나라가 구성되고 있는 것을 보고 있지 않은가? 그렇게 긴밀하게 연결되어 있는 두 사람 사이에서 화해는 쉽지 않은가? 그러나 정치의 나라 속에는 얼마나 많은 불화를 일으키며 저항하는 요인들이 대립하고 있는가? 여기에서는 주어진 사실이 무한히 더 복합적이다. 무슨 말일까? 비교된 대상 중의 하나는 거의 정반대이다. 내가 한 곳에서 평화를 보았다면, 다른 곳에서는 전쟁을 보았다."

이러한 반론이 합리적이어서 내가 받아들일 수 있다면 얼마나 좋을까? 이러한 불화가 단지 외면의 나라에만 있어서 내면의 나라에서는 개인의 명백한 합일 속에 참된 평화가 있을 수 있다면 얼마나 좋을까? 나는 정반대로 느낀다. 나의 내면에서 일어나고 있는 전투가 세상에서 일어나는 대부분의 전투보다 훨씬 더 불화가 많다. 내가 나와 벌이는 논쟁은 이중인간l'homo duplex의 전투이다.

이러한 전투는 모든 사람들에게서 보인다. 천재에게 휴전

의 나라이고 어떤 나라는 사색의 나라이다. 그들이 접촉을 하게 되면 교양이 있는 사색의 나라는 인류의 이름으로, 그리고 또한 그들 이익의 이름으로 그러한 만남을 위한 예술과 언어를 만들어낼 텐데, 그 목적은 단지 본능만 갖고 있는 나라를 잘 이해하기 위한 것이다.

과 평화가 있을 수 있다면 그것은 거대한 신비에 기인하는 것인데, 그의 내면에 있는 대립되는 힘들이 서로에게 희생함으로써 만들어지는 것이다. 사회의 밑바탕과 마찬가지로 예술의 밑바탕은 희생이라는 사실을 결코 잊지 말자.

이러한 내면의 투쟁은 훌륭하게 보상받는다. 일은 무기력하고 수동적이라고 생각할지라도 일하는 사람을 바꾼다. 일이 사람의 정신적으로 증진시키며 위대한 예술가가 지니고 있는 친절함이 아직도 어리고 약하고 형체조차 갖추지 못하고 있을 때라도 보상을 해주는 것이다. 그가 작품을 만들면, 작품도 그를 만든다. 작품이 위대해질수록 작품은 그를 더 위대하고 더 선하게 만든다. 만일 비참함과 곤궁과 적대적인 숙명을 갖고 있는 전 세계가 그를 억압하지 않는다면 천재는 그의 가슴의 탁월성으로 인하여 영웅일 수밖에 없다는 것을 모두가 알게 될 것이다.

세상이 별로 알지 못하는 이러한 내적 시련이 무가치한 자만심으로부터 천재를 지켜준다. 만일 그가 자신의 작품의 이름을 걸고 대중의 어리석은 조롱을 물리친다면 그것은 그 자신보다는 그의 작품을 위한 것이다. 그의 내면은 언제나 어린이이고 민중이고 단순한 사람으로서 영웅적인 친절함 속에 남아 있을 것이다. 그가 위대한 일을 성취했다 할지라도 그는 작은 사람들의 옆에 있다. 그는 허황되고 교활한 대중이 헛되이 떠돌아다니면서 조롱하고 궤변을 늘어놓고 부정을 하는 일에 즐거워하도록 놔둔다. 그들이 원하는 만큼 온 세상을 돌아다니며 승리감에 내달리도록 놔둔다. 그는 단순한 사람들이 아버지의 왕좌로 행진하여 올 그곳에 조용히 남아 있다.

그 단순한 사람들은 그를 통해서 올 것이다. 그가 없다면 다른 어떤 지원이, 다른 어떤 지지자가 그들에게 있겠는가? 그는 그렇게 박탈당한 사람들의 공동적인 유산이자 영광스러운 보상이다. 그는 그 말 못 하는 사람들의 목소리이자 힘없는 영혼들의 힘이며, 그들의 여망이 뒤늦게 실현된 것이다. 결론적으로 그에게서 그 단순한 사람들이 영광을 얻으며 구원받는다. 그가 그들을 분산시켜 엮고 있는 계급과 상황의 모든 사슬로부터 그들을 이끌어 격상시킨다. 여성, 어린이, 무식자, 정신박약자뿐만 아니라 단지 순수한 본능만 갖고 있는 초라한 노동자들과 마지막으로 본능과 멀리 연결되는 무수히 많은 열등한 자들이 그들이다.

이르건 늦건 그들이 들어가야만 하는 나라의 문간에서 그들 모두는 단순한 자와의 유대를 확인한다. "여기에서 무엇을 원하는가? 그대는 누구인가, 불쌍한 단순한 자여?" "우리는 신의 맏아들의 어린 동생들입니다."

9
2부의 요약과 3부의 도입

내 마음의 격정은 멀리, 아마도 너무 멀리 나를 이끌었다.

나는 민중의 본능을 규정하고 싶었고, 거기에서 오늘날의 교양 높은 계급이 새로운 젊음을 찾아야 한다는 것을 보여주려 했다. 어제 태어났지만 벌써 지쳐버린 그 계급이 스스로의 연원이었던 민중으로 가까이 가야 할 필요성이 있다는 것을 증명하려 했다는 것이다.

민중은 자신의 불행에 의해 훼손되고 자신의 발전에 의해 변질되기 때문에 그들의 참된 재능을 찾기 위해서는 그들의 가장 순수한 모습으로, 특히 어린이와 단순한 사람의 모습으로 그들을 연구해야만 한다. 신은 그곳에 살아 있는 본능의 근원이자 영원한 젊음의 보물을 간직해두었다.

그러나 내가 민중을 위해 증언을 해달라고 나의 책에 불러냈던 이 단순한 사람들과 어린이들은 그들 자신을 위한 주장을 펼친 것으로 나타났고, 나는 그들의 말을 들었다. 나는 가능한 한 그 단순한 자들을 세상의 경멸로부터 지켜주고자 했다. 나는 중세의 잔혹함이 언제나 어린이에게 계속하여 자행되고 있는지 어린이를 위하여 물었다.

뭐라고? 당신은 인간이 자신이 저지르지도 않은 죄 때문에 태어날 때부터 타락했다는 잔인한 운명론을 믿음과 삶 속에서 거부했다. 어린이의 문제에 있어 당신은 이러한 개념으로부터 출발했다. 당신은 무고한 자를 징벌한다. 나날이 포기되고 있는 가설로부터 당신은 체벌에 의한 교육을 이끌어낸다. 당신은 당신의 수수께끼와 잊힌 꿈을 설명해줄 수 있는 요셉이나 다니엘과 같은 어린 예언자들을 질식시키고 재갈을 물린다.[1]

만일 당신이 인간의 본능은 이미 타락하여 악하고 인간은 징벌을 받아 교정된 것만큼만, 학문이나 종교적 수련에 의해 변형된 것만큼만 가치가 있다고 주장한다면 당신은 민중을 저주한 것이다. 때로는 사람들이 미개인이나 야만인이라고 부를지라도 어린이들과 아직도 어린이에 불과한 민중을 저주한 것이다.

1_ 요셉과 다니엘은 각기 구약의 「창세기」와 「다니엘서」에 나오는 인물들로 능력은 많지만 질투에 의해 위험을 겪는 젊은이들이다.

이러한 편견은 본능의 모든 불쌍한 아들들에게 치명적이었다. 그것은 교양 높은 계급이 그렇지 못한 계급을 멸시하고 증오하게 만들었다. 그것은 어린이에게 우리 교육의 지옥을 겪도록 만든 것이었다. 그것은 어린 민중에게 수천 개의 어리석고 해로운 우화를 가르치도록 허가한 것이나 다를 바 없었는데, 그렇게 함으로써 기독교도를 자처하는 우리가 이러한 민중을 박멸하는 일에 확신을 가지도록 적지 않게 기여했다는 것이다.

나의 책은 미개인이건 야만인이건 남아 있는 얼마 안 되는 그들을 포용하고 그들에게 피신처를 제공하려고 한다. 머지않아 너무 늦을 일이 될 수도 있기 때문이다. 박멸시키려는 일은 신속하게 벌어진다. 반세기도 지나기 전에 얼마나 많은 나라가 사라졌는가? 우리의 우방이었던 북부 스코틀랜드의 산악 지대의 사람들은 어디로 갔는가?[2] 영국의 법정 관리 하나가 핑걸[3]과 로버트 브루스[4]의 민중을 쫓아냈다. 또다른 우리

2_ 중세 말기부터 스코틀랜드는 북부와 남부로 갈라졌다. 본디 고산 지역이라서 인구가 희박했지만, 18세기와 19세기 전반에 인구가 늘어났다. 그러나 19세기 중엽부터 미국, 캐나다, 오스트레일리아, 뉴질랜드 등 해외로의 이민은 물론 스코틀랜드와 잉글랜드의 산업도시로 인구가 유출되면서 지금은 유럽에서 인구 밀도가 가장 희박한 지역에 속한다. 스코틀랜드 북부를 보통 하일랜드(Highland)라고 부른다.

3_ 핑걸(Fingal)은 아일랜드에 소재한 주의 이름이다.

4_ 로버트 브루스(Robert Bruce: 1274~1329)는 스코틀랜드의 국왕으로서 잉글랜드에 대한 제1차 스코틀랜드 독립전쟁을 이끌었다. 보통 로버트 1세라고 불리기도 한다.

의 우방이었던 북아메리카의 인디언들은 어디에 있는가? 우리는 우리의 옛 프랑스는 그들에게 손을 내밀지 않았던가? 아! 나는 최근에 그들을 박람회의 무대에서 봤구나. 상인이자 청교도인 앵글로아메리카 사람들은 잔인한 무지 속에서 이 영웅적 민족을 몰아내고 굶기고 무력하게 만들면서 그들을 끝장냈다. 그리하여 지구 위에 공백을 남기고 온 인류에게 유감을 남겼던 것이다.

이러한 파괴는 물론 북부 인디아와 코카서스와 레바논에서 자행된 사례를 직면하면서, 우리 프랑스가 북아프리카에서 벌이는 끊임없는 전쟁은 무엇보다도 그 민족들의 재능에 대한 무지에서 비롯된 것임을 인식하게 될 것인가? 우리는 언제나 거리를 두고 서 있으면서 그것이 초래하는 서로에 대한 무지와 오해를 없애기 위한 노력을 하지 않는다. 얼마 전 북아프리카에서는 그들이 우리와 싸우는 이유란 우리가 신들의 합일이라고 믿는 그들 종교의 적이라고 그들이 믿고 있기 때문이라는 것을 인정했다. 그들은 프랑스를 위시하여 유럽의 거의 모든 국가에서 중세에 신들의 합일을 흐리게 만들었던 우상숭배와 같은 종교를 떨쳐버렸다는 사실을 알지 못했다. 보나파르트는 카이로에서 그들에게 그 말을 했었다. 이제 누가 그 말을 반복하겠는가?[5]

두 해안 사이의 안개는 언젠가 걷히고 우리는 서로를 알게 될 것이다. 사람들이 우리 남부의 사람들과 닮은 아프리카, 피레네와 프로방스에서 가장 눈에 띄는 내 친구들 속에서 알아보게 되는 아프리카. 이 아프리카는 우리에게 큰 도움을 줄 것이며, 사람들이 그들을 경멸하고 잘 이해하지 못하는 몇 가지 사실에 대해 잘 설명해줄 것이다. 그러면 우리는 우리의 산악 지방과 가장 덜 혼합된 지방의 주민들의 거친 활력에 대해 더 잘 이해할 수 있을 것이다. 앞서 말했던 것처럼 거칠고 조야하게 보이는 많은 관습들이 실제로 야만적이고, 그것은 우리의 민중을 실로 야만적이긴 하지만 결코 범속하지는 않은 그 사람들과 연결시켜준다.

야만인, 미개인, 어린이, 그리고 대다수의 민중들이 이러한 공통적인 곤경을 겪고 있다. 그들의 본능은 오해받고 있고 그들 스스로가 그것을 우리에게 이해시키지 못한다. 그들은 고통받고 침묵 속에 죽어가는 벙어리와 같다. 우리는 전혀 듣지 못하기에 거의 알지 못한다. 아프리카인은 약탈당한 곡물 창

5_ 나폴레옹은 이집트원정에서 이슬람교를 존중한다고 말했지만, 그것은 이집트 국민의 마음을 잡기 위한 정치적 고려에서 비롯되었다. 나폴레옹은 자신의 병사들에게도 유일신을 믿는 그들의 종교에 거슬리는 행동을 하지 말라고 당부했었다.

고에서 굶어죽는다. 그는 죽으며 불평하지 않는다. 유럽인은 죽도록 일하고 병원에서 종말을 맞는데 어느 누구도 알지 못한다. 어린이는 부유하다 할지라도 무기력하며 불평하지 못한다. 누구도 들으려 하지 않는다. 우리에게 중세는 끝났지만, 어린이에게는 그 야만성이 지속되고 있다.

이상한 광경이다. 한편으로는 젊고 힘찬 삶으로 충만한 존재가 있는데, 마치 주문에 걸린 것처럼 그들의 생각과 고통을 남들에게 납득시키지 못한다. 다른 한편으로는 언어와 분류법과 논리학과 수사학 등 생각의 분석과 표현을 위해 인류가 지금까지 고안해낸 모든 것을 갖춘 존재가 있는데, 그들 내면의 삶은 허약하다. 그들은 신이 아낌없이 활력을 부어넣은 벙어리들에게서 그 활력을 한 방울이나마 얻기 위해 벙어리를 필요로 할지 모른다.

누가 이 위대한 민중을 위해 맹세하지 않겠는가? 낮고 어두운 곳으로부터 암중모색하며 빛도 없는 곳에서 올라가기 위해 여망하며 상승하려 하지만 신음할 목소리조차 없었던 그들을 위해. 그러나 그들의 침묵이 말을 한다.

카이사르가 아프리카의 해안을 항해하다가 잠에 들어 꿈을 꾼 이야기가 있다. 많은 군인들이 울면서 그에게로 손을 뻗치는 것을 봤다는 것이다. 깨어난 그는 석판 위에 코린트와 카르타고라고 적었고, 그가 그 두 도시를 재건했다는 것이다.

나는 카이사르가 아니지만 카이사르의 꿈을 얼마나 많이 꾸었던가? 나는 그들이 우는 것을 보았고 그들의 눈물을 이해했다. "그들은 도시를 원했다Urbem orant".[6] 그들은 그 도시가 그들을 받아들이고 보호해주기를 원했다. 외로운 몽상가에 불과한 불쌍한 나는 침묵을 지키는 그 거대한 민중에게 무엇을 줄 수 있을 것인가? 내가 가진 것은 내 목소리밖에 없는데. 이것으로 지금까지 그들을 배제했던 올바름의 나라[7]로 그들이 들어갈 수 있게 되기를.

나는 이 책에서 자신들이 이 세계에서 권리를 갖고 있는지조차 알지 못하고 있는 사람들에게 목소리를 부여했다. 침묵 속에 신음하며 고통받는 모든 사람들, 그럼에도 불구하고 삶을 향해 여망을 갖고 상승하려는 사람들, 그들이 나의 민중이다. 그들이 민중이다. 그들이 나와 함께 가게 되기를.

왜 나는 이 나라가 더 견고해지도록 그것을 더 확대시키려

6_ 베르길리우스의 『아이네이아스』 제5권.

7_ 올바름의 나라는 'la Cité du Droit'를 옮긴 것이다. 이어지는 단락과의 연결을 고려할 때 이것은 '권리의 나라'라고 옮겨도 무방할 것이다. 그러나 굳이 이것을 '올바름'으로 번역한 데에는 그 원어가 대문자로 시작한다는 데 무게를 두었기 때문이다. 참고로 미슐레와 동시대인이었던 빅토르 위고도 이와 비슷한 심정을 밝힌 적이 있으며, 그 역시 'Droit는 Dieu' 즉 신과 동의어라고 말한 바가 있다는 사실을 밝힌다.

하지 않는가? 불완전하고 배타적이고 정당하지 못하다면 그것은 흔들리고 붕괴된다. 그 정당성은 견고함이다. 그러나 만일 그 나라가 단지 정당하기만을 바란다면 그것은 정당해질 수 없다. 그것은 나라를 세울 수 있는 어떤 분에 의해서만 거룩하고 신성해질 수 있다.

질투로 문을 닫는 대신에 신의 어린이인 모두를, 가장 작고 가장 소박한 자들을 부른다면 그 나라는 신성해질 것이다. 자신의 형제를 부끄러워하는 자에게는 불행을. 계급이나 분류의 차별 없이, 약하건 강하건, 단순하건 현명하건 그 모두가 자신들의 지혜와 본능을 모두 갖고 오게 되기를. 약하고 무능력한 자들, 스스로는 아무것도 하지 못하는 그 비참한 사람들이 우리를 위하여 많은 일을 할 수 있을 것이다. 그들에게는 알려지지 않은 신비로운 능력이 있는데, 그것은 숨겨진 창의력으로서 그들 본성 깊은 곳에 있는 삶의 원천이다. 그 나라가 그들을 부르면 그것은 삶을 부르는 것이고, 그것만이 삶을 다시 새롭게 만들 수 있다.

그렇다면 이 오랜 이별 이후에 인간은 여기에서 행복하게 화해할 수 있으니, 인간과 인간이 인간과 자연이 다시 만나는 것이다. 모든 자만심이 여기에서 멈추고 보호해주는 나라가 하늘로부터 심연까지 신의 가슴처럼 확대되기를.

나로서는 그 나라가 아직도 누군가를 거절하여 그 권리를 지켜주지 않는다면 나는 그 나라에 들어가지 않고 그 문간에 머물러 있을 것이라고 항변할 것이다.

3부

사랑을 통한 해방 : 조국

1
우정

우리 프랑스의 오래된 코뮌[1]이 조국의 참된 이름을 처음으로 찾게 되었다는 것은 큰 영광이다. 의미와 심오함으로 충만한 단순한 이름으로서 코뮌에서는 조국을 우정이라고 불렀다.[2]

조국이란 실제로 다른 모든 것들을 포함하는 위대한 우정이었다. 내가 프랑스를 사랑하는 것은 프랑스가 프랑스이기 때문이며, 또한 내가 사랑하고 사랑했던 사람들의 나라이기 때문이다.

조국은 우리 모두가 애착하는 위대한 우정으로서, 그 애착에 의해 우리에게 모습을 드러낸다. 그다음에는 조국[이라는

1_ 코뮌은 본디 중세의 자치도시를 가리킨다. 라틴어 어근의 'communis'가 뜻하는바 '공동체'의 의미가 강하다.

2_ [원주] 당시에 조국(la patrie)은 단지 코뮌 속에 있었다. 사람들은 릴의 우정(l'amitié), 에르의 우정 등등으로 불렀다. 나의 『프랑스 역사』 제5권을 참고할 것.

개념)이 우리가 애착했던 것들을 일반화시키고 확대시키며 고귀하게 만든다. 친구가 모두 민중이 된다. 우리의 개인적인 우정은 위대한 깨우침의 첫번째 단계이자, 영혼이 지나가는 정거장과 같은 것이다. 영혼은 조금씩 상승하여 마침내 조국이라고 부르는 더 낫고 더 사심 없고 더 높은 영혼을 알게 된다.

'사심 없다'고 말한 이유는 영혼이 강한 곳에서는 이해관계의 상충과 조건의 차이와 불평등에도 불구하고 우리가 서로를 사랑하기 때문이다. 가난하건 부유하건, 위대하건 왜소하건 사심 없는 영혼은 우리 모두를 질투의 고통을 넘어서는 곳으로 우리를 격상시킨다. 이것이야말로 진정 위대한 우정이다. 왜냐하면 그것이 우리를 영웅으로 만들어주기 때문이다. 그 속에서 결속된 사람들은 굳건하게 결속되어 있다. 그들의 애착은 조국이 있는 한 지속될 것이다. 무슨 말일까? 그 우정은 그 어느 곳보다도 그들의 불멸하는 영혼 속에서 조금도 파괴되지 않고 남아 있으리라는 것이다. 그 영혼은 세계 속에서, 역사 속에서 끝이 나 지구의 나락 속으로 떨어졌을지라도, 그것은 '우정'으로 지속되리라는 것이다.

우리 철학자들의 말을 들으면 인간은 너무도 사교성이 없어서 예술과 명상의 모든 노력을 동원하여 인간을 인간에게 접근시키기 위해 정교한 기계를 만드는 일도 극도로 어려워하는 것처럼 보인다. 나로서는 내가 관찰한 많지 않은 사례에 비추어보더라도 인간은 태어날 때부터 사교성이 많다. 아기는 눈을 뜨기도 전부터 사회를 사랑한다. 아기는 혼자 있게 되면 운다. 어떻게 여기에 놀랄 수 있는가? 사람들이 첫날이라고 부르는 그날 그 아기는 오래 친숙했던, 그에게 친절했던 사회를 떠난다. 그는 거기에서 시작한다. 9개월 된 그가 그곳을 떠나 고독 속으로 들어가야 한다. 그러면서 그는 자신에게 있었지만 이제는 잃어버린 친절한 유대의 그늘을 찾아 헤매야만 한다.

그는 유모와 어머니를 사랑하며, 그들과 자기 자신을 구분하지 않는다. 그러나 그가 처음으로 자신과 같은 나이의 어린이를, 즉 자신이 아니지만 자신과 같은 다른 사람을 봤을 때 그의 즐거움은 어떠했을까? 그는 가장 즐거운 그 사랑의 순간을 다시는 만나지 못할 것이다. 가족과 유모, 그리고 얼마 동안은 어머니까지도 이 친구 앞에서는 물러날 것이며, 친구는 모든 것을 잊게 만든다.

우리는 정치가들의 걸림돌인 불평등이 여기에서는 얼마나 자연을 혼란스럽게 만들지 않는지를 보아야 한다. 오히려 자연은 그러한 마음 사이의 관계에 기꺼워하며 결속에 넘을 수 없는 장애물처럼 보일 수밖에 없는 차이와 불평등으로 놀이를 하고 있다. 예컨대 여성은 남성이 낯선 사람이라는 이유로 사랑한다. 어린이가 친구를 사랑하는 이유는 그 친구가 우월하기 때문인 경우가 많다. 불평등은 그들에게 헌신하고 본받을 기회이기 때문에 즐거운 것이며 그것은 평등에 대한 희망이다. 사랑의 가장 소중한 희망은 서로가 평등해지려는 것이다. 그것의 두려움이란 우월하게 남아 있으려 하는 것이다. 다른 사람이 갖고 있지 않은 특권을 지키려 하는 것이다.

어린 시절의 아름다운 우정의 특성은 불평등이 어린이들에게 큰 힘이 된다는 것이다. 불평등은 여망과 교환과 상부상조를 위해 있어야 한다. 아이들을 보라. 그들의 우정을 멋지게 만드는 것은 성격과 행동의 유사성에서 드러나는 그들의 정신과 문화의 불평등이다. 약한 아이는 굴종하거나 질투하지 않으면서 강한 아이를 따른다. 기쁨 속에 강한 아이의 말을 듣고 즐거움 속에 그를 모방한다.

무슨 말을 한다고 해도 사랑보다 우정이 발전의 수단이다. 우정과 마찬가지로 사랑도 의심의 여지없이 깨우침이지만 사랑은 그것이 결합시키는 사람들이 서로를 본받도록 만들지 못한다. 연인은 성별과 본성이 다르다. 둘 중 진보가 덜 된 자가 상대방을 닮기 위해 많이 변할 수는 없다. 상호동화의 노력은 곧 중단된다.

어린 소녀들 사이에서는 경쟁심이 일찍 깨어나지만 소년들 사이에서는 늦다. 이 슬픈 감정을 일으키기 위해서는 초등학교와 중등학교에서 교사의 온갖 노력이 필요하다. 이런 점에서 인간은 관대하고 영웅적으로 태어난다. 그에게는 질투를 가르쳐야 한다. 그것은 저절로 알아지지 않는다.

아! 그는 얼마나 옳으며, 그는 얼마나 많이 얻는가? 사랑은 계산하지도 측정하지도 않는다. 사랑은 수학적으로 엄밀한 평등을 계산하지 않으며, 그것은 결코 얻어질 수 없다. 사랑은 그것을 능가하려 한다. 사랑은 자연의 불평등에 맞서 정반대의 방향으로 불평등을 만들어내는 경우가 아주 흔하다. 예컨대 남자와 여자 사이에서 사랑은 강자로 하여금 약자의 하인이 되기를 원하도록 만드는 것이다. 가족이 커지고 아이가 태어나면 그 특권은 새로 태어난 자에게 떨어진다. 자연의 불평등은 강한 자인 아버지를 옹호한다. 사랑에 의해 대체된 불평등은 약한 자를 옹호하며, 따라서 가장 약한 자를 최고로 만든다.

이런 것이 자연적인 가정의 아름다움이다. 인위적인 가정의 아름다움이란 의지로 선택한 입양한 아들을 더 옹호하는 것으로서 자연적인 아들보다 그를 더 소중하게 여기는 것이다. 나라가 추구해야 할 이상이란 강한 자가 약한 자를 받아들이는 것으로서, 약자에게 혜택이 돌아가는 불평등이어야 한다.

아리스토텔레스는 플라톤에 반대하여 다음과 같이 좋은 말을 했다. "국가는 비슷한 사람이 아니라 다른 사람들로 구성되어야 한다." 나는 이렇게 덧붙이겠다. "다르지만 사랑에 의해 조화를 이루고 더욱더 비슷하게 바뀐 사람들로." 민주주의란 국가 내부의 사랑이며 깨우침이다.

로마시대건 봉건시대건 후견에 의한 깨우침은 인위적이며 상황의 결과이다.[3] 우리는 자연적이고 불변하는 인간 사이의 관계로 되돌아가야 하는 것이다.

그 관계란 무엇인가? 아주 멀리서 찾으려고 하지 말라. 감정의 노예가 되거나 고된 고육에 의해 파괴되거나 경쟁심에 의해 까다로워지기 이전의 사람을 보기만 하면 된다. 사랑 이전의 질투 이전의 그를 찾으라. 그에게서 무엇을 찾으려 하는가? 모든 것 중에서 가장 자연스러운 것이자, 최초의 (그리고 최후가

3_ 〔원주〕 고대건 봉건시대건 후견인제도는 돌아오지 않을 것이고 돌아와서도 안 된다. 우리는 평등하다고 느낀다. 게다가 사람이 언제나 사람에게만 눈을 두어 그 사람의 그림자이자 슬픈 복사판이 되어버리는 편협한 의존관계 속에서 인격과 독창성은 무한한 손상을 받는다. 남작들이 화로 근처에 앉아 있고 다음으로 목사, 집사, 다른 봉신들이 문 앞까지 앉아 있는 긴 식탁의 끝에는 주방의 어린 소년이 서 있으면서 먹는 사람들을 위해 시중을 든다. 그곳은 모방이 아래로 전해지는 학교였다. 각자는 자기 옆의 높은 사람을 복사하면서 배운다. 그들의 감정은 굴종적이지 않았지만 그들의 정신은 굴종했다. 이러한 모방을 통한 굴종이 중세가 늦게까지 지체되면서 그리도 오래도록 그들을 메마르게 만들었다.

되기도 바라는) 그 무엇을 찾을 것이다. 그것이 우정이다.

나는 곧 늙을 것이다. 나이 외에도 나의 위에서는 다양한 사건과 감정과 기억이 뒤죽박죽이 되어 나의 삶과 세계로 들어가려고 하는 2, 3천 년의 역사가 짓누르고 있다. 좋다. 그 무수히 많은 위대한 사건과 쓰라린 사건들 중에서도 항상 젊고 신선하고 꽃이 피어나는 한 가지가 지배하고 승리를 거둔다. 그것은 나의 첫번째 우정이다.[4]

나는 어제 일어났던 일보다 그 우정을 더 잘 기억하는데, 그것은 소통과 신뢰와 깨우침을 향한 거대하고 지치지 않는 욕망이었다. 어떤 말도 어떤 글도 충분하지 않았다. 한참을 함께 산책한 뒤에도 서로의 집까지 배웅해주고 다시 배웅해주곤 했다. 할 말이 그리도 많은 날이 돌아오면 얼마나 즐거웠던가! 나는 힘차고 자유롭게 집을 일찍 나와 빨리 이야기를 하며 대화를 재개하면서 많은 일들을 털어놓기 위해 조바심을 냈다. "할말이 무슨 비밀이지? 무슨 신비로운 일이 있었지?" 내가 무엇을 알까? 어쩌면 어떤 역사적 사실, 또는 얼마 전에 배운 베르길리우스의 시 구절 정도겠지.

4_ 2부 4장 주9)에서도 언급했듯 이 첫번째의 우정은 폴 푸앵소와 나눈 것이었다. 의학도였던 푸앵소가 1821년에 사망한 사실은 미슐레에게 큰 상실감을 안겨주었다. 푸앵소는 미슐레의 지적인 친구이자 인간적인 친구였다.

내가 시간조차 잊었던 일은 얼마나 많았던가? 나는 새벽 네시나 다섯시에 찾아가서 문을 두드리고 누군가 문을 열게 하여 친구를 깨우곤 했다. 모든 것들이 찬란했고 날아다니는 것 같았던 그 아침의 생생하고 경쾌한 여명을 어떻게 말로 표현할 수 있겠는가? 나라는 존재에 날개가 달린 것 같았다. 나는 지금도 새벽과 봄과 섞여 있는 것 같았다는 인상을 갖고 있다. 나는 여명 속에서 느끼고 살았다.

나이는 유감스러운 것. 그 시절은 증오와 경멸과 저열함을 모르던 지상의 참된 천국, 불평등을 조금도 알지 못했던 정말로 인간적이고 정말로 신적인 세상이었는데. 그 모든 것이 빨리 지나간다. 오는 것은 이익과 경쟁과 적대감. 그럼에도 불구하고 만일 교육이 사람들을 나눠놓는 것이 아니라 연결시키려고 애쓴다면 그 천국의 일부라도 남아 있을 것이다.

가난한 어린이와 부유한 어린이 둘이서 같은 학교의 벤치에 앉아 있을 수만 있다면, 그들이 삶의 이력에 의해 나뉘어졌다 할지라도 우정에 의해 연결되어 있는 그들이 더 자주 만나게 된다면, 그들은 세상의 모든 정치가들이나 모든 도덕 교육보다 더 많은 일을 할 수 있을 것이다. 그들은 사심 없고 순진무구한 우정 속에서 좋은 나라의 신성한 유대를 보존할 수 있을 것이다. 부유한 친구는 삶과 불평등을 알게 되면서 몸서리를 칠 것이다. 그는 가난한 친구와 함께 나누기 위해 모든 노력을 할 것이다. 가난한 친구는 큰 마음을 갖고 친구가 부자라는 사실을 위로해줄 것이다.

삶을 알지 못하면서 어떻게 살 수 있는가? 이제 삶은 단지 고통을 받고 일을 하고 가난해져야 한다는 한 가지 대가를 치러야만 알 수 있게 되었다. 그렇지 않다면 마음의 공감을 통해 자발적으로 일과 고통에 참여함으로써 스스로 가난해져야 한다.

세상의 모든 학문을 갖춘 부유한 사람이 무엇을 더 알아야 할 것인가? 편한 삶을 살고 있다는 것만으로도 그는 세상의 엄하고도 심원한 현실에 대해 알지 못한다. 알려 하지도, 도우려 하지도 않으면서 그는 얼음 위를 미끄러지듯 달려간다. 그는 결코 들어가지 않고 밖에서만 겉돈다. 이 외형적이고 표피적인 분주한 실존 속에서 그는 내일 목적지에 도달하겠지만 무지 속에 그가 출발했던 무지 상태로 다시 돌아가게 될 것이다.

부유한 사람에게 결여되어 있었던 것은 그의 영혼이 기댈 수 있고 삶과 지식 속으로 파고들어갈 수 있는 견고한 지점이었다. 그와 반대로 가난한 사람은 하늘이건 땅이건 볼 수가 없는 불투명한 지점에 고정되어 있다. 그에게 결여된 것은 하늘로 상승하고 하늘을 숨쉬고 하늘을 바라볼 능력이다. 숙명적으로 그 자리에 붙박여 있는 그는 자신의 실존과 고통까지도 확대시키고 일반화시킬 필요가 있다. 그리하여 그가 고통을 받고 있는 그 지점으로부터 떨어져 살아야 할 필요가 있는 것이다. 그에게 무한한 영혼이 있는 한 그것을 무한히 확대시켜야 할 필요가 있다. 그에겐 어떤 수단도 결여되어 있다. 법으로도 이룰 수 있는 것은 없다. 필요한 것은 우정이다. 교양이 높고 사색을 좋아하는 여유 있는 사람은 포로가 된 그의 영혼이 세계와 관련을 맺도록 다시 위치시켜야 할 필요가 있다. 그 영혼을 변화시켜야 할까? 아니, 단지 그 영혼 스스로 영혼이 되도록 도와주는 것으로 족하다. 날개를 다는 것을 막는 장애물을 제거하는 것으로 족하다.

그 둘 모두가 상대방을 발견함으로써만 해방될 수 있다는 것을 이해한다면 이 모든 것은 아주 쉬워진다. 오늘날 추상과 공식의 노예가 된 학문과 교양의 인간은 본능의 인간을 접촉함으로써 자유를 다시 찾을 수 있다. 멀리 여행을 떠남으로써 새로워지려고 하는 사람에게 젊음과 삶은 오히려 가까이에 있다. 그것은 젊은 사회 속에, 말하자면 민중 속에 있는 것이다. 반면 무지와 고립이라는 감옥에 갇힌 민중은 지평을 넓혀 자유로운 공기를 다시 찾아야 한다. 그들은 학문과 소통을 하면서 앞서 살았던 그 사람들이 인간성의 축적을 위해 했던 모든 노력을 질투 때문에 낮춰보려 하는 대신 존중해야 한다는 것이다.

이렇듯 강력하고 진지하게 서로를 돕는 문화는 서로에게서 찾을 수 있는 것으로서 양측 모두의 참된 고결함을 전제로 한다. 우리는 그들의 영웅주의에 호소한다. 인간에게 그것보다 더 가치 있는 것이 무엇이겠는가? 자신으로 다시 돌아와 신의 가호와 함께 다시 격상된 그에게 그보다 더 자연스러운 것이 무엇이겠는가?

가난한 사람의 영웅주의란 질투심을 희생시키는 것이다. 부유한 자들의 재산이 옳게 획득한 것인지 아닌지를 묻고자 하지 않는 것 자체가 그들의 가난보다 훨씬 고결하다. 부자의 영웅주의란 가난한 사람들의 권리를 이해하고 그들을 사랑하며 돕는 것이다.

"영웅주의? 그것은 가장 단순한 의무 아닌가?" 물론이다. 그렇지만 그것이 의무이기 때문에 마음은 위축된다. 우리 본성의 슬픈 나약함이여. 우리는 아무것도 빚진 것이 없는 사람을, 우리에게 어떤 요구도 하지 않는, 버려지고 공격도 하지 못하는 사람을 사랑하는 경우가 드물다.

마음은 양쪽에서 확대되어야 한다. 사람들은 권리와 의무를 통해 민주주의를 받아들였고, 법을 통해 죽은 법만을 만들었다. 이제 은총을 통해 법을 다시 세우자.

당신은 말한다. "그것이 우리에게 무슨 의미가 있단 말인가? 우리는 교활하게 작성되고 배려된 아주 현명한 법을 만들어서 사랑의 필요가 없게 만들 것인데." 그러나 현명한 법을 원하고 그것을 따르기 위해서는 먼저 사랑을 해야 한다.

"어떻게 사랑을 할 수 있지? 당신은 우리들 사이에 이해관계의 넘을 수 없는 장벽이 있는 것을 보지 못하는가? 우리가 싸우고 있는 억누르는 경쟁 속에서 실로 우리는 경쟁자들을 도우며 단순하게 살 수 있는가? 내일이면 우리의 경쟁자가 될 그들에게 오늘 우리의 손을 내밀 수 있는가?"

아, 슬픈 고백이다. 약간의 돈을 위해, 곧 잃게 될 비참한 자리를 위해 당신은 인간의 보물을 내어준다. 내부의 선하고 위대한 것을 모두를, 우정과 조국과 마음의 참된 삶을 내어준다.

아, 불행한 인간이여. 그리도 가까우면서 그리도 먼 혁명이여! 당신들은 벌써 세계에서 가장 뛰어난 그 사람들을 잊었는가? 엄청난 열정을 갖고 그 불멸의 죽음을 향해 서로 간에 경쟁을 벌이듯 격정적으로 돌진하던 그 젊은 장군들을 잊었는가? 가장 강렬한 사랑을 사람들의 마음속에 불붙이는 아름다운 승리의 여신 빅토리아만이 그들의 격렬한 대적자가 아니었는가? 그들이 질투심을 느꼈던가? 방데의 정복자[5]가 자신의 능력과 인기를 동원하여 이미 나폴레옹이 아르콜라[6]의 정복자로서 두려워할 인물이 되었다는 것을 숨겨 그를 보호하려 했던 영광스러운 편지는 언제나 남아 있을 것이다.[7] 아, 얼마나 위대한 시기였고, 얼마나 위대한 인간들이었는가! 모두가 그 앞에 굴복해야 할 참된 정복자들이었다. 당신들은 세상을 정복하는 것처럼 손쉽게 질투도 정복했다. 어디에 있든, 고귀한 영혼이여, 우리를 구하기 위해 그 정신의 숨길을 우리에게 주기를.

5_ 프랑스 서해안의 방데 지역은 프랑스혁명에 반대하는 반혁명이 일어났던 장소이다. 방데의 정복자는 반혁명의 진압을 위해 사령관으로 임명되었던 루이 라자르 오슈(Louis Lazare Hoche: 1768~1797)를 가리킨다.

6_ 베로나 남쪽 25킬로미터 정도에 위치한 아르콜라에서는 1796년 11월 15일부터 17일까지 프랑스와 오스트리아 사이에 전투가 벌어졌다. 여기에서 나폴레옹이 이끄는 프랑스 육군이 오스트리아군에 승리를 거뒀다.

7_ [원주] 보나파르트가 누구와도 상의하지 않고 평화나 전쟁을 결정할 휴전을 승인하거나 거절했고, 재정관의 개입이 없이 라인강의 육군에 직접 지원을 함으로써 이탈리아의 주인이자 중재자처럼 행동함으로써 의심을 사게 되었다는 사실은 잘 알려져 있었다. 그가 부대원들 앞에서 체포되리라는 보도가 돌아다녔다. 오슈는 보나파르트를 옹호하기 위해 경찰청장에게 편지를 보냈는데 그 편지가 공개되었다. 그 편지에서 오슈는 그 보도가 돌아다니게 된 책임을 왕당파에게 물었다. "왜 보나파르트가 그 신사들의 분노의 대상이 되어야 하는가? 그가 방데미에르의 전투에서 그들을 물리쳤기 때문인가? 그가 왕의 군대를 붕괴시키고 공화국에게 전쟁을 영광스럽게 종식시킬 수단을 제공했기 때문인가? 아, 용감한 젊은이. 당신을 본받음으로써 자신을 불태우려 하지 않을 공화국의 용사가 어디에 있겠는가? 용기를 가지라, 보나파르트여. 우리의 승리의 부대를 나폴리로 빈으로 보내라. 왕에게 굴욕을 줌으로써 개인적인 적들에게 대응하라. 우리의 무기에게 새로운 광택을 주고 당신의 영광을 돌볼 일은 우리에게 맡기라." ([역주] 방데미에르는 프랑스혁명 당시 혁명 정부에서 만든 달력에서 '포도의 달'을 가리킨다. 그 13일에 파리에서 혁명군과 왕당파의 전투가 있었고, 거기에서 나폴레옹이 신속하게 조치를 취함으로써 반혁명이 저지되었다.)

2
사랑과 결혼에 대하여

사랑과 결혼이라는 주제를 단 몇 페이지로 다루려고 한다면 그 중요성에 비해 가볍게 본다는 느낌을 갖지 않을 수 없다. 그렇지만 나는 현재 우리의 관행에 기본적인 것에 대해 한 가지만 고찰하는 것으로 만족하겠다.

시민도 아니고 박애주의자도 아닌 우리들은 조국에 대해서도, 세계에 대해서도 무관심하지만 우리의 이기심을 피할 수 있는 것처럼 가장할 수 있는 한 가지가 있으니, 그것은 가족이다. 가족의 좋은 아버지가 된다는 일은 자랑해야 할 미덕이며, 때로는 큰 혜택이 되기도 한다.

그렇지만 상층계급에서 가족이 병들었다는 사실은 인정해야만 한다. 지금 같은 일들이 지속된다면 가정은 불가능하다.

사람들은 남자를 비난해왔고, 거기에는 이유가 있다. 나 자신도 다른 곳에서 남자들의 물질주의와 무미건조함에 대해 말했을뿐더러, 그들은 태어난 첫날부터 높은 곳에 있지만 현저하게 솜씨가 떨어져 그 지위를 잃게 되었다는 사실에 대해 말했었다.[1] 그렇지만 더 큰 잘못은 여자들에게 있다는 것도 받아들여야 한다. 나는 어머니들에 대해 말하는 것이다. 그들이 딸들에게 하는 교육이나 딸들이 받도록 하는 교육은 결혼을 견딜 수 없는 부담으로 만든다.

우리가 보고 있는 것은 로마제국의 말년을 너무도 많이 상기시킨다. 로마제국시대에 상속을 받을 수 있게 된 여자들은 부자가 되자 남편들을 돈으로 지배하려 함으로써 그들의 상황을 비참하게 만들었다. 어떤 금전적인 혜택이나 법적인 조치로도 그들이 굴종 상태에 예속되도록 만들 수는 없었다. 그들은 차라리 사막으로 도주하기를 원했다. 그리하여 테바이드[2] 사막 지역에 사람들이 살게 된 것이다.

인구감소를 두려워했던 입법자들은 사람들이 받아들이기만 한다면 가장 낮은 부류라 할지라도 법 규정을 통해 옹호해주어야 했다. 로마제국보다 훨씬 더 산업화가 된 우리의 사회에서도 결혼에 대해 깊은 생각을 하지 않는다면 아마도 똑같

1_ 다음을 참고할 것. Jules Michelet, *Du prêtre, de la femme, de la famille*, 1845.

2_ 고대의 상이집트 지역의 명칭이다. 이집트의 수도 테베와 가까운 사실에서 그 명칭이 유래했다. 사막으로서 기독교의 은둔 수도자들이 이곳에 거주했다.

은 일이 일어날 것이다. 오늘날 우리 사회의 남자들은 로마인들이 혐오했던 그러한 상황을 욕정이나 필요에 의해 받아들이고 있다. 확실하지 않은 추측에 불과하기를. 젊은 아내들은 그들이 많은 것을 갖고 온다는 것을 알고 있지만 그들은 돈의 가치를 조금도 알지 못하면서 갖고 온 것보다 더 많이 쓰고 있다. 최근의 사건들과 재산의 역전을 고려한다면 나는 이렇게 말하고 싶을 정도이다. "망하고 싶은가? 부유한 여자와 결혼하라."

조건과 교육 수준이 낮은 여자를 아내로 맞아들이는 것에 따르는 불편함을 나는 모두 알고 있다. 첫번째는 우리가 주변 환경을 떠나 인간관계를 끝내며 고립되어야 한다는 것이다. 두번째로 우리는 여자 한 명이 아니라 그 가족과도 결혼하는 것이기 때문에 그 가족의 관행이 조야한 경우가 흔하다는 것이다. 우리는 우리 자신을 위해서라도 그녀를 우리처럼 만들어서 격상시키려고 희망할 수 있다. 그러나 행복한 본능을 갖고 순응하려 한다고 하여도 결코 스스로를 격상시키지 못하는 경우가 많다. 강인하지만 완고하고 거친 사람들에게 뒤늦게 가르치려고 시도한다 해도 성공하는 일은 드물다.

이러한 불편함을 감안한다 할지라도 나는 그에 못지않게 심각한 불편함인 오늘날의 화려한 결혼의 문제로 되돌아가야 할 필요를 느낀다. 단순히 말해 그러한 결혼에서는 삶이 불가능하다는 사실을 가리킨다.

그러한 삶은 하루의 일이 끝난 뒤 그보다 더 피곤하게 만드는 쾌락과 여흥의 저녁이 시작한다는 사실에 달려 있다. 유럽의 어떤 나라에서도 이와 비슷한 일은 결코 일어나지 않으며, 민중에게 있어서도 그와 비슷한 일은 없다. 프랑스에서 부유한 계급은 세계에서 유일하게 쉬지 않는 사람들이다. 아마도 그것이 새로 부자가 된 사람들인 부르주아가 어제 태어난 계급이면서 벌써 지쳐버린 주된 이유일 것이다.

시간이 무한한 가치를 갖고 있는 이 노동의 시대에 결과를 원하는 진지하고 생산적인 사람들은 결혼의 조건으로서 엄청난 생활비의 비용을 받아들이지 못한다. 그렇듯 여자와 외출하기 위해 허비되는 밤은 다음날을 앞서서 파괴하는 것이다.

밤에 사람에게 필요한 것은 잠자리와 휴식이다. 그는 수심에 가득차 집으로 돌아온다. 그는 자신의 생각과 계획과 낮의 투쟁을 정리하고 확인하여 자신의 마음을 털어놓을 곳을 가져야 할 필요가 있다. 그런 그가 아무 일도 하지 않고 자신의 모든 힘을 치장하고 외출하기에 마음이 급한 여자를 만난다. 그 여자는 어떤 방식으로 그에게 말할까? "괜찮아요. 우리는 늦었어요. 시간이 없어요. 그런 얘기는 내일 하죠."

그는 가야 한다. 아니면 더 나이가 많은 그녀의 여자 친구에게 맡겨야 하는데, 그야말로 분란을 일으키는 저열한 인물일 수 있기 때문이다. 그 여자는 아마도 남편이 폭군이라며 맞서야 한다고 부추기면서 그녀를 타락시키고 그녀를 가장 비참한 어리석음에 들어서게 하는 것에서 큰 즐거움을 얻으려 할 것이다.

그는 그렇게 의심스러운 안내자에게 그녀를 맡길 수는 없다. 그리하여 그는 스스로 그녀를 맡아 함께 외출한다. 그는 일을 마치고 늦게 집으로 돌아오는 노동자를 얼마나 부러워할 것인가. 그 노동자는 낮에 많이 지쳤지만 곧 집안에서 휴식과 가족, 그리고 마지막으로는 신이 밤마다 부여하는 정당한 선물인 잠을 찾게 될 것이 사실이다. 아내는 그를 기다리면서 몇 분 뒤에 올지 꼽는다. 식탁이 준비되어 있고 어머니와 아이들도 돌아오는 그를 맞는다. 그에게 약간이라도 가치가 있다면 그것은 아내의 허영이 남편만을 향하고 있다는 것이다. 아내는 그를 찬양하며 존경한다. 게다가 얼마나 잘 챙겨주는가. 아내가 남편이 눈치채지 못하게 변변치 못한 식사를 하면서도 자신의 몫은 최소한으로 낮추는 것을 나는 안다. 그렇게 아낀 것을 남편 몫으로 챙겨주며, 고된 일을 했던 남편은 원기를 되찾는다.

그는 잠자리에 든다. 아내는 아이들을 재운다. 그녀는 늦게까지 일한다. 남편이 눈을 뜨기 전 훨씬 이른아침에 그녀는 일어나 있다. 모든 것이 준비돼 있다. 그는 따뜻한 식사를 먹고 싸주는 것은 갖고 간다. 그는 아내와 잠자는 아이들에게 키스를 한 뒤 흡족한 마음으로 근심 걱정 없이 집을 나선다.

내가 했던 그 말을 다시 하겠다. 행복은 여기에 있다. 아내는 남편의 지지를 받는다는 것을 알고 있으며 행복하다. 남편은 아내를 위해 일한다는 것을 아는 만큼 더 열심히 일한다. 이것이 참된 결혼이다. 누군가는 단조로운 행복일 뿐이라고 말한다. 그렇지만 아이들이 행복을 증진시킨다. 만일 최고의 불꽃이 추가되어 안정과 여유가 약간 더 생긴 남편이 교양높은 삶의 어떤 순간을 갖게 되어 그런 곳에 아내를 동반자로 대동하고 자신의 재치로 아내를 함양시키려 한다면, 그것은 지나친 일일 것이다. 우리는 이 낮은 곳의 영원한 행복밖에 하늘에 더 바라는 것이 없다.

욕정의 슬픈 희생자들이여, 당신들은 이런 행복을 소유할 수도 있었다. 당신들이 그것을 희생시켰을 뿐이다. 당신이 사랑했고 당신을 사랑했던 그 소박한 여자를 당신은 버렸다. 지금에야 아쉬워할지 모른다. 명예와 인간성은 차치하고 노예제와 결혼하기 위해 그 불쌍한 파멸시키고 당신의 마음까지 파멸시킨 것이 현명한 일인가? 당신이 추구하는 돈은 저절로 새어나가버리고 당신 손에 남는 것은 없을 것이다. 계산속에서 배태된 이 사랑 없는 결합의 자식들은 창백한 얼굴에 그들의 슬픈 기원을 담고 있다. 조화를 이루지 못하는 그들의 삶은 이러한 결혼이 내부적으로는 이혼과 다름없다는 사실을 증언한다. 그들은 살아갈 마음을 갖지 못한다.

그 두 여자들 사이의 차이가 정말로 그렇게 클까? 결국은 그 둘 모두가 민중 출신이 아닌가? 부유한 여자는 부자가 된 노동자가 아버지였을 뿐이다. 섞이지 않은 진짜 민중과 부르주아와 섞인 민중 사이에는 큰 간격이 있지 않다.

만일 부르주아계급이 그리도 일찍 고갈되었던 상태로부터 회복되기를 원한다면 그들의 어제와 비슷했던 오늘의 그 가족들과 결합되는 것을 두려워하지 말아야 한다. 그곳에 힘과 아름다움과 미래가 있다. 우리의 젊은이들은 늦게 결혼하고 이미 지쳐 있고, 대체적으로 창백한 젊은 여자들과 결혼한다. 그들 사이의 아이들은 일찍 죽거나 병약하게 살아간다. 두세 세대가 지나면 부르주아는 혁명 이전의 귀족들만큼이나 노쇠해질 것이다.[3]

육체만 허약해지는 것이 아니라 정신까지도 낮아진다. 돈을 위한 결혼에 자신을 팔고, 아내와 가족의 노예가 되어 사방에서 불어오는 바람에 자신의 삶과 시간을 던져 허비해야만 하는 사람에게 진지한 업무나 위대한 발명을 위한 어떤 일을 기대할 수 있겠는가. 지배계급이 헛된 말과 공허한 선동에 진력하는 나라의 미래가 어찌될 것인지 상상해보라. 삶에 생산성이 있기 위해서는 평정한 정신과 마음의 휴식이 필요하다.

우리 시대의 괄목할 만한 사실 중 하나는 결코 남성들처럼 조야하지도 않고 섬세함과 탁월함의 필요성을 절감하고 있는 여성들이 자신보다 높은 지위에 있는 남성들의 말을 전과는 완전히 다르게 신뢰하면서 듣는다는 것이다. 그들은 귀족은 넘을 수 없는 사랑의 장벽이지만 재산은 계급을 분리하지 못한다고 보고 있다.[4] 사랑을 하면 재산은 별로 중요하지 않은

3_ [원주] 메스트르가 『혁명에 대한 고찰』에서 잘 묘사한 것과 마찬가지이다. ([역주] 조세프 드 메스트르(Joseph-Marie, comte de Maistre: 1753~1821)는 사부아 출신의 철학자로서 왕권신수설에 기초한 군주제를 옹호했고, 반혁명의 핵심적인 인물이었다.)

4_ [원주] 이것은 창의적이고 심오한 것만큼이나 현명한 피에르 르루의 고찰이다. 여기에 얼마나 많은 것들을 추가해야 할 것인가? 우리의 관행의 얼마나 슬픈 측면인가? 나는 가족, 그리고 그중에서도 특히 어머니를 보면 마음이 아프다. 젊은이들을 배신으로 밀어넣다니. 버림받은 젊은 여성이 보호를 기대해야 할 곳은 바로 그 어머니가 아니었던가? 독실한 여성이라면 그 불쌍한 아이를 위한 마음을 무한히 베풀어야 하는 것이 아닌가? 결국 그 여자도 자신의 자식이 될 것이었는데. 그 오만한 세상이 그 여자에게 무어라고 중얼거린들 신 앞에서 무엇이 그리 중요하단 말인가? 여성들끼리 서로를 보호하지 않는다면 우리가 그들에게 어떠한 관심을 보여야 하겠는가? 그들에게는 남성들의 유대보다 훨씬 더 강하게 서로를 연결시켜주는 공통적인 신비가 있는데, 그것은 출산과 모성이라는 신비이다. 그것이야말로 삶과 죽음의 신비로서 그것이 그들을 기쁨과 슬

것이다. 민중의 이러한 신뢰는 얼마나 감동적인가? 가장 선하고 가장 사랑스럽고 가장 친절한 그들은 사회의 상층계급에 그렇게 다가가면서 그들에게 활력과 아름다움과 정신적 우아함을 가져다준다. 아, 그러한 신뢰를 배반하는 남성들에게 저주가 내리기를. 만일 회한이라는 것이 그들에게 닿지 않는 것이라면, 최소한 그들이 이 세상에서 이 하늘과 땅에서 가장 소중한 보물을 잃었다는 것을 생각하며 후회라도 갖게 되기를. 그 보물이란 사랑받는 것이다.

픔의 극단까지 도달하게 만든다. 남성들은 알 수가 없는 그 두려운 신비에 동참하는 것이 그들 모두를 평등하게, 그들 모두를 자매로 만든다. 불평등은 남성들 사이에만 존재한다. 버림받은 여자들을 위해 아들이나 형제에게 청원하는 것이 어머니나 자매가 해야 할 일이다. 결혼이 불가능하다면 최소한 보호하고 감싸줘야 하는 것이다. 이런 것이 없을 때 남자가 결혼하는 정숙하고 젊은 여성은 자신의 선함으로 모든 허물에 대해 속죄하고 숨겨주면서 자신의 손과 가슴을 열어 남자의 첫사랑의 아이들까지 받아들인다. 내가 쓴 루이 오를레앙의 죽음에 관한 역사를 볼 것. ([역주] 피에르 르루(Pierre Henri Leroux: 1797~1871)는 프랑스의 철학자이자 경제학자로서 일반적으로 유토피아 사회주의자로 분류된다. 루이 오를레앙(Louis I d'Orléans: 1480~1516)의 죽음은 미슐레의 『프랑스 역사』 제4권에 나온다. 미슐레의 주의 마지막 내용은 루이 오를레앙의 아내 발랑틴의 행적을 가리킨다.)

3

결사에 대하여

나는 오래도록 프랑스의 옛 결사에 몰두했었다. 내 생각엔 그 모든 결사 중에서 가장 훌륭한 것이 아르플뢰르와 바르플뢰르 해안에 있는 어망이다.[1] 그 각각의 거대한 그물은 120브라스[2] 즉 600피트에 달하는데, 몇 개의 부분으로 나뉘어져 있고 그것은 아들은 물론 딸에게도 상속된다. 이 권리를 물려받은 딸들은 직접 어획에 나서지 않고 어부들에게 맡겨놓은 그들 몫의 그물을 수선하면서 그들을 도와준다. 아름답고 현명한 노르망디의 딸들은 그렇게 지참금을 그물로 건진 것이었다. 그녀 몫의 그물이야말로 정복왕 윌리엄[3]의 아내가 신중하

1_ 아르플뢰르(Harfleur)와 바르플뢰르(Barfleur)는 각기 프랑스의 노르망디에 있는 어촌이다.

2_ 브라스(brasse)는 한 길 정도의 길이를 말하는데, 대략 1.6~1.8미터에 달한다.

3_ 정복왕 윌리엄은 윌리엄 1세(1028~1087)의 별명으로서 노르망디 출신의 그는 1066년 노르만인들을 이끌고 영국을 침공했다. 그의 아내는 플랑드르의 마틸

게 관리한 봉토나 마찬가지였다. 그녀는 상속권은 물론 자신의 노력을 통해서도 땅을 이중적으로 소유한 지주였다. 그녀는 출항의 세부 사실에 대해 잘 알아야 했다. 출항에 따르는 위험도 잘 알고 있었던 그녀는 선원의 선택에도 관심을 두면서 그 위험한 삶에 대한 불안감까지도 공유했다. 때로 그녀는 그물보다는 배에 더 많은 위험을 무릅쓰기도 했다. 출항할 때 그녀가 선원으로 선택했던 사람이 돌아올 때는 그녀를 아내로 선택하는 경우도 종종 있었다.

참으로 지혜의 나라가 아닐 수 없다. 여러 면에서 프랑스와 영국의 모범이었던 이 노르망디가 내게는 다른 어느 곳보다도 미래에 주목을 받아야 하는 결사의 형태를 찾았던 것처럼 보인다.

이들의 결사는 쥐라[4]의 치즈 제조업자들의 결사와 사뭇 다

다였다. 윌리엄이 원정으로 부재시에 마틸다는 섭정으로 지배했다.

4_ 〔원주〕 유토피아 사회주의자 푸리에(François Marie Charles Fourier: 1772~1837)가 이들의 사례를 많이 인용했다. 나는 역사와 전통의 인간이다. 따라서 나는 "절대적으로 동떨어진 것"(écart absolu)의 길만을 통하여 나아가겠다고 호언하는 사람에 대해서는 할 말이 없다. 민중에 대한 나의 책은 조국에 대한 관념에, 바꾸어 말해 헌신과 희생의 관념에 바탕을 두고 있기 때문에 푸리에가 말하는 "열정적 매력"(attraction passionnelle)의 원리와는 아무런 관련이 없다. 그럼에도 불구하고 나는 이 기회를 통해 온 생애를 인류의 행복을 위해 몰두했던 이 오해받고 있는 천재의 영리하고 심오하고 때로는 대단히 실용적인 관점에 대한 경탄을 표명한다. 언젠가 나는 내 마음이 끌리게 되면 그에 대해 말할 것이다. 그가 유물론을 과시하다시피 내세우면서 영적이고 절제적이고 사심 없는 삶을 강조한다는 유별난 모순을 보이고 있다. 이러한 모순은 최근에 다시 모습을 보이면서 그의 제자들의 찬양을 받고 있다. 미덕과 종교의 친구

르다. 그곳에서는 사람들은 단지 투자와 배당만을 위해 결사를 한다. 그곳에서 사람들은 각기 자신의 우유를 갖고 와서 함께 치즈를 만든 뒤 판매 대금을 비율에 따라 분배한다. 이러한 집단 경제는 어떤 정신적 연대도 요구하지 않는다. 그것은 이기주의를 방기해두고 개인주의의 메마름으로 타락시킨다. 거기에는 '결사'라는 훌륭한 이름을 붙일 자격이 없는 것 같다.

그렇지만 노르망디 어부들의 결사는 충분히 그 자격이 있다. 그것은 경제적인 것만큼이나 도덕적이고 사회적이다. 그 바탕에는 무엇이 있을까? 젊고 진지하고 정직한 여자가 자신의 마음을 걸기 이전에 일과 밤샘과 약간의 저축이라는 전 재산을 배에다 건다. 그녀에게는 솜씨 좋은 어부를 알아보고 선택하고 사랑하여 행복하게 만들 권리가 있다. 여기에 이름에 걸맞은 결사가 있는 것이다. 가족이라는 자연적인 결사를 배제하기는커녕 여기에서는 그 연결고리를 준비한다. 그렇게 함

로서 그 필연적 수호자이자 공공 도덕을 옹호하는 보수주의자들이 유유자적하는 것이 확실한 무리들로부터 세를 늘리려 하는 반면 이익과 돈과 쾌락만을 말하는 푸리에의 제자들이 이익을 발아래에 두고 밟으면서 용감하게도 증권시장의 바알을 두드려패고 있다. 바알? 아니다. 인간을 집어삼키는 우상 몰록신이다. ([역주] 쥐라(Jura)는 프랑스 동부의 산악 지방이다. 쥐라산맥에서 그 이름이 유래했다. 푸리에가 태어난 브장송이 쥐라 지역에 있다. 바알은 본디 동방에서 풍요의 신이었는데 이제는 일반적으로 악마를 가리키는 말로 바뀌었다. 몰록신은 페니키아 지방에서 아이들을 희생물로 요구한다고 알려져 있는 신이다.)

으로써 그것은 더 큰 결사, 즉 조국이라는 결사에 도움을 주는 것이다.

여기에서 나의 심장은 멎고 나의 펜은 멈춘다. 현재로서는 조국과 가족이 결사로부터 도움을 받는 것이 적다는 것을 받아들여야만 한다. 곧 이 어망의 결사는 역사 속에서만 존재하게 될 것이다. 그 해안의 많은 곳에서 그것은 다른 모든 곳에서 모든 것을 대체하고 있는 것에 의해, 즉 은행과 고리대금에 의해 대체될 것이다.

노르망디의 어부들이여! 당신들이 처음으로 아메리카를 발견했고 아프리카의 식민지를 건설했고 시칠리아섬 두 개와 영국을 정복했다. 이제 나는 바요 태피스트리[5]에서만 당신들을

5_ 바요 태피스트리(Tapisserie de Bayeux)는 1066년 정복왕 윌리엄이 헤이스팅스전투에서 영국을 정복하기까지 사건들을 묘사한 70미터 길이에 달

찾아볼 수 있는가? 낭떠러지에서 모래언덕까지, 우리의 생기 없는 해안에서 활기찬 맞은편의 해안까지, 셰르부르[6]의 무기력으로부터 포츠머스[7]의 타오르듯 두려운 활동까지 지나쳐 둘러보면서 누가 가슴을 찌르는 듯한 감동을 받지 않겠는가? 르아브르[8]가 프랑스에 이익을 주지도 못하면서, 아니 때로는 해를 입히면서 프랑스를 지나가는 미국의 교역선으로 가득차 있다 한들 무슨 상관이 있겠는가?

이것은 얼마나 암울한 저주인가? 우리의 비사교성에 대한 전정 엄한 형벌이 아닐 수 없다. 우리의 경제학자들은 자유로운 결사를 위해 할 수 있는 일이 없다고 선언했다. 우리의 대학에서는 결사라는 단어 자체를 공채 시험 목록에서 지워버렸다. 그 이름은 우리의 형법으로 처벌할 수 있는 범죄에 속했다. 단지 유일하게 합법적인 결사만이 남아 있는데, 생클루와 윈저 성 사이의 긴밀한 유대관계는 증진되고 있다.[9]

하는 태피스트리이다. 1476년 바요대성당의 물품조사에서 발견되었고, 현재는 노르망디의 바요시에 있는 바요 태피스트리 박물관에 보존되어 있다.

6_ 〔원주〕 셰르부르의 무기력함이란 해상 활동의 무기력함을 가리킨다. 반면 그곳에는 미장공들이 많다. 한 기술자는 제방을 훌륭하게 완성시켰다. (〔역주〕 셰르부르는 프랑스 북부의 해안 도시이다.)

7_ 포츠머스는 영국 남동부 햄프셔 지방의 항구 도시이다.

8_ 르아브르(Le Havre)는 프랑스 북부의 항구 도시이다.

9_ 생클루(Saint-Cloud)는 파리 서쪽 근교로서 프랑스에서 가장 부유한 사람들이 살던 동네이자 프랑스의 지배자들이 거주하던 생클루성이 있던 곳이다. 생클루성은 1870년 보불전쟁 당시 화재로 소실되어 지금은 폐허만이 남아 있다.

상업은 몇몇 회사를 만들어냈지만, 그것은 전쟁과 같아서 중소기업을 흡수하고 소상인을 파괴시키고 있다. 그 회사들은 해는 많이 끼치지만 이윤은 별로 창출하지 못한다. 그러한 희망으로 만들어진 거대한 합자회사들은 별로 성공하지 못했다. 그 회사들은 발전하지 못했다. 새로운 회사가 만들어지면 다른 회사들이 고통을 받고 쇠퇴했다. 이미 몇몇 회사들은 실패했고, 남아 있는 것들도 확장할 조짐은 보여주지 못한다.

지방에서는 모르방,[10] 베리,[11] 피카르디[12]에서 아주 오래된 농업 공동체가 있는데, 그것은 이미 해체되고 있으며, 법정에서 해체를 요구하고 있다. 그것은 몇 세기에 걸쳐 지속되어왔던 것으로서 일부는 번성했었다. 이 결혼한 남자들의 수도원과 같은 곳은 친척지간의 스무 가족 정도를 같은 지붕 아래로 불러모아 선출된 우두머리의 지휘를 받았는데 경제적으로 큰 혜택을 받았음에는 어떤 의심의 여지도 없다.[13]

따라서 본문의 문장은 프랑스와 영국의 왕가 사이의 연대만 강해지고 있다는 뜻이다.

10_ 모르방(Morvan)은 프랑스 중부 산악 지역이다.

11_ 베리(Berry)는 프랑스 중부의 지역 이름이다.

12_ 피카르디(Picardie)는 프랑스 북부의 행정구역이었다. 2016년부터 오드프랑스(Hauts-de-France)에 편입되었다.

13_ 〔원주〕 그러나 이러한 공동체는 개인과 한 가족의 재산을 사랑하는 우리 시대를 규정하는 두 가지 감정에 비추어보면 어색하게 보이는 것도 사실이다. 다음의 진귀한 팸플릿을 읽어볼 것. André-Marie-Jean-Jacques Dupin, *Excursion dans la Nièvre, visite à la communauté des Jault: lettre de M.*

이제 농민들로부터 가장 교양 수준이 높은 사람들로 넘어가면 나는 문학에서 어떤 결사의 정신도 찾아볼 수 없다. 그들의 업적이나 서로에게 보내는 평판이나 찬사로 볼 때 자연적으로 함께 연결되었어야 할 것 같은 그들이 가장 고립된 삶을 산다. 천재성을 공유한다 할지라도 마음끼리 접근하는 데는 도움이 되지 않는다. 나는 문학계에서 인류의 귀족임이 확실하고 그들밖에는 필적하거나 평가를 내릴 사람들이 없는 네다섯 명을 알고 있다. 사람들의 마음속에 영원히 살아 있는 그 사람들이 서로 간에 몇 세기를 떨어져 살았더라면 서로를 알지 못한다는 사실에 유감스러워 했을지 모른다. 그런데 그들은 같은 시대에 같은 마을에서 이웃해 살면서도 서로를 본 적이 없다.

리옹을 순례하던 당시 나는 몇몇 직조공들을 만났었고 으레 하던 대로 그들에게 어려움과 그 해결책에 대해 물었다. 나는 무엇보다도 그들 사이에 견해의 차이가 있다 할지라도 그들이 재료나 경제적 문제를 두고 서로 연대할 수 없는지 물어보았다. 양식이 있고 도덕성도 높은 한 사람이 내가 하고 있는 연구가 진심에서 우러나 선의로 하고 있는 것임을 확인한

Dupin à M. Étienne, 1840. 나의 책 『프랑스 법의 기원』도 참고할 것.

뒤 내가 지금까지 했던 것보다 훨씬 더 길게 설문조사를 끌고 갈 수 있게 해주었다. 그는 "문제란 정부가 제조업자들에 대해 편파적으로 대하는 것"이라고 운을 뗐다. "다음으로는?" "정부의 독점과 독재와 비합리성과……" "그게 전부인가요?" 그는 2분 동안 조용히 있더니 마침내 한숨을 내쉬며 심각한 말을 내뱉었다. "또다른 문제가 있어요, 선생님. 우리는 비사교적입니다."

그 말은 나의 심장을 찔렀고 사형 선고처럼 나를 후려쳤다. 그 말이 정당하고 옳다면 나는 얼마나 많은 이유들을 전제로 받아들여야 하는가! 나는 그 말을 얼마나 많이 되새겼던가! 나는 스스로에게 말했다. "아니, 모든 나라들 중에서 관습은 물론 천재들의 뛰어난 사교성으로 명성 높은 프랑스가 되돌릴 수 없을 정도로 영원히 분리되어 있다니! 그게 사실이라면 우리에겐 살아갈 기회가 남아 있을까? 죽기도 전에 이미 파멸한 것은 아닌가? 우리 안의 영혼이 죽었는가? 독실한 결사로 언제나 칭찬을 받아왔던 우리의 아버지들보다 우리가 더 나쁜가?[14] 사랑과 형제애는 이 세상에서 정말로 끝났는가?"

14_ [원주] 쇠사슬을 갖고 있는 필연성만이 고대의 야만적인 결사를 유지시킬 수 있었다(나의 『프랑스 법의 기원』을 참고할 것. 피를 마시거나 흙 밑에 피를 붓는 것 같은 끔찍한 형태가 있다). 내가 말하는 필연성이란 결속하지 않을 경우 확실하게 파멸하리라는 것이다. 수도원의 결사에서는 우정이란 신으로부터 훔치

이렇게 암울한 생각 속에서 죽어가는 사람이 정말로 죽고 있는지 확인하려고 결심한 것처럼 나는 높은 사람도 아니고 낮은 사람도 아니고, 선하지도 악하지도 않은 한 사람을 진지하게 살펴봤다. 그는 자신의 내부에 여러 계급이 결집된 사람으로서 많은 것을 보고 고통을 받았고, 민중의 생각을 내부에 지니고 있다. 그 사람은 바로 나 자신으로서, 홀로 자발적인 은둔생활을 하고 있지만 그럼에도 사교성과 동정심이 있다.

비슷한 다른 사람들도 많다. 사회의 밑바닥 깊은 곳에는 한결같이 변함없는 사교성이 잠자고 있다. 그 모두는 보존되어 있다. 나는 대중의 말을 듣거나 그들을 보러 갈 때 그들에게서 그 사교성을 느낀다. 그렇지만 요즘에는 그리도 위축된 편안한 사교성을 위한 본능이 억압되고 스스로 자취를 감추려 한들 놀랄 일이 무엇이 있겠는가? 정당에 속고 기업에 착취당하고 정부의 의심을 받는 사교성을 위한 본능은 더이상 움직이지도 않고 아무 일도 하지 않는다. 사회의 모든 힘은 사교성을 위한 본능에 등을 돌린 것처럼 보인다. 돌은 연결시키되 인간은 분산시키라. 그 밖에 그들은 아무것도 모른다.

여기에서 후견인제도는 결사의 정신이 결핍된 곳에 아무것

는 것으로서 엄격하게 금지되어 있었다(나의 책 『프랑스 역사』 제5권을 볼 것).

으로도 채워주지 못한다. 최근에 보이는 평등의 개념이라는 환상은 그에 선행하던 개념을 당분간이나마 살해했다. 그것은 자비로운 보호와 입양과 부성애라는 내용을 갖는 후견인제도였다. 부자는 가난한 사람에게 엄하게 말한다. "당신은 평등과 형제의 지위를 주장한다. 좋다. 그리되도록 하자. 그렇지만 지금부터 당신에게는 내 도움이 없을 것이다. 신은 내게 아버지의 의무를 부여하셨다. 평등을 주장함으로써 당신은 나를 그 의무로부터 해방시켰다."15

사람들은 다른 어떤 국민보다도 프랑스인들을 오해받을 여지가 없다. 어떤 사회 풍자극이나 외형적인 경의의 표시도 그들의 사교성에 대한 환상을 만들어낼 수 없다. 그들은 독일인들의 겸손한 예법을 갖고 있지 않다. 그들은 영국인들처럼 부유하거나 귀족인 사람들 앞에서 모자를 벗고 경의를 표하는 법이 전혀 없다. 영국인들에게 말을 걸면 그들은 정중하고 솔직하게 대답하는 것 같아서 당신은 그들이 진실로 지위라기보다는 인간 자체에 경의를 표하고 있다고 믿게 될 것이다.

15_ [원주] 세상이 구원을 받기 위해 해야 하는 노력은 결사와 후견인제도라는 두 개념 사이의 조화를 복구시키는 일이다. 가족 속에서는 절충될 수가 없을 것 같은 형제애와 부성애라는 두 단어는 시민사회 속에서는 전혀 그렇지 않다. 이미 언급했던 것처럼 시민사회는 그 두 개념을 조화시킬 모범을 모든 인간이 내부에 갖고 있는 도덕적 사회 속에서 찾을 수 있다. 2부의 요약 부분을 볼 것.

프랑스인들은 혁명과 전쟁 등 아주 많은 일을 겪었다. 그런 일을 겪은 사람들은 지도하기도 힘들고 결속하기도 힘든 게 확실하다. 왜? 정확한 이유는 그들은 개인적으로 큰 가치를 지니고 있기 때문이다.

당신들은 아프리카 전쟁에서 강철 인간을 만들고 있다. 왜냐하면 그것은 끊임없이 모든 사람들을 자기 자신에게 의존하도록 만드는 대단히 개인적인 전쟁이기 때문이다. 우리가 유럽에서 예상해야 했었던 위기의 전야에 당신들이 그들을 그렇게 만들기를 원했다는 것은 옳았다. 그러나 또한 그 사자들이 돌아오자마자 법의 제약을 받아들이면서도 야만적인 독립과 비슷한 것을 지키려 했다 할지라도 당신들이 크게 놀랄 일은 없다.

나는 당신들에게 미리 말하거니와 이 사람들은 단지 마음을 통해서만, 우정을 통해서만 받아들였다. 당신들이 이 사람들을 취리히의 독일 노동자들처럼 영혼이 더이상 존재하지 않는, 타고난 절약과 친절한 마음이 없이 서로를 사랑하지 않으며 함께 살고 있는 부정적인 사회로 멍에를 지워 몰고 갈 수 있다고 생각하지 말라. 특별한 행사에서만 결속하고, 이해가 상충하는 다른 경우에는 서로를 증오하고 위축시키는 영국의 협동조합도 우리 프랑스인들에게는 잘 맞지 않는다. 프랑스에게는 친구들의 결사가 필요하다. 그것은 상업적으로는 손해지만 사회적으로는 우월하기 때문에 다른 어떤 것도 받아들일 수 없다. 여기에서 결속은 성격의 결합이나 습관적인 모임도 아니고 먹이를 찾는 늑대처럼 무리를 지어 다니는 사냥꾼의 탐욕에 의해 만들어지지도 않는다. 여기에서 가능한 유일한 결속은 정신적인 결속이다.

이러한 조건이 충족된다면 어떤 결사라도 탁월할 것이다. 이렇게 공감하는 사람들을 지배하는 문제란 인간적인 문제이며, 도덕적 성향의 문제이다. "결사의 동료들은 서로를 사랑하며 서로와 화합하는가?" 이것이 언제나 가장 먼저 제기되어야 하는 문제이다.[16] 노동자들의 결사는 그들이 서로를 사랑할

16_ [원주] 결사에서 형식이 중요한 것은 확실하지만, 그것은 단지 부차적인 문제일 뿐이다. 옛 형식의 기업 독점인 길드를 다시 결성하는 것은 매상을 높이기 위해 족쇄를 차는 것과 마찬가지로 혁명의 업적을 손상시키며 몇 세기에 걸쳐 요구되었던 것들을 가볍게 파괴시키려 하는 것으로서, 그것은 내게 아무런 의미가 없다. 반면 그 자체로서는 별일도 하지 못하는 국가가 모든 제조업자와 상인들의 기능을 수행할 수 있게 한다면 그것은 모든 것을 관리 공무원들에게 위임하는 것과 다를 것이 무엇인가? 그러한 관리인들이 천사인가? 그러한 이상한 권력이 부여되면 그들이 제조업자나 상인보다 덜 부패할 것인가? 최소한 그들이 덜 적극적으로 행동하리라는 것만은 확실하다.
공동체에 대해 말하자면 세 마디로 족하다. 자연적인 공동체는 아주 오래되고 야만적이고 비생산적인 국가이다. 자발적인 공동체는 덧없는 열정으로서 새로운 믿음을 신호하는 영웅적 운동이지만 곧 쇠퇴한다. 폭력에 의해 부과되는 강요된 공동체는 재산이 무한하게 분산된 시대에는 불가능한데 프랑스보다 더 불가능한 곳은 없다.
다시 가능한 결사의 형태로 돌아가자면 나는 그것이 다양한 직업에 따라 구분

때 저절로 형성되며 저절로 지속된다. 직인들의 결사는 우두머리가 없이 모두가 형제일 때 존속될 것이지만, 거기에도 서로를 사랑하는 것이 필요하다.

서로 사랑한다는 것은 단지 서로 간에 선의를 갖는다는 것에 그치지 않는다. 성격이 자연적으로 끌린다거나 취향이 비슷한 것만으로는 충분하지 않다. 자신의 본성을 마음으로부터 따르는 것이 필요하다. 바꾸어 말해 언제나 본성에 몸을 바치는 희생을 할 준비가 되어 있어야 한다는 것이다.

희생이 없는 세계에서 당신은 무엇을 할 수 있을까?[17] 희생이 모든 것을 지탱해준다. 그것이 없다면 세상은 곧 붕괴된다. 최고의 본능과 가장 올바른 인격체와 이 낮은 곳에서 볼 수 없는 최고의 본성이 있다고 전제하더라도 이 최고의 구제책 없이는 모든 것이 파멸하게 될 것이다.

"타자를 위해 희생하라!" 우리 철학자들의 자만심에 손상을 입힐 전대미문의 이상한 말이라니. "누구를 위해 스스로를 희생하는가? 우리보다 가치가 덜한 어떤 사람을 위해? 이 아

되어야 한다고 믿는다. 그것은 다소간 복잡하며 어느 정도 정리가 필요해 보인다. 또한 나라와 그 나라의 천재들에 따른 구분도 필요해 보인다. 나는 이러한 기본적인 고찰을 언젠가 확대시켜 방대한 수의 사실로 확인하려 한다.

17_ 〔원주〕 어떠한 시대도 이러한 사례를 보여주지 못했다. 어떠한 세기에 수백만에 달하는 그렇게도 방대한 군대가 반역을 하지도 않고 온순하게 침묵 속에 고통을 받으며 죽어갔는가?

무것도 아닌 자를 위해 무한한 가치를 버리라고?" 실로 우리 각자는 자기 자신에게 무한한 가치를 부여하지 않는 법이 거의 없다.

실로 여기에 어려움이 존재하며 나는 그것을 감추려 하지 않겠다. 사람들은 대체로 무한하다고 믿는 것을 위해서만 희생한다. 희생을 위해서는 신과 제단이 필요하다. 그 안에서 인간을 인식하고 인간을 사랑할 수 있는 신이…… 어떻게 우리가 희생할 수 있다는 것인가? 우리는 신을 잃어버렸는데!

중세에 사람들이 보았던 형태의 '말씀으로서의 신Le dieu Verbe'이 필수적인 연결고리일까? 모든 역사가 그에 대해 아니라고 대답한다. 중세는 결속을 약속했지만 전쟁만을 주었을 뿐이다. 신에게는 두번째의 시대가 필요했고 그는 1789년에 육화되어 지상에 나타났다. 다음으로 그는 가장 광범위하고 가장 참된 형태를 결사에 부여했는데, 그것이 그것만이 우리를 결속시키고 우리를 통해 세계를 구원할 수 있다.

영광스러운 어머니 프랑스여! 우리의 소유물만이 아닌 프랑스는 모든 나라에 자유를 탄생시켜야 하며, 그 안에서 우리가 서로를 사랑하도록 만들어야 한다.

4

조국. 국가는 사라질 것인가?

국가 간의 적대감은 감소했고 국제법은 인간적이 되었으며, 중세라 알려져 있는 증오의 시대와 비교한다면 오늘날 우리는 선의와 형제애의 시대로 진입했다. 나라들마다 어느 정도 이해관계에 의해 엮여 있고 서로 간에 유행이나 문학을 모방한다. 그것은 국적이 약화되고 있다는 말인가? 잘 검토해보자.

각 나라에서 내부의 분쟁이 약화되고 있다는 것은 확실하다. 프랑스의 지역주의는 급속히 사라지고 있다. 스코틀랜드와 웨일스는 영연방에 가입했다. 독일도 자신의 연방을 추구하고 있으며 그것을 위해 지금까지 독일을 분리시켜왔던 상충하는 수많은 이해관계를 희생시킬 준비가 되어 있다고 믿고 있다.

내부의 다양한 작은 국가들을 포함하고 있는 더 큰 국가를 위해 그 작은 국가들을 희생시킨다는 것이 그 국가를 강화시키리라는 사실에는 의심의 여지가 조금도 없다. 어쩌면 그것은 피상적인 관찰자들의 눈에는 어떤 민중을 규정짓는 현저하게 화려한 세부 사실들을 말살시킬지 모른다. 그러나 실상 그것은 작은 국가들의 천재성을 강화시키며 그것이 드러나게 만든다. 프랑스가 최고의 독창적인 모습을 드러냈던 것은 프랑스 내부의 상충하는 작은 국가들을 억압했을 때였다. 프랑스는 그 자체를 발견했고, 미래 세계의 공통적인 인권을 선언하면서도 이전보다는 더욱더 세계와는 구분되는 특성을 보였다.

영국에 대해서도 비슷한 말을 할 수 있다. 영국은 기계와 함대와 1천5백만 명의 노동자로서 엘리자베스여왕의 시대보다 훨씬 더 다른 나라들과 구분된다. 17세기와 18세기에 스스로를 찾기 위해 암중모색하던 독일은 마침내 괴테와 셸링과 베토벤을 발견했다. 단지 그 이후에야 독일은 진지하게 통일을 여망할 수 있었다.

국가는 사라지기는커녕 매일같이 스스로를 정신적으로 규정하며 한때 그러했던 것처럼 단지 사람들의 집단이 아니라 하나의 개체가 되어가고 있는 것처럼 보인다. 그것은 삶의 자연스러운 발전 과정이다. 모든 사람은 처음에 자신의 천재성에 대해 혼란을 느낀다. 유년기에 그는 어떤 사람이라도 되려는 것처럼 보인다. 성장하면서 그는 자신을 천착하려 하면서 행동과 업적으로 자신을 대외적으로 규정하려 한다. 그는 점차 계급을 떠나서 자신에 걸맞은 개인이 된다.

내가 알기로 국가가 곧 사라질 것이라고 믿기 위해서는 두 가지 방법밖에 없다. 첫번째로 역사에 무지하거나, 알더라도 역사를 결코 연구하지 않는 철학자들의 경박한 공식을 통해 알거나, 아낙네들처럼 수다를 떨기 위해 상투적인 문학의 표현을 통해 아는 경우이다. 역사에 대해 그런 지식만을 알고 있는 사람들은 과거의 국가를 과거의 희미한 점 하나로 보면서 원한다면 지워버릴 수도 있다고 생각하는 것이다. 그것만이 전부가 아니다. 두번째로 역사에 대해서 만큼이나 자연에 대해서도 무지하여 국민성이라는 것이 우리의 변덕으로부터 오는 것이 아니라 기후와 식량과 국가의 천연자원의 영향에 깊은 바탕을 두고 있다는 사실을 망각해야 한다. 이러한 국민성은 약간은 변화할 수 있지만 결코 사라지지는 않는다. 생리학이나 역사학에 구애받지 않는 사람들이나 인간이나 자연에 대해 능통하지 않으면서 인간성을 구성하려고 하는 사람들은 모든 경계선을 손쉽게 말살하려 하면서 강을 메우고 산을 깎는다. 그렇지만 나는 그들에게 고하노니 그들이 문명의 위대한 중심지로서 국가가 그 천재성을 되찾았던 도시를 억누르려고 하지 않는 한 국가는 계속하여 존속할 것이다.

이 책 2부의 말미에서 우리는 다음과 같은 논의를 했었다.

만일 신이 정치적 나라의 모범을 어디엔가 위치시켰다고 한다면 모든 것을 고려할 때 그것은 도덕의 나라에 있으리라는 것이다. 바꾸어 말해 인간의 영혼 속에 있으리라는 것이다. 좋다. 이 영혼이 먼저 하는 일은 무엇인가? 그것은 한 장소에 스스로를 고정시킨 뒤 거기에서 사색을 하며 실체와 거주할 곳과 일련의 관념을 만들어낸다. 그런 뒤에야 영혼은 움직일 수 있다. 같은 방식으로 민중의 영혼도 형성되기 위한 거점이 만들어져야 한다. 그것도 한 장소에 안착하여 성장하고 사색하며 그것과 자연환경과 조화를 이루어야 한다. 예를 들면 로마에 일곱 언덕이 있듯 우리 프랑스에는 대서양과 라인강과 알프스와 피레네산맥이 있는 것이다.[1] 그것이 우리의 일곱 언덕이다.

모든 삶은 스스로의 테두리를 정하려는 힘을 갖고 있다. 시간과 공간 속에서 그 어떤 것을 자신에게로 잘라넣고, 언제나 혼란시키려 하는 냉담하고 붕괴하는 자연의 품속에서 자신을 위한 한 조각을 베어물려는 힘을 말한다. 그것이 실존하는 것이고 사는 것이다.

한 지점에 고정된 정신은 깊이 파고들어갈 것이다. 공간 속

1_ 대서양과 라인강과 알프스와 피레네산맥은 프랑스의 동서남북의 울타리라고 말할 수 있다.

에 떠돌아다니는 정신은 분산되고 사라질 것이다. 자신의 사랑을 모두에게 주는 사람을 보라. 그는 사랑이 뭔지 알지도 못한 채 죽는다. 그는 한 번만 길게 사랑했어야 한다. 그렇다면 그는 그 한 감정 속에서 자연의 무한성과 세계의 발전을 찾을 수 있을 것이다.[2]

조국이라는 영원한 나라는 자연에 위배되기는커녕 그 민중의 영혼을 위해 그 본성을 실현시키기 위한 유일하고 강력한 수단으로서 그곳에 거주하고 있다.[3] 조국이 민중의 영혼에 활력적인 출발점은 물론 자유롭게 발전할 거점을 제공하는 것이다. 아테네가 없는 아테네의 천재를 상상해보라. 그는 떠돌아다니며 방황하다가 잊힌 뒤 아무도 모르게 죽게 될 것이다. 그러나 벌들이 소포클레스와 플라톤의 꿀을 모으는 이 우아한 땅에 세워진 협소하지만 행복한 이 도시의 울타리 속에서 아테네의 힘찬 천재들은 중세의 열서너 민족들이 천 년에 걸쳐 이룩한 것에 버금가는 것을 두세 세기 만에 그 잘 알려져 있

2_ [원주] 조국(la patrie)을 도리아인들은 적절하게도 모국(la matrie)이라고 부르는데, 그 말은 사랑 중의 사랑을 가리킨다. 조국은 많은 사람들의 꿈속에서 젊고 자애로운 어머니로, 또는 수백만의 사람들에게 젖을 물린 힘찬 유모의 모습으로 나타난다. 나약한 이미지에 불과하다. 조국은 우리에게 자양분을 줄 뿐 아니라 그 내부에 우리를 포함하고 있다. 조국 속에서 우리는 행동하고 존재한다(in eâ movemur et sumus).

3_ '자연'과 '본성'이 모두 프랑스어로는 'nature'라는 사실에 유의해야 한다.

지 않던 도시에서 만들어냈다.

뛰어난 독창성을 창출하고 증진시키기 위한 신의 가장 강력한 수단은 우리가 국가라고 부르는 거대하고 아름다운 체계로 세계를 조화롭게 분리하여 유지시키는 것인데, 그것은 각기 사람들에게 다양한 행동의 영역을 열어주는 살아 있는 교육의 장이다.[4] 인간이 발전할수록 그는 더욱더 조국의 정신 속으로 들어가게 되며 그리하여 지구의 조화에 더욱더 기여하게 된다. 그는 거대한 협주곡의 음표처럼 조국의 고유한 가치와 상대적 가치를 아는 법을 배울 것이다. 그리하여 그는 조국과 결속하게 되며 그 속에서 세계를 사랑하게 된다. 조국이란 인류의 조국으로의 필연적인 입문 과정인 것이다.

따라서 결속이란 획일성에 도달할 위험이 전혀 없이 진전해 나간다. 왜냐하면 모든 나라들에서 화합을 향해 내딛는 모든 발자국은 그 자체로서 독창적이기 때문이다.[5] 만일 불가능한

4_ 〔원주〕 모든 것이 이러한 교육에 도움이 된다. 어떤 예술의 대상도, 어떤 기업도, 어떤 고양된 문화의 형태도 사치스럽게 보인다 할지라도 대중에 영향을 미치며, 그것은 가장 낮고 가난한 사람들에게도 마찬가지이다. 국가라는 이 거대한 조직체에서 정신적인 순환은 언제나 일어나는 것으로서 가장 높은 곳에서 가장 낮은 곳으로 알지도 못하는 사이에 언제나 오르내리며 움직인다. 유행과 상점과 박물관처럼 어떤 생각은 눈을 통해 들어오고, 어떤 생각은 대화를 통해, 또 어떤 생각은 인류 발전의 위대한 보고인 언어를 통해 들어온다. 모든 사람들은 다른 모든 사람들의 생각을 받아들인다. 어쩌면 분석을 하지 않지만, 어쨌든 받아들인다.

5_ 〔원주〕 한 나라가 그 고유의 천재를 작품을 통해 드러내고 확립시킴으로써 소

일이 일어나서 다양성이 중단되고 모든 나라가 똑같은 음표를 따르는 획일성이 도래하게 된다면 협주곡은 끝장이다. 지나치게 완벽한 화음이란 의미 없는 소음에 불과할 것이다. 단음의 야만적인 세계는 어떤 후회도 남기지 않은 채 사라질 수 있다.

확언하건대 인간의 영혼도 민중의 영혼도, 그 어느 것도 사라지지 않을 것이다. 우리는 가호를 받고 있기 때문이다. 오히려 우리는 언제나 더욱더 살아갈 것이다. 말하자면 우리는 우리의 개별성을 강화시키면서 더 강력하고 더 생산적인 독창성을 얻으리라는 것이다. 신은 그의 안에서 우리가 사라지는 것으로부터 우리를 보호해준다. 만일 어떤 영혼도 사라지지 않는다면 생생한 천재들과 순교자들로 가득찬 역사를 갖고 있고 불멸의 영웅적 희생이 풍요로운 위대한 국가의 영혼이 어찌 소멸할 수 있겠는가? 그들 중 하나가 한순간 사라진다면 전 세계의 모든 나라들이 아파하며, 마음의 세계도 전적으로 그 나라들의 고통에 공감한다. 나의 독자여, 내가 당신의 마음속에서 보고 있는 그 고통받는 나라는 폴란드와 이탈리아

유하게 되는 것에 비례하여 다른 나라의 천재를 전쟁을 통해 반대할 필요는 더욱더 적어진다. 천재의 독창성은 반대보다는 생산에 의해 매일같이 더욱더 확실해지고 빛나게 된다. 전쟁에 의해서 나라의 다양성은 폭력적으로 분출된다. 각 나라마다 자신의 큰 소리만이 들리도록 만들려고 할 때 더욱더 그러하다. 각기 똑같은 음표로 고함을 치며 자신의 몫을 하는 것이다. 조금씩 협주와 화음이 생기며 세상이 리라가 된다. 그러나 이 화음의 대가는 다양성이다.

이다.[6]

국가나 조국이 언제나 세상의 삶이다. 조국이 죽으면 모든 것이 죽을 것이다. 민중에게 요청하라. 그들은 조국을 느끼고 조국을 들을 것이다. 과학과 역사에, 즉 인류의 경험에 요청하라. 그 위대한 두 목소리는 합치할 것이다. 두 목소리? 아니, 두 현실이다. 있는 것과 있었던 것, 그 둘 모두가 헛된 탁상공론에 반대된다.

나는 그 위에 나의 심장과 나의 역사를 두었다. 나는 그 반석 위에 확고하게 서 있었다. 내가 나의 믿음을 확인하는 데는 누구도 필요하지 않았다. 그러나 나는 언제나 군중 속에 있었고, 젊고 늙은, 작고 큰 민중에게 물었다. 나는 그들 모두가 조국을 위해 증언하는 것을 들었다. 그것이 그들 내부에서 마지막까지 살아남는 생생한 힘줄이다. 나는 그것을 죽은 사람들 속에서 찾았다. 나는 사람들이 감옥이나 도형장이라고 부르는 묘지에 있었고, 거기에서 사람의 마음을 열었다. 그 가슴이 공허했던 죽은 사람에게서 내가 무엇을 찾았는지 짐작해보라. 또다시 프랑스였다. 아마도 그것이 그들이 다시 살도

6_ 〔원주〕 이제 콜레주 드 프랑스에서는 고통의 소리가 들리지 않지만 그것은 위대한 미키에비츠의 친애하는 목소리에 남아 있다. (〔역주〕 아담 미키에비츠(Adam Bernard Mickiewicz: 1798~1855)는 폴란드 낭만주의를 대표하는 시인이다.)

록 만들었던 최후의 불꽃이었다.

바라노니, 피레네산맥과 알프스와 라인강으로 둘러싸인 땅에서 태어났다는 것이 아무것도 아니라고 말하지 말라. 당신이 생각하기에 단지 물질적인 결핍에만 관심이 있을 것처럼 보이는 누더기 속에서 굶주리는 가장 가난한 사람을 택해보라. 그는 이 거대한 영광에, 온 세상이 유지하려고 하는 그 전설에 참여하는 것 자체가 뛰어난 유산이라고 말할 것이다. 그는 지상에서 가장 동떨어진 사막에 가거나 적도로 가거나 북극으로 간다고 할지라도 그곳에서 나폴레옹과 우리의 군대와 우리의 위대한 역사가 그를 감싸주고 보호해주리라는 것을 잘 알고 있다. 그는 어린이들이 그에게로 다가갈 것이며, 늙은 이들은 입을 다물고 그에게 말해달라고 청할 것이며, 그에게서 단지 그 이름들만을 듣게 되면 그에게 경의를 표하리라는 것도 잘 알고 있다.

부자건 가난하건, 행복하건 불행하건, 죽음의 저편에 살아 있는 우리로서는 어떤 일이 생긴다 할지라도 이 위대한 조국 프랑스를 갖게 한 것에 대해 신에게 감사할 것이다. 그리고 그것은 프랑스가 했던 수많은 영광스러운 업적들 때문만이 아니라 무엇보다도 프랑스는 세계의 자유를 대변하면서 모든 사람들 사이에 보편적인 사랑의 도입에 공감하는 나라로 보이기 때문이다. 보편적 사랑이라는 특징은 프랑스에서 너무도 강력하기 때문에 때로는 잊히고 있다. 오늘날 우리는 그것을 다시 상기하여 우리에 못지않게 모든 나라들을 사랑해야 한다.

의심할 바 없이 모든 위대한 민중은 인류를 위한 중요한 관념을 대표한다. 그런데 그것은 특히 프랑스에 적용되는 사실이다. 프랑스가 멸망하여 사라졌다고 한번 가정해보자. 공감적인 세계의 유대는 느슨해지고 해체되고 확실하게 파괴될 것이다. 지구의 삶을 만드는 사랑은 가장 생생한 곳이 허약해질 것이다. 지구는 우리와 가까운 다른 천체에 이미 도래한 빙하시대에 들어가게 될 것이다.

나는 이 주제에 대해 백주에 끔찍한 꿈을 꾸었고, 나는 그것을 말해야 한다. 나는 더블린의 다리 근처에서 부두를 따라 걷고 있었다. 나는 큰 모래둑 사이에서 좁은 강이 무기력하게 흐르는 것을 보고 있었다. 그것은 우리의 오르페브르 부두[7]를 보는 것과 아주 비슷해서 나는 센강 가에 있다고 생각했다. 그 부두는 아주 흡사했지만 단지 비싼 상점과 기념비와 튈르리와 루브르가 없었다. 파리와 거의 같았지만 파리가 없었던 것이다. 그 다리에서 몇 사람들이 내려오고 있었는데 그

7_ 오르페브르 부두(Quai des Orfévres)는 파리의 하중도 시테섬(Île de la Cité)에 있는 부두를 가리킨다.

들은 우리처럼 블라우스가 아니라 낡고 얼룩진 외투를 입고 있었다. 그들은 날카롭고 거칠고 아주 야만적인 목소리로 누더기를 입은 추한 꼽추와 논쟁을 벌이고 있었는데, 지금도 그 모습을 보고 있는 듯하다. 비참하고 기형적인 다른 사람들이 옆으로 지나갔다. 그들을 보고 있는데 한 가지 사실이 나를 사로잡고 몸서리치게 만들었다. 그 인물들은 모두가 프랑스 사람들이었다. 그것은 프랑스였다. 그것은 추하고 잔인해지고 야만적인 프랑스였다. 그 순간 나는 공포가 우리를 얼마나 속아넘어가기 쉽게 만드는지 체감했다. 나는 아무런 반대도 하지 않았다. 나는 또다른 1815년이 온 것이 확실하다고 스스로에게 말했다. 그것도 아주 오래전에. 그 고통의 시대는 돌이킬 수 없을 정도로 저주받은 나의 나라를 압박했고, 나는 내 몫의 슬픔을 감당했다. 그 시대는 납덩이처럼 나를 짓눌렀다. 그 모든 것이 2분 안에 이루어졌다. 나는 그 자리에 못박혔다. 나는 움직이지 못했다. 같이 여행하던 동료가 나를 흔들었고 약간 정신이 들었다. 그러나 나는 결코 그 끔찍한 꿈을 내 마음으로부터 몰아낼 수 없었고, 위안을 받을 수 없었다. 아일랜드에 있는 동안 나는 심각한 우울증으로 고통을 받았고, 지금 이 글을 쓰는 중에도 그 고통은 생생하게 되돌아온다.

5
프랑스

몇 년 전 우리의 대표적인 사회주의자가 "조국이란 무엇인가?" 하고 물었다.

물질적 쾌락으로 이루어진 그들의 세계시민적 유토피아가 내게는 호라티우스의 시에 대한 산문으로 된 논평처럼 보인다. 그것은 "로마는 붕괴하니 행운의 섬으로 도주하자"라는 포기와 좌절의 슬픈 시이다.[1]

그다음에 도래한 기독교도들은 천상에 조국을 두고 있고 지상에서는 모두가 형제라는 믿음 속에 살았음에도 불구하고

1_ 미슐레는 기억에 의존하여 호라티우스의 이 시구를 번역하여 인용한 것으로 보이지만, 그 번역도 충실해 보이지는 않는다. Quintus Horatius Flaccus, *Epodes*, XVI. 약강격의 이 시의 제2행 "Suis et ipsa Roma viribus ruit"와 42행 "……arva, beata/ Petamus arva, divites et insulas"가 미슐레가 언급하는 구절이다. 제2행은 "로마는 자체의 힘으로 파괴되고 있으니," 제42행은 "모든 시민은 서약을 하고 떠나라"라고 번역될 수 있다. 내란으로 황폐화된 로마를 떠나 먼 곳의 섬으로 도피하라는 내용이다.

그 아름답고 감동적인 교리를 통해 제국에 치명타를 가했다. 북쪽에서 그들의 형제들이 내려와 그들의 목에 밧줄을 감았던 것이다.[2]

우리가 방금 인용했던 위대한 시인처럼 우리는 조국도 신도 없는 노예의 자식이 결코 아니다.[3] 우리는 이교도들의 사도처럼 타르수스의 로마인들이 아니다.[4] 우리는 로마의 로마인들이며 프랑스의 프랑스인들이다. 우리는 모든 나라를 위하여 평등이라는 복음의 기초를 닦은 세계적인 업적을 이룬 영웅적인 나라의 자식들이다. 우리의 아버지들은 모든 것을 받아들이고 사랑하게 만들면서 모든 것을 혼합하고 교배하고 혼란시키는 모호한 동정심과 같은 형제애를 받아들이지 않았다. 그들은 형제애가 존재와 성격의 맹목적인 잡종이 아니라 마음의 결합이라고 보았다. 그들은 그들 자신과 프랑스를 위하여 헌신과 희생의 독창성을 보였는데, 거기에 대해서는 아무도 논박하지 않았다. 단지 프랑스만이 자신이 심은 나무를 피로 키웠다. 프랑스를 홀로 놔두지 않은 것은 다른 나라들에게 좋은 기회였다. 그들은 프랑스의 헌신을 모방하지 않았다.

2_ 로마에 침입하여 약탈했던 게르만족은 서로마에서는 이단으로 몰렸다 할지라도 아리우스파의 기독교를 믿던 신자들이었다.

3_ 호라티우스의 아버지는 전쟁에서 포로가 되어 노예가 되었던 사람이다.

4_ 터키의 타르수스에서 사도 바울로가 태어났다.

오늘날 그들은 프랑스가 그들의 이기주의와 도덕적 무관심을 따라 하기 바란다. 프랑스가 그들을 향상시키지 못했으니, 프랑스를 그들의 수준으로 낮추려고 하는 것일까?

전 세계가 우러러보던 미래의 등불을 최근에 들어올렸던 국민이 오늘날 모방의 길에서 머리를 떨구고 가는 것을 보면서 누가 놀라지 않겠는가? 그 길은 무엇인가? 나라들마다 그 길을 따랐으니 우리는 그 길을 잘 알고 있을 뿐이다. 그것은 단지 자살과 죽음에 도달하는 길일 뿐이다.

불쌍한 모방자들이여. 모방이 가능하다고 믿는가? 사람들은 이웃 국민들로부터 그들에게 살아 있는 그 무엇인가를 받아들인다. 그리고 좋건 싫건 그것을 위해 만들어지지 않은 다른 유기체 속에서 거부반응을 보일 수 있음에도 불구하고 그것을 전유하는 것이다. 그렇지만 당신이 당신의 살에 이식시키려는 것은 낯선 신체로서 그것은 무기력하고 죽은 것이다. 당신이 받아들인 것은 죽음이다.

그런데 그렇게 받아들인 것이 낯설고 다를 뿐만 아니라 적대적이라면 무슨 말을 해야 할까? 본성적으로 당신에게 역경만을 안겨줄 것이며 대칭이 되도록 정반대인 바로 그 사람을 찾아가서 무엇을 하겠다는 말인가? 당신은 당신 고유의 삶을 부정하는 자로부터 당신의 삶을 쇄신을 요구할 수 있겠는가?

예를 들어 프랑스가 프랑스의 역사와 본성을 위배하면서 반反프랑스로 보이는 영국을 복제하겠다고 나서면 어떻게 하겠는가?

이것은 국가적인 반감이나 맹목적인 악의의 문제가 아니다. 우리는 그 위대한 국가 영국이 좋은 평가를 받아 마땅하다고 생각한다. 그리고 우리는 우리 시대의 어느 누구 못지않게 영국을 진지하게 연구함으로써 그 사실을 입증했다. 그러한 연구와 평가의 결과는 세계의 발전이 이 두 국민이 불분명하게 뒤섞여 서로의 국민성을 잃지 않는 데 달려 있다는 확신이었다. 이 두 자석은 반대 방향으로 대립하면서 양극에서 음극으로 전류가 흐르듯 결코 뒤섞이지 않는다.

무엇보다도 우리에게 가장 이질적인 것은 영국적인 요인인데, 우리는 정확하게 그것을 선호해왔다. 우리는 우리의 헌법에서 그것을 정치적으로 채택했는데, 그것은 이해하지 못하면서 복제만 하는 공론가들의 믿음을 따른 것이었다. 문학적으로도 오늘날 영국 최고의 천재가 가장 격렬하게 영국을 비난하는 사람이라는 사실을 보지 못하면서 그들을 채택했다. 마지막으로, 이것이 가장 믿기 어려울 정도로 우스꽝스러운 일인데 우리의 예술과 패션에서도 영국적 요인을 채택하고 있다는 것이다. 외형적인 것도 아니고 우연적인 것도 아니고 심각한 생리학적 신비라고 할 수밖에 없는 그 경직된 어색함에 있어서조차 우리는 그들을 복제하고 있다.

내 눈앞에는 위대한 재능에서 나온 소설 두 편이 있다. 그 프랑스 소설에서 누가 우스꽝스러운 사람일까? 프랑스인이다. 언제나 프랑스인이다. 영국인은 칭찬받아야 할 사람이고 모든 것을 구원하며 현존하는 보이지 않는 섭리이다. 그는 상대방을 어리석음으로부터 구제해주기 위해 때마침 도착한다. 어떻게? 그는 부자니까. 프랑스인들은 가난하고 정신도 가난하다.

부자! 그렇다면 그것이 이 특별한 열광의 원인인가? 부자, 그리고 그중에서도 영국인 부자는 신의 사랑을 많이 받는가 보다. 가장 자유롭고 가장 견고한 정신의 소유자라 할지라도 그를 향한 편견을 막기 어려운 듯하다. 여자들은 영국인이 멋있다고 생각하며 남자들은 영국인이 귀족이라고 믿는다. 그의 앙상한 말까지도 우리 예술가들의 모델이 되었다.

부자! 그가 모든 곳에서 받는 칭찬의 은밀한 이유가 바로 그것이라고 인정하라. 영국인은 부유한 국민이다. 몇백만의 거지가 있더라도 상관없다. 사람에 대해 깊이 알아보려 하지 않는 자들에게 영국은 미증유의 부를 가장 엄청나게 쌓아올렸다는 독특한 광경을 보여준다. 성공을 거둔 농업, 수많은 기계, 수많은 선박, 상품으로 가득찬 상점, 증권거래소, 세계의 제왕, 그곳에선 금이 물처럼 흐른다.

아! 프랑스에는 그와 비슷한 것조차 없다. 프랑스는 빈곤의 나라이다. 한 나라가 갖고 있는 것과 다른 나라가 갖고 있지 않은 것을 비교하여 나열해봐야 그리 멀리 가지도 못한다. 영국은 미소를 지으며 프랑스에게 우아하게 묻는다. 그 많은 노동과 운동과 노력 뒤에 남은 것은 무엇이냐고, 그 행위들의 물질적 결과는 무엇이냐고 묻는다.[5]

여기에 프랑스가 있다. 가능하면 와서 위안을 주고 묻고 개선시키려 하고 안부를 묻는 친구들과 국가들 사이에 욥처럼 땅 위에 앉아 있다.[6]

영국은 말한다. "너희들의 배와 기계는 어디에 있는가?" 독

5_ 〔원주〕 프랑스의 노동의 지속적인 결과인 물질적인 산물은 무형의 산물과 비교할 때 아무것도 아니다. 그 무형의 산물이란 행동, 운동, 말, 생각인 경우가 가장 많다. 글로 된 문학은 (여전히 내 생각엔 최고라 할지라도) 연설은 물론 찬란하고 생산적인 대화에 비교한다면 훨씬 못 미친다. 모든 장르에서 프랑스의 글은 행동에 비하면 아무것도 아니다. 프랑스에는 기계를 대신하여 영웅적인 인간들이 있다. 체제에 대신하는 영감을 받은 인간들이 있다. "그러나 이러한 말과 행동은 비생산적인 것이 아닌가?" 그렇지만 프랑스를 아주 높이 격상시키는 바로 그것이다. 프랑스는 아무것에도 도움이 되지 않는 운동과 친절함에 있어서만 뛰어나다. 만질 수 있는 물질적인 것을 넘어서는 곳에서 상상하기도 힘들고 만질 수도 없고 보이지도 않는 것들이 시작된다. 그러니 만지거나 볼 수 있는 물질적인 것을 통해 프랑스를 분류하려 하지 말라. 당신이 보고 있는 외형적인 비참함을 갖고 다른 사람들을 판단하듯 프랑스를 판단하지 말라. 프랑스는 정신의 나라이며 따라서 물질적인 행동을 통해 조금도 영향을 받지 않는 나라이다.

6_ 욥은 구약 속의 인물로서 온갖 시련 속에서도 신에게 충실했다고 알려져 있다.

일은 말한다. “너희들의 체제는 어디에 있는가? 너희들에겐 이탈리아처럼 보여줄 만한 예술 작품이 있는가?”

프랑스를 위안하기 위해 찾아온 좋은 자매들이여,[7] 내가 대답하는 것을 허용해달라. 알고 있다시피 프랑스는 병에 걸렸다. 머리는 축 처져서 말하고 싶어하지 않는다.

만일 사람들이 사심 없이 세상에 도움이 되도록 지출했던 피와 금과 모든 종류의 노력을 쌓아놓는다면 프랑스의 금자탑은 하늘에 도달했을 것이다. 반면 다른 나라들이여, 당신들 모두가 희생했던 그 노력들을 합쳐봐야 그것은 아이의 무릎에나 닿을 것이다.

그러니 이렇게 말하려고 내게 찾아오지 말라. “프랑스는 얼마나 창백한가!” 프랑스는 당신들을 위해 피를 흘렸으니 말이다. 당신들을 위하여 프랑스는 계산하지 않고 주었다.[8] 그리

7_ 대다수의 서양 언어에서 나라는 여성형으로 받아들이기에 ‘자매’라는 표현이 나왔다.

8_ 〔원주〕 나는 여기에서 내가 처음으로 국경을 넘었을 때 나를 공격했던 생각을 훨씬 약하게 기술하고 있다. 특히 내가 스위스에 들어섰을 때 나는 심장에 상처를 입은 듯했다. 프랑슈콩테(Franche-Comté: 프랑스 동부 지역)의 가난하고 비참한 우리 농민들을 보았다. 그리고 곧 개울을 건너 뇌샤텔(Neuchâtel: 스위스의 지역)의 편안하고 좋은 옷을 입고 행복한 주민들을 보았다. 그렇다면 지금 프랑스를 말살시키고 있는 두 개의 큰 부담인 부채와 군대의 밑바닥에는 무엇이 있는가? 그것은 프랑스가 자체에 대해서뿐 아니라 세계에 대해 행한 희생이다. 부채란 세계가 프랑스를 비방하면서도 복제한 구원의 원리와 자유의 법을 세계에 주었다는 이유로 세계에 지불했던 돈을 말한다. 프랑스의 군대란?

고 아무것도 남지 않자 프랑스는 말했다. "나는 금도 은도 갖고 있지 않다. 그렇지만 갖고 있는 것이라면 뭐든지 당신들에게 주겠다." 그리하여 프랑스는 영혼을 주었고, 그것으로 당신들이 살아온 것이다.9

"남아 있다는 것도 주었다고 하지 않았었나?" 국가들이여, 우리가 없었더라면 당신들이 결코 배우지 못하고 말았을 것을 잘 듣고 배우도록 하라. "더 많이 줄수록 더 많이 지키는 것이다!" 프랑스의 정신은 내부에 잠들어 있을지 모르지만, 그것은 언제나 온전하게 남아 언제나 강력하게 깨어날 준비가 되어 있다.

아주 오래도록 나는 프랑스였다. 2천 년 동안을 나날이 프랑스와 함께 살았다. 우리는 함께 최악의 날들도 봤었고, 나는 이 나라가 사라지지 않는 희망의 나라라는 믿음도 갖게 되었다. 신이 다른 나라보다도 이 나라에 더 많은 빛을 내리는 것이 당연했을 것이다. 왜냐하면 다른 나라들이 어둠 속에서 보

그것은 세계를 방어하며 야만인들이 도착할 날에 대비하여 지키고 있는 예비군이다. 샤를마뉴 이래로 언제나 통일을 추구하던 독일이 우리를 그들 앞에 두려고 하거나 러시아의 선봉대가 되어 자유에 반대하게 될 때를 대비한 예비군이다.

9_ [원주] 세계에 생명을 준 것은 영국의 산업 기계도 아니고 독일의 학문도 아니었다. 그것은 프랑스가 어떤 상태에 있다 할지라도 프랑스가 준 숨결인 것으로서, 유럽이 언제나 내부에 간직하고 있는 혁명의 잔열이었다.

지 못할 때 프랑스는 보았기 때문이다. 중세에도 그리고 그 이후에도 종종 만연했던 두려운 어두움 속에서 어느 누구도 하늘을 구분하지 못했으나 프랑스는 보았다.

바로 그것이 프랑스이다. 프랑스와 함께라면 아무것도 끝나지 않는다. 언제나 다시 시작할 것이다.

우리 갈리아[10]의 농부들이 로마인들을 몰아내고 갈리아제국을 확립했을 때 그들은 그들 처음이자 마지막의 국시를 동전에 새겼다. 그것은 '희망'이었다.

10_ 갈리아는 프랑스의 옛 지명이다.

6

교리로서, 전설로서 우월한 프랑스
—프랑스는 종교이다

외국인이 웃으면서 "프랑스는 유럽의 아이"라고 말할 때 그는 이 주제에 대한 모든 말을 했다고 생각한다.

신의 앞에서는 결코 막내가 아닌 프랑스에게 유럽의 아이라는 칭호를 부여하려 한다면 그는 법정에서 재판을 하고 있는 솔로몬이리라 인정해야 할 것이다. 프랑스가 아니라면 누가 법의 전통을 보존해왔겠는가?

교회법, 정치법, 시민법으로부터 파피니아누스[1]의 강좌와 그레고리우스 7세[2]의 강단에 이르기까지.

1_ 아이밀리아누스 파피니아누스(Aemilius Papinianus: 142~212)는 고대 로마에서 많은 존경을 받던 법학자였다.

2_ 그레고리우스 7세(Gregorius VII; c. 1015~1085)는 중세에 교황권과 황제권의 대립이 가장 극명하게 드러났던 카노사의 굴욕이 일어났던 당시 하인리히 4세를 파문에 처함으로써 교황의 권위가 우월하다는 것을 과시했다. 그는 교황이 더 우월하다는 것을 교회법을 정비함으로써 확인하기도 했다.

로마는 바로 이곳에 있었다. 성왕 루이[3] 이래 교황과 황제와 왕들은 정의를 찾으려 할 때 누구에게 갔었던가? 제르송[4]과 보쉬에[5]라는 신학의 교황, 데카르트와 볼테르라는 논리학의 교황, 퀴자스[6]와 뒤물랭[7]과 루소와 몽테스키외라는 정치학과 시민사회의 교황, 그 누구를 인정하지 않을 수 있겠는가? 이성의 산물일 뿐인 프랑스의 법은 적들에게까지 부과되었다. 영국은 실론섬에 우리의 시민법[8]을 부여했던 것이다.

로마가 암흑시대에 모호한 왕국인 주교좌였다면 프랑스는 빛의 시대에 주교였다.

이것은 우리 세기의 우발적인 사건이나 혁명의 우연한 결과가 아니다. 이것은 지난 2천 년의 모든 전통과 연결되어 있는 역사의 정당한 결과이다. 어떤 다른 국민도 이 비슷한 것을

3_ 성왕 루이는 프랑스의 루이 9세(Louis IX: 1214~1270)를 가리킨다. 그는 가톨릭교회에서 성인 시복을 받은 유일한 왕이다.

4_ 장 제르송(Jean Charlier de Gerson: 1363~1429)은 자연권 이론을 주장한 신학자로서 파리대학교의 총장을 역임했으며 공의회주의자였다. 잔 다르크를 최초로 옹호한 사람들 중 하나이기도 하다.

5_ 보쉬에(Jacques-Bénigne Lignel Bossuet: 1627~1704)는 루이 14세의 궁정 설교자였던 신학자로서 왕권신수설을 적극적으로 옹호했다.

6_ 퀴자스(Jacques Cujas: 1522~1590)는 프랑스의 법학자로서 로마법에 대한 중세식의 주석 작업을 부정하고 법 자체의 텍스트를 정확하게 밝히고 그 사회적 맥락을 확인하는 작업에 집중한 프랑스의 '모스 갈리쿠스'(mos gallicus) 학파의 대표자이다.

7_ 뒤물랭(Charles Dumoulin: 1500~1566)은 프랑스의 법학자였다.

8_ '나폴레옹 법전'을 가리킨다.

가지지 못했다. 언어 속에서 가장 명확한 흔적이 보이는 바, 그 역사 속에서 위대한 인간의 운동은 인디아에서 그리스와 로마로, 그리고 로마에서 우리로 이어졌다.

다른 모든 역사는 절단되었고 우리의 역사만이 온전하다. 이탈리아의 역사에는 지난 몇 세기가 없다. 독일과 영국의 역사에는 시작이 없다. 프랑스 역사와 함께 우리는 전 세계를 알게 된다.

이 위대한 역사 속에는 연속만 있는 것이 아니라 발전도 있다. 프랑스는 로마제국과 기독교의 업적을 지속시켰다. 기독교는 약속을 했고 그것을 지켰다. 형제들 사이의 평등은 다음 세계로 연기되었지만 프랑스는 그것이 이 낮은 곳에서 지켜야 할 법처럼 세상에 가르쳤다.

이 나라는 다른 나라에서 볼 수 없는 대단히 강력한 것 두 가지를 갖고 있다. 프랑스는 원칙과 전설을 동시에 갖고 있다. 즉 가장 원대하고 가장 인간적인 관념과 동시에 가장 많이 따르는 전통을 갖고 있는 것이다.

중세에 은총이라는 교리 속에 묻혀 있던 이 원칙, 이 관념을 인간의 언어로는 형제애라고 부른다.

이 전통은 카이사르로부터 샤를마뉴와 성왕 루이에게, 루이 14세로부터 나폴레옹에게 이어지면서 프랑스의 역사를 인간성의 역사로 만들고 있다. 그 안에서 세계의 도덕적 이상이 다양한 형태로 지속되고 있다. 성왕 루이로부터 오를레앙의 처녀에게로, 잔 다르크로부터 혁명의 젊은 장군들로 이어지는 것이다. 프랑스의 성인은 그 누구라 할지라도 세계의 성인이다. 그는 온 인류로부터 채택되어 축복받고 눈물을 흘리게 만든다.

한 미국의 철학자9는 "모든 인간을 위한 최고의 나라는 조국이고 두번째의 나라는 프랑스"라고 말했다. 그러나 자신의 조국보다 이곳에서 살기를 원하는 사람은 얼마나 많은가! 그들이 자신을 묶어주는 고리를 끊을 수만 있다면 그들은 날아가는 가련한 새처럼 이곳으로 와서 정착하고 도피처를 구하고 최소한 잠시나마 삶의 온기를 얻을 것이다. 그들은 암묵적으로 이곳이 모든 사람의 조국이라고 공언한다.

이렇듯 세계의 망명지로 간주되는 이 나라는 나라를 넘어선다. 그것은 살아 있는 형제애이다. 프랑스가 어떠한 나락으로 떨어질지라도 프랑스는 그 본성의 깊은 곳에 그 생생한 원칙을 지니고 있는데, 그것이 프랑스에게 회복될 특수한 기회

9_ 토머스 페인(Thomas Paine: 1737~1809)을 가리킨다. 영국에서 태어났지만 『상식론』과 『미국의 위기』를 통해 미국독립혁명에 불을 붙인 페인은 프랑스혁명도 열렬하게 지지했다. 그의 『인권』은 프랑스혁명을 비판자들로부터 옹호했다.

를 유지시켜준다.

프랑스가 인류의 구원을 위해 무엇이었고 무엇이 되어야 했는지 기억하는 날에 프랑스는 아이들을 모아놓고 가르칠 것이다. 프랑스는 신념과 종교로서 지구처럼 생생하고 견고하게 다시 나타날 것이라고.

내가 지금 말하고 있는 것은 오랫동안 생각해왔던 심각한 문제인데, 그것은 어쩌면 우리나라의 쇄신을 포함하는 문제일 것이다. 프랑스만이 자신의 이익과 운명을 인류의 이익과 운명과 결합시킨 나라이기 때문에 프랑스만이 그런 교훈을 스스로에게 가르칠 권리가 있는 유일한 나라이다. 프랑스만이 그것을 할 수 있는 유일한 나라이다. 왜냐하면 프랑스의 위대한 국민적 전설이자 동시에 인류의 전설만이 완전하고 모두가 따르는 자이며 그의 역사적 연쇄 속에서 이성의 요구에 가장 잘 대답할 수 있기 때문이다.

그것은 광신이 아니다. 그것은 오랜 연구에 바탕을 둔 진지한 판단에 의해 대단히 농축된 표현이다. 다른 나라들은 세계가 받아들이지 않는 그들에게만 특별한 전설이 있다는 것을 증명하는 것이 내게는 너무도 쉽다. 때로 그러한 전설들은 서로 간에 떨어져 있는 등잔처럼 연결되지 않고 고립되고 개별적인 성격만을 갖고 있다.[10] 프랑스의 국민적 전설은 방대하고 끊이지 않는 빛의 흐름으로서, 세상 사람들이 언제나 눈을 고정시키는 참된 은하수이다.

독일과 영국은 인종과 언어와 본능에 있어서 로마와 기독교는 물론 민주주의라는 위대한 전통에 이질적이다. 그들도 일부를 공유하긴 하지만 이질적인 그들의 밑바탕과 조화시키지는 못한다. 그들은 변죽만 간접적으로 어색하게 공유하고 있기 때문에 그 전통을 가졌어도 가지지 못한 것이다. 그 국민들을 세심하게 살펴보자. 당신은 그들에게서 삶과 원칙 사이의 육체적, 정신적 불일치를 발견할 수 있는데, 그것은 프랑스 국민에게는 찾을 수 없는 것이다. 따라서 (내적인 가치는 고려하지 않고 형식과 외관만 참작한다 할지라도) 세계가 그들로

10_ 〔원주〕 전설이 가장 풍요로운 것처럼 보이는 위대한 독일 민족부터 이야기해보자. 지크프리트와 프리드리히 바르바로사와 철의 손 괴츠의 전설은 과거와 불가능과 헛된 후회에 생명을 불어넣으려는 시적 꿈일 뿐이다. 독일의 절반이 거부하고 침을 뱉은 루터는 전설을 남기지 못했다. 독일과는 완전히 다른 프러시아인인 프리드리히대제는 가장 프랑스적인 철학자로서 힘의 흔적은 남겼지만 시로서도 국민적 믿음으로서도 마음에 아무것도 남기지 못했다.
영국의 역사적 전설인 에드워드 3세와 엘리자베스여왕의 승리는 정신적 모범이라기보다는 영광스러운 사실만을 제시할 뿐이다. 셰익스피어 덕분에 한 가지 유형이 영국인들의 정신 속에는 강력하게 자리잡으면서 지나치게 큰 영향을 주었는데, 그것은 리처드 3세이다. 그들의 전통이 어찌 그리 쉽게 깨졌는지 살펴보면 기이하다. 세 번에 걸쳐 세 개의 다른 나라가 튀어나온 것 같다. 로빈후드와 그 밖의 발라드는 중세를 달래주다가 셰익스피어와 함께 끝났다. 셰익스피어는 성서와 크롬웰과 밀턴에 의해 소멸되었는데, 그들 역시 산업주의와 최근의 반쯤만 위대한 사람들에 의해 말살되었다. 전설의 바탕이 될 수 있는 그들의 완전한 인간은 어디에 있는가?

부터 규범이나 교훈을 찾을 수는 없는 것이다.

반면 프랑스에는 두 개의 원칙이 혼합되어 있다. 프랑스에는 켈트족의 요인과 로마의 요인이 결합되어 하나가 되어 있다. 어떤 사람들이 언제나 얘기를 하고 있다고 할지라도 독일의 요인은 실로 미미하다.

프랑스는 로마로부터 나왔으며 로마의 언어와 역사와 법을 가르쳐야 한다. 우리의 교육이 그렇게 하고 있는 것은 조금도 부조리하지 않다. 잘못은 그 교육에 프랑스의 감흥을 불어넣지 않는다는 사실에 있을 뿐이다. 프랑스는 수단일 뿐인 로마의 학문에 무게를 두고 목적인 프랑스를 숨기고 있다.

그 목적은 입구부터 어린이에게 보여주어야 한다. 그리하여 그 어린이 자신인 프랑스로부터 출발하여 로마를 경유하여 여전히 그 자신인 프랑스로 되돌아가야 한다. 그래야지만 우리의 교육은 조화를 이루게 될 것이다.

이 국민이 그 자체로 돌아간 날 그들은 눈을 뜨고 스스로를 볼 것이며, 그들이 살고 지속될 수 있도록 만들어줄 수 있는 최초의 기관은 조국을 아이들의 마음속에 안착시킬 수 있는 조화로운 교육을 (시간이 허용하는 한 다소간의 차이는 있다 할지라도) 모두에게 제공할 수 있는 것이어야 함을 이해할 것이다. 그 밖에 다른 구원은 없다. 우리는 우리의 악 속에서 늙었고, 치료받기를 원하지 않는다. 만일 신이 이 영광스럽지만 불행한 나라를 구원한다면 그는 어린이들을 통해서 구원할 것이다.

7

혁명에 대한 신념. 프랑스는 그 신념을 끝까지 지키지 않았고 교육으로 그 정신을 전달하지도 않았다

마음과 영혼을 다해 민중의 교육에 전념했던 유일한 정부는 혁명 정부였다. 국민제헌의회와 입법의회는 원칙을 진정 인도적인 의미에서 놀랄 만큼 명쾌하게 설정했다. 국민공회는 세계는 물론 프랑스와도 끔찍한 전쟁을 벌였지만 그럼에도 불구하고 그 와중에 프랑스를 구했던 것이다.[1] 암살과 집단 살해와 상해 등 당면한 개인적 위험 속에서도 그들은 포기하지 않고 공교육이라는 거룩하고 신성한 주제를 완강하게 추진했던 것이다. 국민공회 의원들이 무장을 하고 앉아서 최후가 될지도 모를 매 회기를 연장해나가던 그 폭풍의 밤에도 그들은 시

1_ 국민제헌의회는 루이 16세가 삼부회라고 알려져 있는 신분회의를 해산하자 1789년 6월 미라보가 주축이 되어 결성했다. 여기에서 「인권선언문」을 작성했다. 입법의회는 1791년 10월에 결성된 프랑스왕국의 입헌군주제 의회를 가리킨다. 국민공회는 1792년 9월부터 존속했던 입법기관으로서 로베스피에르, 당통, 마라 등 혁명의 과격파가 주도했다.

간을 내어 모든 제도를 상정시켜 검토했다. 의원 중의 한 명은 이렇게 말했다. "만일 우리가 교육 법안을 확정짓는다면 우리는 충분히 오래 산 것이리라."

채택된 세 개의 안건은 의미와 위엄으로 가득차 있었다. 우선 그들은 높고 낮은 곳에서 사범학교와 초등학교를 조직했다. 그들은 살아 있는 불을 붙였고, 그것을 민중의 깊은 곳으로 전달했다. 그 뒤 이들은 더 여유롭게 부유한 자들이 교육받을 수 있는 중등학교로 중간의 빈 공간을 채웠다. 그럼에도 불구하고 그 모든 것들은 동시에 조화롭게 만들어졌다. 그때 그들은 삶의 작업이라는 것은 조금씩 만들어져서는 안 된다는 것을 알고 있었다.

영원히 기억해야 할 순간이다! 테르미도르 9일이 지난 지 두 달 뒤였다.[2] 사람들은 다시 삶을 믿기 시작했다. 무덤에서 나온 프랑스는 갑자기 2천 년 더 성숙했다. 계몽되었지만 여전히 피를 흘리던 프랑스는 아이들을 모두 불러 그 위대한 경험에 대한 최고의 교육을 받으라고 말했다. 와서 보아라![3]

2_ 테르미도르 9일에 대해서는 1부 6장 주7)을 참고할 것.

3_ [원주] 이 경험의 중요한 결실은 인간의 피란 흘린 사람에 반대하는 끔찍한 힘을 갖고 있다는 사실이다. 프랑스가 공포정치에도 불구하고 구원받았다는 사실을 확인하기는 내게는 너무도 쉬운 일로 보인다. 그 공포정치의 주도자들은 우리에게 아직도 지속되는 큰 악을 저질렀다. 유럽에서 가장 벽지의 가난한 오두막에 가보라. 당신은 여전히 그 기억과 그 저주를 만나게 될 것이다. 왕들은 냉

국민공회의 보고자가 "시간만이 공화국의 교수가 될 수 있을 것"이라는 단순하지만 진지한 말을 했을 때 눈물이 그렁거리지 않던 눈이 어디에 있었겠는가? 모두가 시간의 교훈을 비싸게 치렀다. 모두가 죽음을 무릅썼고 다 살아남지는 못했다.

이 거대한 시련 뒤에는 인간 감정을 위한 침묵의 순간이 있었던 것처럼 보였다. 어떤 자만심도 이해관계도 질투심도 없었다고 생각할 수 있었다. 국가에서, 학문에서 가장 높은 곳에 있는 사람들이 교육이라는 가장 소박한 일을 받아들였다.[4] 라그랑주[5]와 라플라스[6]가 산수를 가르쳤다.

혈한처럼 그들의 처형장과 그들의 슈필베르크([역주] 슈필베르크는 모라비아의 산중에 있는 성인데, 프랑스혁명 이후 혁명가들을 수감하는 감옥으로 사용되었다)와 그들의 요새와 그들의 시베리아 등등에서 수많은 사람들을 죽였다. 그러나 그게 무슨 상관이란 말인가? 공포정치의 피해자들은 사람들의 생각 속에서 거의 언제나 피를 흘리고 있다. 우리는 우리의 죄도 아니고 우리에게 전가할 수도 없는 그 공포정치에 대항하여 저항할 기회를 결코 잃어서는 안 된다. 우리 군대의 열정만이 프랑스를 구했다. 의심할 바 없이 공안위원회는 그 열정을 지지했지만, 그것은 위원회 내부의 탁월한 군사 행정가들의 지지였는데, 로베스피에르는 그들을 혐오했고 가능하다면 죽이려고 했다. 가장 순수한 우리의 장군들은 로베스피에르와 그 친구들에게서 악의와 불신과 모든 종류의 장애물밖에 찾을 수 없었다. 나는 오늘 그 모든 것을 여기에서 파고들어갈 시간이 없다.

4_ 〔원주〕 문서보관소에 있는 나의 눈앞에는 중등학교에서 가르쳤던 사람들의 목록이 펼쳐져 있다. 시예즈, 도누, 뢰드러, 아위 카바니스, 르장드르, 라크루아, 보쉬, 소쉬르, 퐁텐, 쟁그네, 라아르프, 라로미기에르 등등.

5_ 라그랑주(Joseph-Louis Lagrange: 1736~1813)는 이탈리아 출신이지만 프랑스로 귀화한 수학자이자 천문학자이다.

6_ 라플라스(Pierre-Simon, marquis de Laplace: 1749~1827)는 수학자이자 물리학자이자 천문학자로 다양한 분야에 큰 업적을 남기고 영향을 미친 인물이다. '프랑스의 뉴턴'이라는 별명으로 불리기도 했다.

이미 유명세를 얻은 사람들까지 포함해 1천5백 명가량의 다 자란 사람들이 가르치기 위해 배우려고 사범학교에 가기로 어려움 없이 결심했다. 그들은 한겨울 그 곤궁과 기아의 순간에 최선을 다해 도착했다. 물질적인 폐허 위에 정신의 고결함만이 아무런 그늘도 없이 솟아올랐다. 대단히 창의적인 천재들이 번갈아가며 이 위대한 학교의 의자를 채웠다. 베르톨레[7]와 모르보[8] 같은 사람들은 화학의 기초를 세우고 물체의 내부 세계를 열고 침투하기 위해 왔다. 라플라스와 라그랑주 같은 다른 사람들은 계산에 의해서 세계의 체계를 확립했고, 지구를 그 위에 근거시켰다. 정신의 힘이 이보다 더 확고했던 적은 없었다. 이성은 이성에게만 공손하게 복종했다. 영원 속에서도 단 한 번 나타날 것 같은 이 사람들 중에서도 아위[9]의

7_ 베르톨레(Claude Louis Berthollet: 1748~1822)는 프랑스의 화학자로서 많은 업적을 남겼다. 후학의 지도에도 큰 힘을 기울였다.

8_ 모르보(Louis-Bernard Guyton, Baron de Morveau: 1737~1816)는 화학의 학술용어 정착에 크게 기여한 프랑스의 화학자이다.

9_ 아위(René Just Haüy: 1743~1822)는 프랑스의 성직자이자 광석학자였다. 특히 수정에 대한 연구에 일가견이 있어 '수정학'이라는 분야의 대가로 꼽혔고 프랑스혁명 당시 미터법의 도입에도 큰 역할을 했다. 혁명 정부에서 성직자들을 선출하도록 만들려는 "성직자 기본법"을 거부하여 '비선서 성직자'가 되고 1792년 8월 군주제가 끝난 뒤 투옥되었으나, 에티엔 주프루아 생틸레르가 중재하여 석방되었다. 그가 석방되고 며칠 지나지 않아 수감자들을 살해한 9월학살이 일어났다. 특히 성직자들이 많이 살해되었다. 생틸레르에 대해서는 2부 6장 주21)을 참고할 것.

대단히 소중한 머리 하나가 떨어져나갈 것 같았던 순간에 주프루아 생틸레르에 의해 구원을 받았다는 것을 본 순간 그들의 마음은 얼마나 단단히 엮였겠는가!

위대한 시민 카르노[10]는 승리를 조직했고 오슈와 나폴레옹을 예견했으며[11] 공포정치에도 불구하고 프랑스를 구원했는데, 그가 에콜 폴리테크니크[12]의 진정한 창시자였다. 그들은 전쟁을 하듯 가르쳤으며, 3개월 만에 3년의 과정을 끝냈다. 6개월이 지나자 몽주[13]는 과학 교육을 다 받았을 뿐만 아니라 발전시키기까지 했다고 선언했다. 선생들의 끊임없는 발명의 구경꾼이었던 학생들도 발명에 나섰다. 라그랑주가 보여주는 광경을 머릿속에 그려보라. 그는 학생들을 가르치다가 갑자기 멈추더니 깊은 생각에 빠졌다. 학생들은 침묵 속에 기다렸다. 마침내 깨어난 그는 자신의 정신 속에 막 떠오른 그 새롭고 빛나는 발명을 학생들에게 설명했던 것이다.

모든 것이 부족했지만 천재성만은 예외였다. 학생들은 하루

10_ 카르노(Lazare Nicolas Marguerite, Count Carnot: 1753~1823)는 프랑스의 수학자이자 정치가였는데, 프랑스혁명 전쟁과 나폴레옹 전쟁에서의 역할로 "승리의 조직자"라는 별명으로 불린다.

11_ 오슈와 나폴레옹의 관계에 대해서는 3부 1장 주7)을 참고할 것.

12_ 에콜 폴리테크니크는 '종합기술학교'라고 번역되기도 하는데 1794년에 창설된 공학 계열의 상급 교육기관이다.

13_ 몽주(Gaspard Monge: 1746~1818)는 프랑스의 수학자였다. 수학의 문제를 도형을 통해 기하학적으로 풀어내는 화법기하학의 창시자로 알려져 있다.

에 4수를 받지 않았더라면 올 수가 없었다. 그들은 마음의 양식과 함께 일용할 양식도 받았던 것이다. 선생 중 한 명인 클루에[14]는 사블롱평원에 작은 땅뙈기 하나를 봉급으로 받아 자신이 기른 채소로 연명했다.

그 시기 이후 우리는 얼마나 추락했는가! 도덕적 추락과 그에 못지않게 큰 사고 영역의 추락. 국민공회에서 채택된 보고서 이후 푸르크루아[15]와 퐁탄[16]의 보고서를 읽어보라. 몇 년 사이에 성인들이 노년에 도달했다. 노쇠해버렸다.[17]

그 영웅적이고 사심 없던 열정이 그리도 일찍 쇠퇴하고 몰락하는 것을 본다는 일은 가슴이 쓰라리지 않은가? 영광스러운 사범학교는 결실을 맺지 못했다. 인문학은 버려지고 포기되고 상호 모순되는 것처럼 보이며 가르침이 빈약했다는 사실을 알게 된다면 그것은 놀랄 일이 아니다. 역사 교수였던 볼네[18]는 "역사란 죽은 사실들에 대한 학문"으로서 살아 있는 역

14_ 클루에(Louis Clouet: 1751~1801)는 주철 제조의 원리를 발견한 과학자이다.

15_ 푸르크루아(Antoine François, comte de Fourcroy: 1755~1809)는 프랑스의 화학자로서 라부아지에, 베르톨레, 모르보와 함께 화학의 학술용어 정착에 기여했다.

16_ 퐁탄(Louis-Marcelin, marquis de Fontanes: 1757~1821)은 프랑스의 시인이자 정치가였다.

17_ [원주] 제국시대에 한 사람만이 국민공회에서 교육제도에 부여한 중요성을 옹호할 드문 용기를 가졌다. 다음을 볼 것. Lacroix, *Essais sur l'enseignemens,* 1805.

18_ 볼네(Constantin François de Chassebœuf, comte de Volney: 1757~1820)

사란 없다고 가르쳤다. 철학 교수였던 가라[19]는 "철학이란 단지 상징의 연구에 불과하다"고 말했다. 바꾸어 말하자면 그것은 철학이 아무것도 아니라고 말한 것이나 다름없었다. 기호를 위한 기호로 말하자면 수학은 물론 그 인접 학문인 천문학이 철학보다 우월했다. 따라서 모든 곳에 정신을 확산시켜야 했던 위대한 학교 속에서 혁명의 프랑스는 고정된 별을 가르치며 그 자체를 잃어버렸다.

기반을 다지려는 혁명의 이 마지막 시도에서 혁명은 약속한 땅을 보지 못한 채 사막에서 죽어간 예언자가 될 수밖에 없었다는 사실만이 돋보일 뿐이다. 어떻게 혁명의 목적지에 도달할 수 있었겠는가? 혁명은 모든 것을 이루어야 했지만 아무런 준비도 되어 있지 않았고, 이전의 체제에서 받았던 어떤 지원도 찾을 수 없었다. 혁명은 공허한 세계의 소유물이 되었다—상속권 포기라는 법에 의해. 나는 언젠가 혁명은 파괴되어야 할 그 어떤 것도 세우지 않았다고 증거에 따라 보여줄 것이다. 성직자는 끝났고 귀족도 끝났고 왕가도 끝났다. 그리고 혁명은 그것을 대체할 것을 아무것도 갖고 있지 않았다. 혁명

는 역사가이자 철학자로서 국민의회의 의원이었다. 그의 이집트와 시리아에 대한 연구는 나폴레옹의 이집트원정에 도움이 되었다.

19_ 가라(Dominique Joseph Garat: 1749~1833)는 프랑스의 바스크 지역 출신 작가로서 혁명 정부에서 법무부 장관과 내무부 장관을 역임했다.

은 악순환을 돌고 있었다. 혁명을 만들기 위해서는 사람이 필요했다. 그러나 인간을 만들기 위해서는 혁명이 이미 만들어져 있어야 했다. 하나의 세계에서 다른 세계로의 이행을 완수하기에 필요한 도움이 하나도 없었다. 넘어서야 할 간격이었으나 날아갈 날개가 없었다.

민중의 보호자라고 하는 왕가와 성직자들이 지난 네 세기 동안 민중을 계몽시키기 위해 했던 일이 얼마나 적었는지 살펴본다면 슬프기만 하다. 교회는 현학적인 말을 쓰면서 민중에게 너희들은 이해하지 못한다고 말했다. 교회는 가장 교양이 높은 사람일지라도 갸우뚱할 수밖에 없는 복잡한 형이상학적 교리를 민중에게 외우도록 만들었다. 프랑수아 1세의 군단과 루이 14세의 연대는 가르치는 것도 없는 학교였다. 그들 스스로 만들어 공동의 생각을 획득했고 조국에 대한 감정을 조금씩 고양시켰다.

유일하게 직접적인 교육은 부르주아들이 중등학교에서 받은 것이었는데, 그들은 변호사나 문필가로서 그 교육을 이어나갔다. 그것은 언어, 수사학, 문학, 법학 등에 대한 구두 교육이었는데 고대의 법학자들처럼 학식이 높은 것도 정확한 것도 아니었고, 이른바 얕은 철학적 추상으로 가득한 것이었다. 형이상학이 없는 논리학자였고, 법과 역사가 결여된 법학자였던 그들은 단지 기호와 형식과 숫자와 문구에 대한 믿음만 갖고 있었다. 그 모든 것에 있어서 그들에게는 실체가 결여되어 있었다. 즉 삶과 삶에 대한 감흥이 결여되어 있었던 것이다. 허영이 죽도록 짜증나게 만드는 큰 무대에 그들이 올랐을 때 사람들은 학문적 섬세함이라는 것이 사악한 본성에 얼마나 더 큰 사악함을 더해줄 수 있는지 확인할 수 있었다. 정수만을 추출해낸다는 이 탁상공론가들은 대여섯 가지의 공식으로 무장을 했는데, 그들은 그것을 기요틴처럼 사용하여 인간을 추출해냈다.[20]

20_ [원주] 로베스피에르와 생쥐스트가 공유했던 심문과 경찰 활동의 천재성은 많은 사람들을 놀라게 했다. 그렇지만 중세를 잘 아는 사람들에게는 놀랍지 않았다. 그들은 중세의 이단 심문관과 피에 굶주린 궤변가들의 기질을 그들에게서 발견하는 일이 많았기 때문이다. 그 두 시대 사이의 유사성에 대해서는 키네가 깊이 있게 잘 포착했다. Edgar Quinet, *Le christianisme et la révolution*, p. 349~351(1845). 신중한 공정성을 갖고 있으며 적에 대해서도 우호적으로 판단하려던 두 사람인 카르노와 도누는 로베스피에르에 대한 견해에 있어서 완벽하게 일치했다. 도누가 내게 자주 했던 말은 그 유명한 독재자는 마지막 순간 위험이 닥쳐 웅변을 펼쳐야 했을 때를 제외한다면 이류의 인간이었다는 것이다. 생쥐스트의 재능이 더 컸다. 우리로 하여금 공포정치의 마지막 과도한 행위에 대해 그 둘은 무관했다고 믿도록 만들려는 사람들에 대해서는 생쥐스트 스스로가 논박하고 있다. (로베스피에르가 축출되었던 테르미도르 9일보다 불과 며칠 전이었던) 1794년 4월 15일 생쥐스트는 그 당시까지의 형벌이 너무 관대했다고 개탄했다. "최근에 법원의 기강이 심각하게 해이해졌다. 2년 동안 법원에서는 무엇을 했는가? 그들의 정의에 대해 무슨 말이 있었는가? 혁명을 유지하기 위해 세워졌지만 그들의 관대함이 도처에서 범죄를 방치한다." *Histoire Parlementaire*, t. XXXII, p. 311, 319. 혁명 2년 제르미날 26일. ([역주] 생쥐스트(Louis Antoine Léon de Saint-Just: 1767~1794)는 로베스피에르의 친구로서 공포정치를 이끌었다. 카르노는 3부 7장 주10)을 참

로베스피에르 밑에서 공포정치를 공포 자체로 만들었던 그 위대한 국민공회가 고개를 들고 흘렸던 모든 피를 보았을 때 그것은 대단히 끔찍한 일이었다. 국민공회는 세계 전체가 연합을 맺어 반대했고, 단지 30개의 도道만이 남아 그 밖의 프랑스의 반대와도 싸워야 했을 때에도 신념을 잃지 않고 전부를 구했다.[21] 국민공회가 파리조차 지키지 못해 그 의원들을 무장시켜야 했고 자기 자신을 보호하기 위해 자신 이외의 다른 사람을 볼 수 없었을 때에도 신념을 잃지 않았다. 그러나 유혈을 마주치고, 죽은 자들이 무덤에서 나와 그들 앞에 서 있고, 석방된 죄수들 무리가 그들의 판사를 재판하겠다고 나서는 앞에서 국민공회는 약해졌고 포기하기 시작했다.

국민공회는 자유로운 미래를 향유할 수 있는 발자국을 결코 밟지 않았다. 그것은 태동하려고 하는 젊은 세계에 손을 올릴 용기가 없었다. 혁명은 완료되기 위해서는 한 가지 사실을 가르쳐야 했다. 가르쳐야 할 단 한 가지의 사실, 그것이 혁명이었다.

고할 것. 도누(Pierre Claude François Daunou: 1761~1840)는 프랑스혁명기의 정치가이자 역사가였다. 그는 미슐레와 마찬가지로 콜레주 드 프랑스의 교수이기도 했다.)

21_ 국민공회의 결정으로 국왕 루이 16세를 처형한 뒤 경악한 유럽 대부분의 나라들은 동맹을 맺고 프랑스와 전쟁을 벌였고, 프랑스의 여러 지방에서도 반란의 시도가 일어났다.

혁명을 가르치기 위해서는 과거를 부정하는 것이 아니라 그 정반대로 국민공회가 현재에 대해서 했듯이 과거에 도전하고 그것을 다시 포착하고 자신의 것으로 만들어야 했다. 국민공회가 이성의 권위와 함께 역사와 우리의 모든 역사적 국민성의 권위를 소유하고 있었다는 사실을 보여주어야 했다. 혁명은 프랑스 국민의 천재성의 뒤늦었지만 정당하고 필연적인 표출이었다는 사실을 보여주어야 했다. 국민공회는 마침내 자신의 권리를 찾게 된 프랑스 자신이었다는 사실을 보여주어야 했다.

국민공회는 그 어떤 것도 하지 못했다. 그것이 유일하게 불러냈던 것인 추상적 이성은 끔찍한 현실에 맞서게 되었을 때 아무런 도움도 되지 못했다. 국민공회는 자체를 의심했고 포기했고 말살되었다. 국민공회는 그 살아 있는 정신이 세계로 전파되기 위해서는 죽어서 무덤으로 들어가야 했다. 국민공회는 그 옹호자[나폴레옹]에 의해 파괴되었지만 그는 백일천하[22]에 국민공회에 경의를 표했다. 국민공회는 신성동맹[23]에 의해 파괴되었지만, 왕들은 1789년에 입안했던 사회적 원리 위에서

22_ 나폴레옹이 1815년 엘바섬 유배에서 탈출한 뒤 파리에 도착하여 잠시 지배했던 기간을 가리킨다.

23_ 러시아, 오스트리아, 프러시아 사이에 1815년에 맺어진 동맹.

프랑스에 반대하는 동맹을 맺었다. 국민공회는 자신에게 신뢰를 갖지 못했기 때문에 그와 싸우던 자들이 승리를 거두었다. 가슴을 찔렀던 그들의 칼이 기적을 만들며 치유했다. 그 박해자들을 개종시키고 그 적들을 가르쳤던 것이다. 왜 아이들에게 가르치지 않았던가!

8

신념이 없이는 교육도 없다

교육의 첫번째 질문은 이것이다. "당신은 신념을 갖고 있는가? 당신은 신념을 주는가?"

어린이는 믿어야 한다.

어린이로서 믿었던 것을 어른이 되면 이성으로 증명하게 하라.

어린이로 하여금 이성을 사용하여 논쟁하고 비평하게 만드는 일은 무의미하다. 우리가 뿌렸던 모든 씨앗을 끊임없이 즐겁게 갈아엎는 일이다. 이게 무슨 농사인가!

어린이를 박식하게 만드는 일, 그것은 무의미하다. 쓸모 있고 쓸모없는 혼란한 지식으로 어린이의 기억을 가득 채우고, 이미 만들어져서 살아 있지 않고 죽거나 부분적으로 죽은 수천에 이르는 사실들을 그의 내부에 쌓아놓고 전체적으로 보지 못하게 하는 것, 그것은 그의 정신을 살해하는 짓이다.

더하고 축적하기 이전에 그는 존재해야 한다. 그 어린 존재의 살아 있는 씨앗을 창출하고 강화시켜야 한다. 어린이는 무엇보다도 신념에 의해 존재한다.

신념은 영감과 행동의 공동적인 기반이다. 신념이 없이는 어떤 위대한 일도 있을 수 없다.

아테네인들은 인간의 모든 문화가 아테네의 아크로폴리스로부터 내려왔으며, 제우스의 머리에서 태어난 팔라스[1]가 예술과 과학의 빛을 분출했다는 신념을 갖고 있다. 그 믿음은 실현되었다. 2만 명 시민의 이 도시는 세계를 빛으로 넘쳐나게 만들었고, 죽었다 할지라도 여전히 세계에 빛을 발한다.

로마인들은 카피톨리노 언덕에서 발견된 살아 있고 피를 흘리던 머리가 로마인들에게 세계의 우두머리이자 재판관이자 집정관이 되리라고 약속했다는 신념을 갖고 있다.[2] 그것은 실현되었다. 로마제국은 사라졌다 할지라도 그 법은 남아 있어 계속하여 세계를 지배하고 있다.

기독교인들은 인간의 모습으로 내려온 신이 형제들의 나라를 만들 것이며 머지않아 세계를 같은 마음속에 연결시키리

1_ 거인족의 일원 팔라스가 아니라 팔라스라는 별명으로도 불렸던 아테나 여신을 가리킨다.

2_ 로마가 세계를 지배할 운명이라는 신화는 계속하여 존재해왔지만 아우구스투스의 시대부터 정착된 것으로 보인다.

라는 신념을 가졌다. 그것은 아직 실현되지 않았지만 우리에 의해 실현될 것이다.

신이 인간의 모습으로 내려왔다는 말로는 충분하지 않다. 너무도 일반적인 말에 머물러 있다면 그 진리는 발전될 여지가 없다. 신이 각 나라마다 어떻게 인간으로 모습을 드러냈는지 찾아야 할 필요가 있다. 즉 나라마다의 다양한 천재들 속에서 하느님 아버지는 어떻게 아이들의 필요에 부응했는지 찾아야 한다는 것이다. 그가 우리에게 부여한 합일이란 한 가지 색으로 모이는 것이 아니라 모든 다양성이 서로를 사랑하는 조화로운 합일이다. 그들이 서로를 사랑하기를, 그러나 그들이 생존하기를. 그들이 세계를 더 밝히기 위해 그 광휘를 확산시키기를. 사람들로 하여금 어린아이 때부터 조국 속에 살아 있는 신을 알아보는 습관에 길들여지기를.

여기에서 심각한 반론이 떠오른다. "내게도 별로 없는 신념을 어떻게 남에게 줄 수 있는가? 종교적 믿음과 마찬가지로 조국에 대한 신념도 내게서 약해졌다고 하면서."

만일 신념과 이성이 서로 대립되어서 합리적인 수단으로 신념을 획득할 길이 없다면 우리는 신비주의자처럼 멈춰 서서 한숨짓고 기다려야만 하는 것일까? 그러나 인간에게 걸맞은 신념이란 사랑에 대한 믿음으로서 그것은 이성으로 증명할 수 있다. 그 믿음의 대상이란 어떤 우연한 신비가 아니라 자연과 역사 속에 영원히 존재하는 기적이다.

프랑스가 다시 신념을 갖고 그 미래를 염원하기 위해서는 그 과거로 되돌아가 본연의 천재성에 천착해야 한다. 이 일을 진지하게 마음으로부터 하려 한다면 이 연구를 통해 확립된 전제로부터 다음과 같은 일들이 반드시 뒤따른다는 사실을 알게 될 것이다. 과거로부터 미래가, 즉 프랑스의 사명이 당신에게 흘러나오리라는 것이다. 그것이 당신에게 온전한 빛 속에 드러나게 될 것이며, 당신은 믿을 것이고 믿는 것을 사랑할 것이다. 신념은 그 밖의 다른 것이 아니다.

어찌 당신은 프랑스에 대한 무지로 물러서려 하는 것인가? 당신의 기원이 그 안에 있다. 그것을 알지 못하면 당신은 스스로를 조금도 알지 못한다. 프랑스는 당신을 둘러싸고 모든 방향에서 당신과 접하고 있다. 당신은 프랑스 속에 살고 있으며 프랑스에 의해 살고 있으며 프랑스와 함께 당신은 죽을 것이다.

프랑스가 살기를, 그리고 당신은 신념 속에 살기를.

당신이 아이들을 본다면 프랑스는 당신의 가슴속으로 돌아올 것이다. 선하고 유순한 그 어린 세계는 살기를 원하며, 믿음의 삶을 요구한다. 당신은 무관심 속에 늙었다. 그러나 당신들 중의 그 누가 자신의 아들이 조국도 신도 없어 마음마저 죽어 있기를 바라겠는가? 그 아이들 모두의 안에는 우리 선조의 영혼이 있으며, 그것은 오래되었지만 새로운 우리의 조국이다. 그들이 그것을 알도록 도와주자. 그러면 그들은 사랑하는 재능을 우리에게 되돌려줄 것이다.

부자에게 가난한 사람들이 필요하듯 어른에게는 아이들이 필요하다. 우리가 그들에게 주는 것은 그들로부터 받는 것보다 훨씬 적다.

곧 우리의 자리를 차지할 어린이의 세계에 나는 감사해야 한다. 누가 나보다 더 프랑스의 과거를 연구했을까? 수많은 개인적 시련을 통해서 프랑스의 시련을 알게 되었던 나보다 더 프랑스를 잘 감지했던 사람이 있을까? 그럼에도 불구하고 고독 속의 나의 영혼은 노쇠하고 있다는 것을 나는 말해야 한다. 나의 영혼은 하찮고 사소한 호기심에 끌려가거나 또는 이상을 향해 솟구쳐서 땅을 밟지 않는다. 실재는 나를 비껴갔으며 내가 항상 추구했고 사랑했던 우리의 조국은 저 낮은 곳에 보이고 있다. 조국이 나의 학문과 연구의 대상이자 목적이었다. 그것은 내게 살아 있는 것으로 보인다. "누구에게?" 내 책을 읽는 당신 속에. 당신들 젊은이들에게서 나는 조국을 본다. 조국의 영원한 젊음을 본다. 어찌 내가 그것을 믿지 않겠는가?

9

조국 속의 신. 미래의 젊은 조국—희생

모든 예술 작품처럼 교육은 무엇보다도 단순하고 강력한 밑그림을 필요로 한다. 거기에는 어려움을 만들거나 반대를 도발하는 어떤 복잡한 것도 사소한 것도 있지 않아야 한다.

어린이에게는 위대하고 건강하고 지속적인 인상을 통해 인간을 세우고 마음의 삶을 창출해야 한다.

신은 먼저 어머니에 의해 사랑과 자연 속에서 드러난다. 다음으로 신은 아버지에 의해 살아 있는 조국과 영웅적인 역사 속에서, 프랑스에 대한 감흥 속에서 드러난다.

신과 신에 대한 사랑. 대지가 매년 기적을 이뤄 풀마다 꽃이 피고 당신이 보는 동안에도 식물이 매 순간 자라고 있는 성요한 축일[1]에 어머니에게 아이를 데리고 정원으로 가게 하

1_ 성요한 세례자 축일은 6월 24일이다.

라. 아이를 껴안고 부드럽게 말하라. "너는 나를 사랑하지, 나밖에 모르지? 좋은 일이야. 그런데 들어봐. 내가 전부가 아니란다. 네게는 다른 어머니도 있어. 남자, 여자, 어린이, 동물, 식물, 생명이 있는 모든 것들에게는 공동의 어머니가 있단다. 보이진 않지만 언제나 함께하며 모든 것을 먹여살리는 친절한 어머니가 있단다. 아가야, 그 어머니를 사랑하고, 마음으로부터 껴안아 주자꾸나."

오랫동안 그렇게 있자. 더 필요한 것은 없으니. 첫 느낌을 없앨 형이상학은 필요 없다. 그 숭고하고 부드러운 신비에 대해 아이가 생각하도록 놔두라. 그것을 설명하기 위해선 한평생도 충분하지 않을 것이니. 그는 그 하루를 결코 잊지 않을 것이다. 삶의 시련들과 모호한 학문들과 폭풍우 몰아치는 밤의 격정을 겪더라도 성요한 축일의 따뜻한 태양은 그의 마음속 깊은 곳에서 언제나 순수하고 선한 사랑의 영원한 꽃과 함께 빛날 것이다.

한참이 지나고 나서 어느 날 그 어린이에게서 어른 티가 나기 시작할 때 아버지가 그를 데리고 나가게 하라. 파리에 사람들 무리가 돌아다니는 큰 공공 축제의 날이다. 그를 노트르담에서 루브르와 튈르리를 거쳐 개선문을 향하게 하라. 지붕이나 테라스에서 그는 아들에게 민중을 보여준다. 번쩍거리는 총검과 삼색기를 들고 행진하는 군대를 보여주는 것이다. 축제가 시작하기 전 기다리는 순간에 광휘가 환상적으로 반사되고 갑자기 엄청난 침묵이 민중의 어두운 바다 위에 내려올 때 그는 몸을 굽혀 아들에게 말할 것이다. "봐라, 아들아. 이것이 프랑스다! 이것이 조국이다! 저들 모두가 한 사람 같다. 똑같은 영혼과 똑같은 심장이다. 모두가 한 사람을 위해 죽으려 한다. 모두가 너를 위해 살고 죽으려 한다. 무장을 하고 행진을 하며 이제 떠나려는 저 사람들은 우리를 위해 싸우러 간다. 그들은 그들을 필요로 하는 늙은 부모들을 놔두고 떠난다. 너도 똑같은 일을 할 것이다. 너는 너의 어머니가 프랑스라는 사실을 잊지 않을 것이니."

나는 [인간의] 본성을 잘 안다. 이러한 인상은 지속될 것이다. 그는 조국을 본 것이다. 최고의 합일 속에서 보이지 않던 그 신은 그의 팔다리 속에서, 그리고 국가의 삶이 축적되어 있는 위대한 업적 속에서 보이기 시작한다. 이 어린이가 모든 곳에서 접촉하고 느끼는 것은 살아 있는 한 인간이다. 어린이가 그 인간을 껴안을 수는 없더라도 그 인간이 어린이를 껴안는다. 그리하여 그 민중에 확산되어 있던 위대한 영혼의 온기로 그 어린이를 따뜻하게 만들어주고, 기념비를 통해서 그에게 말을 건넨다. 스위스가 한눈에 그 캔턴Canton, 州들을 모두 내려다 볼 수 있는 알프스 높은 곳에서 사랑하는 조국을 껴안고 조국에 대한 상을 간직할 수 있다는 것은 좋은 일이다. 그러나 프랑스인에게는 한 지점에 영광스럽고 영원한 조국의 모습이 집약되어 있다는 것이 실로 위대한 일이었다. 모든 시대와 모든 장소가 한꺼번에 모여 있는 것이다. 세자르 목욕탕에서 방돔광장의 기념탑을 거쳐 루브르와 샹드마르스까지, 그리고 개선문에서 콩코르드광장까지 프랑스와 세계의 역사가 이어진다.

그렇지만 어린이에게 지속적으로 강력한 조국의 영향을 미칠 기관이란 학교로서 언젠가 세워질 위대한 국립학교이다. 나는 진정으로 모두가 공유하는 학교를 말하는 것으로서, 그것은 모든 계급의 모든 어린이들이 1~2년 동안 나란히 함께 앉아서 어떤 특정 교과[2]를 배우기 이전에 프랑스에 대해서만 배우는 곳이다.

부르주아건 민중이건 우리는 초등학교건 중등학교건 우리 계급의 학교로 아이들을 서둘러 보낸다. 우리는 아이들 스스

2_ [원주] 중등학교나 공방에서 가르치는 특정 교과에 대한 교육은 그 뒤에 와야 한다. 포셰의 현명한 판단에 따르면 초등학교가 공방을 지도해야 하고, 중등학교의 첫해에는 학생이 이해할 수 있는 문법만 가르쳐야 한다. 더 많이 체조하고 즐거운 시간을 가져야 하며 쓸모없는 글쓰기는 줄여야 한다. 어린아이들에게 은총을, 은총을! ([역주] 포셰에 대해서는 1부 3장 주1)을 참고할 것.)

로 가난함과 부유함에 따르는 헛된 구분을 전혀 느끼지도 않는 그 행복한 시절에 아이들을 그렇게 갈라놓으며 모든 통합을 회피한다. 우리는 그들이 살아가야만 할 세상을 정말로 알게 될까봐 두려워하는 것처럼 보인다. 이처럼 일찍부터 갈라놓음으로써 우리는 무지와 질투로부터 나오는 증오는 물론 그 이후에 겪게 될 내전까지도 준비해놓고 있다.

만일 불평등이 인간들 사이에 필연적인 것이라면 바라노니 아이들만이라도 그들의 본능을 따라 잠시라도 평등하게 살게 되기를. 신의 순진무구한 이 어린이가 질투를 모른 채 학교에서 사회의 감동적인 이상을 우리를 위해 보존해주기를. 그리하여 그것이 우리를 위한 학교도 되기를. 우리는 학교에 가서 그들로부터 계급의 헛됨과 경쟁이라는 허울의 어리석음과 상류계급도 하류계급도 없는 참된 삶의 행복을 배우게 될 것이다.

그곳에서 우리의 조국은 다양하면서도 조화를 이루면서 젊고 아름답게 보일 것이다. 성격과 용모와 인종과 수백 개의 색깔에 대해 알게 해주는 그 다양성. 모든 계급과 재산과 관습이, 비단옷을 입었건 값싼 셔츠를 입었건, 검은 빵을 먹건 훌륭한 식사를 하건 모두가 같은 의자에 앉게 되기를. 부유한 아이는 아직 어릴 때 가난한 것이 무엇인지 배우게 되기를. 불평등으로 고통을 받아보기를. 참여하는 법을 배우고 자신의 힘에 맞춰 평등을 확립하도록 노력하고, 세계의 나라[즉, 학교]에 있는 나무의자에 앉아 신의 나라를 시작해보기를.

한편 가난한 아이는 부자가 부자인 것이 그의 잘못이 아니라는 사실을 상기하도록 배워야 한다. 그는 그렇게 태어났을 뿐이고 그가 가진 재산이 때로는 의지나 정신력의 박약이라는 또다른 결핍으로 이어지는 경우도 많다.

같은 국민의 모든 아이들이 잠시라도 이렇게 결속된다는 것은 훌륭한 일이다. 빈곤이나 풍요에 의해 그들이 타락하기 이전에, 질투와 이기주의의 시간이 오기 이전에 그들이 서로를 보고 알 수 있는 시간이 필요하다는 말이다. 아이는 조국에 대해 지울 수 없는 인상을 받을 것이다. 그는 학교에서 공부와 수업뿐 아니라 살아 있는 나라를 발견할 것이기 때문이다. 그 나라는 그 아이만큼이나 어린 나라로서 모두가 똑같은 정신적인 의자에 앉아있는 평등의 나라로서, 궁극적인 나라로 가기 이전의 좋은 나라이다.

나는 그 아이가 조국을 보고 배우는 것뿐 아니라 조국을 마치 신의 섭리인 것처럼 느끼면서 젖으로써 힘을 주고 살아 있는 온기를 주는 어머니나 유모처럼 인식하기를 바란다. 신은 어린이가 몸의 양식이 없다고 해서 마음의 양식까지 거절당해 학교에 보내지지 않는 것을 막아주기를. 단지 죽음을 지원하기 위해 부자가 되려는 건설업자와 성직자에게 수백만을 지불하는 불경한 탐욕,[3] 프랑스의 희망이자 소중한 삶이자 심장 중의 심장인 어린이들과 흥정하려는 그것.

한번은 하루에 5프랑을 버는 건장한 노동자 때문에, 다른 한번은 10솔밖에 못 버는 가난한 아낙네 때문에 울었지만 다른 곳에서 나는 내가 언제나 울기만 하는 사람은 아니라고 말한 적이 있다. 공정한 동정심은 동정심이 아니다. 여성에게는 무료 수녀원이나 도피처나 임시 일터가 필요하며, 더이상은 수녀원에서 굶을 수는 없다.[4] 그리고 어린이들에게는 우리 모두가 아버지가 되어 팔을 벌려야 한다. 학교는 그들에게 친절하고 관대한 쉼터가 되어야 한다. 학교가 그들에게 편안한 장소가 되어 그들 스스로 다가가야 한다. 그들은 아버지의 집보다

3_ 〔원주〕 죽음이 가르쳤다. 성요한 수도회에서는 아이들에게 예수회 수도사가 집필한 프랑스사를 부과시켰다(Jean Nicolas Loriquet, *Histoire de France, a lu'sage de la jeunesse*, 1816). 나는 이 책에서 불명예스러운 비방 중에서도 망명한 왕당파 보방조차 부인하려 했던 내용을 읽었다. 즉, 키브롱(Quiberon)에서 오슈가 무기를 내려놓는 사람에게는 생명과 자유를 보장해줬다는 것이다. t. II, p. 256. (〔역주〕 보방(Jacques Anne Joseph Le Prestre de Vauban: 1754~1816)은 방데의 반혁명을 지휘했던 야전 사령관이었다. 키브롱은 브르타뉴에 있는 어촌으로서 영국의 도움을 받던 프랑스의 왕당파의 기지가 있던 곳이다. 오슈는 방데의 반혁명을 진압한 장군이다. 오슈에 대해서는 3부 1장의 주 5)와 주7)을 참고할 것.)

4_ 〔원주〕 나의 책 『성직자, 여성, 가족*Du prêtre, de la femme, de la famille*』의 제3판 서문을 참고할 것.

도 이 프랑스라는 집을 더 사랑해야 한다. 어머니가 잘 먹여주지 못하거나 아버지가 학대하거나 헐벗고 굶주릴 때면 오라, 나의 아들아. 문은 활짝 열려 있고 프랑스는 너를 맞고 껴안기 위해 문간에 나와 있을 것이다. 위대한 어머니인 프랑스는 젖어멈의 궂은일을 한다고 결코 얼굴을 붉히지는 않을 것이니. 그 영웅 같은 손으로 그녀는 군인의 끼니를 만들어줄 것이며, 얼어붙은 너의 작은 팔다리를 감싸 따뜻하게 해줄 아무것도 갖고 있지 않다면 국기의 한 조각이라도 잘라낼 것이다.

달래서 위로받아 행복하고 정신이 자유로운 그 아이가 의자 위에 앉아 진리의 양식을 받게 하라. 무엇보다도 신이 그에게 이 조국을 가질 수 있는 가호를 베풀었음을 알도록 하라. 그의 피로 신성한 공정함과 형제애를 선포했던 그 나라를 신이 프랑스를 통해 말했음을 알도록 하라.

그것은 무엇보다도 교리와 원칙으로서의 조국이다. 그다음으로 전설로서의 조국이다. 오를레앙의 성녀 잔 다르크와 프랑스혁명, 1792년의 열정, 젊은 국기의 기적, 적들도 눈물을 흘렸던 우리의 훌륭한 젊은 장군들, 마르소[5]의 순수함, 오슈의

5_ 마르소(François Séverin Marceau-Desgraviers: 1769~1796)는 프랑스혁명 전쟁 당시의 장군이었다.

장엄함, 아르콜라와 아우스테를리츠의 영광,[6] 카이사르와 두 번째의 카이사르, 그뒤로 더 위대하게 나타났던 우리의 위대한 왕들. 더 고귀한 것으로서 프랑스가 모든 평화와 자유에 제시했던 1789년의 평화적이고 진정 인간적이었던 천재성인 주체적인 국민의회. 마지막으로 그 모든 것보다도 앞서는 최고의 교훈이 있다. 프랑스가 세계를 위해 자신의 삶을 바쳤던 희생과 헌신의 방대한 능력을 우리의 아버지들이 보여주었다는 것이다.

어린이들이여, 조국이 그대 최고의 복음이자 삶의 지팡이이자 마음의 자양분이 되도록 하라. 그대는 곧 필요에 의해 그대가 던져질 무정하고 괴로운 일 속에서도 조국을 상기할 것이다. 그것은 때때로 그대에게 활력을 주는 강력한 강심제가 되어줄 것이다. 그것은 고된 하루의 일과 속에, 공장의 극심한 무료함 속에 당신의 기억에 마법을 걸 것이다. 그대는 아프리카의 사막에서 향수병에 걸렸을 때나, 지루하게 행군하거나 척후를 볼 때나, 야만인들로부터 두 발자국 떨어진 곳에서 외롭게 보초를 설 때 치료제로 고국을 떠올릴 것이다.

어린이는 세상을 알게 될 것이다. 그러나 그는 자기 자신을

6_ 아르콜라와 아우스테를리츠는 프랑스가 오스트리아와의 전쟁에서 승리를 거둔 곳들이다.

먼저 알아야 하며, 자신의 내면에서 가장 훌륭한 것, 즉 프랑스를 알아야 한다. 그 나머지는 프랑스를 통해 알게 될 것이다. 프랑스의 전통에 대해 말하며 그를 거기에 진입시키는 것은 프랑스의 몫이다. 프랑스는 자신이 받은 세 가지의 계시를 그에게 말해줄 것이다. 로마는 법을, 그리스는 아름다움을, 유대교는 성인을 프랑스에게 보여주었다. 프랑스는 그 궁극의 교육을 어머니가 주었던 최초의 교훈과 연결시킬 것이다. 어머니는 그에게 신을 가르쳤고, 위대한 어머니 프랑스는 그에게 사랑의 교리를 가르쳤으며 그것이 기독교의 '인간 속의 신'이다. 그렇게 증오와 야만의 시대인 중세에는 불가능했던 사랑이 혁명 속에서 법으로 씌어졌고, 그리하여 인간 내부의 신이 모습을 드러내게 되었다.

내가 교육에 대한 책을 쓴다면 나는 중등학교나 공방의 교과별 교육에 의해 중단되는 일반적인 교육이 왜 국기 아래에서 젊은 군인들에게 속개되어야 하는지를 보여줄 것이다. 국가에 시간을 바치는 그에게 국가는 그렇게 되돌려줘야 하는 것이다. 그가 제대하여 집으로 돌아올 때 국가는 지배하고 처벌하는 법으로서가 아니라 시민적인 배려를 하기 위해 그를 따라와야 한다. 그리하여 회합과 공공 도서관과 극장과 모든 종류의 축제 중에서도 음악 축제를 통해 종교와 정신의 문화를 증진시켜야 한다.

교육은 얼마나 지속되어야 하는가? 살아 있는 한 지속되어야 한다.

정치의 첫번째는 무엇인가? 교육이다. 두번째는? 교육이다. 세번째는? 교육이다. 법이 잘 준비가 되지 않은 시대에, 오래도록 사람들이 법을 사랑하거나 원하도록 키워지지도 않은 시대에 나는 역사를 공부하다가 너무도 늙어서 법을 믿지 않는다. 바라노니 법안은 적게 만들되 교육을 통해 법의 원리는 강화하기를. 법을 적용할 수 있도록, 가능하게 만들라. 인간을 만들라. 그러면 모든 것이 잘될 것이다.[7]

정치가들은 우리에게 질서와 평화와 공공의 안전을 약속한다. 그런데 왜 그것들을 약속할까? 우리가 즐길 수 있게 하고, 이기적인 평온함 속에 잠들게 하고, 사랑하거나 결속하지 않도록 하기 위해서? 그것을 목표로 삼은 사람들에게는 파멸을! 나로서는 이러한 질서에, 이러한 위대한 사회적 조화에 목

7_ [원주] 실존했던 가장 위대하고 선한 사람 중의 하나였던 튀르고에게 빚지고 있는 헌법의 계획안에서 그는 국가 이전에 코뮌을, 코뮌 이전에 인간을 교육을 통해 세우려고 했다. 그것은 상찬받아야 할 일이다. 단 코뮌에서 받는 교육은 국가로부터, 조국으로부터 나와야 한다. 교육은 코뮌에서 해야 할 일이 아니다. ([역주] 튀르고(Anne Robert Jacques Turgot: 1727~1781)는 프랑스의 정치가이자 경제학자로서 중농주의자로 알려져 있다. 코뮌은 공동생활을 하는 사람들의 모임을 뜻하며 프랑스에서 가장 작은 단위의 행정구역을 가리킨다.)

적이 있다고 한다면 그것은 자유가 증진되도록 도와주고 모두에 의해 모두가 향상되는 것을 옹호하는 것이 되어야 한다고 믿는다. 사회는 출생에서 사망에 이르기까지 깨우침의 연속일 뿐으로서, 그것이 현재의 삶을 포용하고 미래의 삶에 대비하는 교육이다.

잘 이해되지 않고 있는 단어인 교육은 아버지에 의한 아들의 배양일 뿐만 아니라, 아니 어쩌면 그것보다는 아들에 의한 아버지의 배양일 것이다. 만일 우리가 도덕적 태만으로부터 회복될 수 있다면 그것은 어린이들을 통한, 그리고 그들을 위한 노력이어야 한다. 최악의 인간조차 자신의 아들이 잘되기를 바란다. 인류와 조국을 위해 어떤 희생을 하지 않는 사람도 가족을 위해서는 희생한다. 만일 그가 생각이나 도덕감을 잃지 않았다면 그는 아들이 자신을 닮겠다고 위험을 무릅쓸 때 동정을 할 것이다. 그의 영혼을 깊이 파고들어가라. 모든 것이 황량하고 공허할 것이다. 그렇지만 가장 깊은 곳에서 당신은 거의 언제나 아버지의 견고한 사랑이라는 기반을 발견할 것이다.

그렇다면 바라노니 우리 아이들의 이름을 걸고 우리는 이 조국이 멸망하도록 놔둘 수는 없으리라. 당신은 그들을 난파선에 방치하고 저주를 하려는 것인가? 만일 프랑스가 굴복한다면 미래의 저주와 세상의 저주 속에 천년이 잊히도록 놔둘 것인가?

당신은 어린이를 구하고 그것과 함께 프랑스와 세계를 구할 수 있다. 오직 하나의 방법을 통해. 그들 안에 신념을 세워주라.

헌신과 희생에 대한 신념. 모두가 모두를 위해 희생하는 거대한 결속에 대한 신념. 그것은 조국을 말하는 것이다.

나는 이것이 어려운 교훈임을 잘 알고 있다. 왜냐하면 말로는 충분하지 않고 거기에는 모범이 필요하기 때문이다. 우리의 아버지들 모두가 갖고 있었던 희생의 힘과 관대함은 우리에게서 사라진 것처럼 보인다. 그것이 우리의 악과 증오와 내적인 불화의 진정한 원인이다. 그것이 이 나라를 죽음에 이르도록 약하게 만들며, 세계의 웃음거리로 만들고 있다.

가장 선하고 가장 명예로운 사람들을 골라서 조금 밀어붙여본다면 그들 모두가 외면적으로는 사심이 없어 보여도 가장 깊은 곳에는 결코 희생시키려 하지 않을 작은 것을 남겨놓았다는 사실을 볼 수 있다. 그 밖의 다른 것을 물어보라. 프랑스를 위하여 자신의 삶까지도 내줄 사람이 사소한 즐거움과 나쁜 버릇을 버리지 못한다.

그와 반대로 돈이 많은 사람들 중에도 순수한 사람들이 있다. 그러나 거만한 사람들에게는? 그들도 순수할까? 인생의 거친 여정에서 허덕이는 가난한 사람을 도와주기 위해 그가 장갑을 벗을까? 그럼에도 나는 당신에게 말하겠다. 당신의 희고 찬 손이 다른 사람의 강인하고 따뜻하고 살아 있는 손에 닿지 않는다면 그 손은 인생의 업적을 이룬 것이 아니라고.

우리의 즐거움보다 훨씬 소중한 우리의 버릇도 당분간 희생시켜야 한다. 이제 전쟁의 시대가 다가오고 있다.

심장에게도 버릇이 있고 친절한 유대관계가 있는데, 이제 그것은 당신 속에 살아 있는 조직과 결합되어 있어서, 그 버릇과 유대관계가 또다른 살아 있는 조직이 된다. 그것을 떼어내버리기는 힘들다. 나는 이 책을 쓰면서 내게 소중했던 것 하나 이상에 상처를 입혔다고 느끼고 있다.

먼저 내 삶을 보냈고, 감동적일지라도 무기력했던 여망을 나의 역사책을 통해 재생시켰던 중세에게 나는 "물러가라!"라고 말해야 한다. 왜냐하면 오늘날 불순한 손들이 미래로 향하는 길에서 우리가 걸려 넘어지도록 중세를 무덤에서 끄집어내 우리 앞에 깔아놓았기 때문이다.

또다른 종교, 즉 철학이라는 인간적인 꿈도 나는 제물로 바쳤다. 철학은 시민을 파괴하고 나라를 부정하고 조국을 포기해야 개인을 구원할 수 있다고 믿었다. 조국, 나의 조국만이 세계를 구할 수 있다.

시적 전설로부터 논리로, 논리로부터 신념과 심장으로, 그것이 나의 길이었다.

바로 그 심장과 그 신념을 통해서 나는 오래전부터 존중해 온 것들마저 내게 저항하는 것을 알았고, 우정도 마지막의 장애물이 되었다. 그러나 위험에 처한 조국 앞에서 그런 것들은 나를 멈추지 못한다. 조국이 나의 이러한 희생을 받아주기를. 이 세상에서 내가 갖고 있는 모든 것들, 즉 나의 우정을 나는 조국에 바친다. 그리고 나의 조국에 옛 프랑스로부터 전해 내려온 아름다운 이름을 부여한다. 나는 그것을 위대한 우정이라는 제단 위에 펼쳐놓는다.

옮긴이 해설

"아주 오래도록 나는 프랑스였다. (…) 나는 이 나라가 사라지지 않는 희망의 나라라는 믿음도 갖게 되었다. 신이 다른 나라보다도 이 나라에 더 많은 빛을 내리는 것이 당연했을 것이다."

한평생을 원 사료에 바탕을 두고 엄정하고 객관적으로 사실을 추구해온 역사가의 발언이라기엔 의아하다고 생각할 수도 있다. 그런데도 19세기 프랑스를 대표하는 역사가 쥘 미슐레는 이 저작 『민중』에서 자신의 조국을 열정적으로 옹호하며 사자후를 토하고 있다. 게다가 그는 애국심만으로 부족한 듯 특히 가장 강력한 경쟁국이었던 영국은 물론 유대인에 대한 불만을 여러 곳에서 드러내고 있다. 그러나 미슐레가 살던 19세기 중반 프랑스가 처해 있던 긴박한 상황을 유럽의 지형도 속에서 살펴본다면 그의 심정을 충분히 이해할 수 있을 것이다.

미국 시카고대학교의 교수로 재직했고 프랑스학술원 회원

으로 선출되기도 했던 저명한 역사가 프랑수아 퓌레는 미슐레의 『프랑스혁명사』를 가리켜 "혁명에 관한 모든 역사 서술의 주춧돌이며 동시에 문학적인 기념비"라고 칭찬한 바 있다. 다른 많은 프랑스 사람들이 그러했듯 미슐레도 프랑스혁명에 대한 긍지를 갖고 있었다. 그것은 프랑스혁명이 인류 보편을 위한 자유와 평등의 가치를 확립시켜놓았다는 신념 때문이었다. 비슷한 위상을 가지며 근대 시민혁명의 보루로 꼽히고 있는 영국의 명예혁명이나 미국의 독립전쟁이 각각 국왕에 대한 귀족의 권리를 드높이거나 한 나라의 국익을 신장시켰던 것에 반해, 프랑스혁명은 보편적인 인권의 개념을 천명했다는 것이었다. 영국의 프랑스혁명 권위자인 윌리엄 도일도 바로 그러한 관점으로 거대한 사건의 의의를 조명하는 데 동의하고 있다.

절대주의의 영향이 여전히 위세를 떨치던 시절, 국왕을 처형함으로써 유럽 모든 나라들의 적이 되어 전쟁을 벌이게 된 프랑스군을 이끌던 나폴레옹은 승리를 거두는 한편 혁명의 이념을 유럽 곳곳에 전파시켰다. 그러고는 이탈리아, 아일랜드, 루마니아 등 유럽의 국가들을 넘어 아메리카대륙의 멕시코까지 그 정신을 받아들이자 그들의 국기를 삼색기로 채택했다. 평생 공화주의에 대한 신념을 유지하며 당시 보수 세력의 구심점이었던 제수이트 수도회를 격렬하게 비난했던 미슐레가 이러한 조국의 역사에 자부심을 갖는 것은 당연한 일이었다.

그러나 미슐레가 목격하고 있던 당대 프랑스의 현실은 참담한 것이었다. 프랑스는 1830년 7월혁명을 통해 부르봉왕조의 샤를 10세를 몰아내는 데 성공했으나, 그 결과로 들어선 루이 필립의 7월왕정은 부르주아의 이익만을 대변했다. 1848년 2월혁명으로 궁지에 몰린 루이 필립이 영국으로 도피하자 보나파르트 나폴레옹의 조카 루이 나폴레옹이 대통령에 선출되었는데, 그가 쿠데타를 일으켜 황제로 등극하는 바람에 또다시 프랑스는 제정시대로 퇴보한 상황이었다. 그런 와중에 프랑스의 국민들은 극좌에서 극우까지 극심하게 분열되어 있었다. 희망이 보이지 않던 시절이었다. 대중은 산업혁명을 일찍 시작하여 경제적 강국으로 등장한 영국을 선망했다. 문학자건 예술가건 여론을 선도한다는 위치에 있는 당대의 많은 프랑스 지식인들은 마치 프랑스의 치부를 드러내는 것이 자신의 진보적인 면모를 보이며 애국하는 길인 것처럼 허위의식에 빠져 모든 것을 까발리기에 바빴다.

역사가 미슐레는 프랑스가 옛 영광을 되찾는 것을 보고 싶어했다. 왜냐하면 그것이야말로 프랑스라는 한 국가를 위하는 일이자 동시에 인류를 위하는 길이었기 때문이다. 프랑스의 영광을 복원시킨다는 것은 곧 보편적 인권을 위한 프랑스혁명을 복원시키는 일이었다. 미슐레는 역사 서술에 대해 말한다. 그것을 두고 "티에리는 '이야기'라는, 기조는 '분석'이라는 이름을 붙였다. 나는 그것을 '부활'이라 부를 것이며, 그 이름은 지속될 것이다". 이렇듯 과거를 복원시킴으로써 자신의 조국은 물론 인류의 미래를 위한 여정에 나설 선봉대로서 그는 공감과 헌신의 능력이 가장 뛰어난 민중을 소환했던 것이다.

따라서 이 저작에서 미슐레는 역사가인 동시에 예언자, 설교자이다. 인간성의 회복을 통해 건설될 밝은 미래를 위한 계획을 설파하고 있기 때문이다. 또 그는 사회학자이기도 하다. 그는 과거의 기록에서만 자신의 논거를 찾지 않았다. 현실을 살아가고 있는 다양한 계층의 수많은 사람들과 나눈 대화가 그의 주장의 밑바탕이었다. 때로는 과거의 자료와 현재의 인간들을 적절하게 연결시킴으로써 그는 "역사란 과거와 현재의 끊임없는 대화"라는 잘 알려진 명제를 실천하고 있다.

현장에 대한 생생한 경험을 갖고 있는 사람들과의 대화가 이 책을 구성하는 두 축 중의 하나이기 때문에 이 책에서는 19세기를 규정하는 거대한 사건은 물론 사상의 조류까지도 백과사전의 목록이 아니라 눈앞에 보이는 현물처럼 마주칠 수 있다. 이를테면 산업혁명은 자원의 개발과 기계의 발명이 아니라 면 제품을 통해 향상된 청결과 위생, 옷맵시 등의 모습으로 나타난다. 낭만주의는 문학이나 예술의 사조가 아니라 모든 사물이 유기적으로 연결되어 있다는 단순한 믿음의 형태로 드러난다. 성당에 동물을 데리고 들어가려는 농부들의 모습이야말로 낭만주의의 밑바탕인 것이다. 동물뿐 아니라 식물까지도 우리의 형제인 것이다. 자기 민족의 자긍심을 높이면서 인류의 공영에도 기여를 할 때 민족주의는 가장 고양된 형태를 보인다. 미슐레가 옹호하는 프랑스의 모습이 바로 계몽된 민족주의이며, 그는 최종적으로 그러한 민족주의를 위해 교육이 기여해야 하는 바를 제시하고 있다. 이 밖에도 여러 가지 메시지를 우리의 현실에 비추어 생각해볼 수 있다. 더불어 카를 마르크스에 의해 생산 수단을 소유했으면서 정치 참여가 거부되어 혁명을 이끌게 되었다는 방식으로 도식화된 부르주아의 진면목을 확인할 수 있다는 것도 이 책을 통해 부수적으로 얻을 수 있는 소득일 것이다.

간혹 오늘날의 기준으로는 여성을 비하하는 것처럼 보이는 표현들이 눈에 띄기도 한다. 그것은 아직 여성의 현실 참여가 크게 제한돼 있던 시대의 한계로 받아들여야 할 것이다. 실제로 미슐레는 여성의 능력에 대해 그 누구보다도 공감적으로 이해하려 했으며, 프랑스혁명에서 여성의 역할을 강조한 『혁명의 여성들』을 집필하기까지 했으니 말이다.

| 미슐레 관련 연표 |

1798 인쇄공인 아버지 프랑수아 퓌르시 미슐레와 신앙심이 깊은 어머니 당젤리크 콩스탕스 밀레 사이에서 쥘 미슐레가 태어나다(8월 21일).

1804 나폴레옹이 황제에 올라 제정이 이루어지다.

1805 아우스테를리츠에서 나폴레옹이 러시아와 오스트리아에 대승을 거두다.

1814 부르봉왕조의 샤를 10세가 왕위에 올라 왕정복고가 이루어지다.

1815 워털루전투에서 나폴레옹이 영국과 프로이센에게 패배하다.

1819 소르본에서 박사학위 취득하다.

1821 리세 샤를마뉴에 발령을 받다.

1822 훗날 콜레주 롤랭으로 명칭이 바뀐 콜레주 생트바르브의 교수가 되다.

1824 폴린 루소와 결혼하다.

1827 비코의 『새로운 학문』을 번역하다. 파리고등사범학교의 교수가 되다.

1830 7월혁명이 일어나 샤를 10세가 영국으로 도피하고 루이 필립이 '프랑스인의 왕'으로 등극하다(이 시기를 '7월왕정'이라고 부른다). 부르주아 성격이 강하던 그의 정부는 점차 보수화가 되어 많은 반발에 부딪히다.

1830 국립문서보관소 역사 부문의 총책임자가 되다.

1831 『세계사 개설』과 두 권으로 된 『로마사』를 발간하다.

1833 1873년까지 23권으로 이어지는 『프랑스 역사』의 집필을 시작하다.

1835 마르틴 루터의 회고록을 번역하다. 두 권으로 된 『비코 선집』을 발간하다.

1834 소르본의 교수가 되다.

1837 『프랑스 법의 기원』을 발간하다.

1838 콜레주 드 프랑스의 역사와 윤리학 교수가 되다. 프랑스학술원의 회원이 되다.

1839 아내 폴린 루소가 결핵으로 사망하다. (무지하였던 폴린을 방치하였던 미슐레는 가책을 느꼈다.)

1843 콜레주 드 프랑스의 강의였던 『제수이트 수도회』를 발간하다.

1845 『성직자, 여성, 가족』을 발간하다.

1846 『민중』을 발간하다.

1848 루이 필립이 퇴위하고 영국으로 망명하다(2월 24일, 이것을 2월혁명이라고 말한다). 이후 나폴레옹의 조카 루이 나폴레옹이 대통령으로 선출되다.

1849 28세 연하 아테나이스 미알라레와 결혼하다. 이후 미슐레의 관심사는 자연물에 대한 것으로 바뀌다. (미슐레의 사망 이후 미알라레는 출판되지 않은 미슐레의 원고를 왜곡시킨 것으로 악명이 높다.)

1851 루이 나폴레옹이 쿠데타를 일으켜 임기 10년제의 대통령이 되다. 미슐레의 콜레주 드 프랑스 강좌가 폐지되다.

1852 루이 나폴레옹이 황제에 즉위하여 나폴레옹 3세가 되다. (미슐레는 황제에게 충성 서약을 거부하여 국립문서보관소 책임자에서 물러나게 되고 이후 곤궁한 삶을 살게 된다.)

1854 『혁명의 여성들』과 『혁명의 군인들』 발간하다.

1856 『새』 발간하다.

1871 『유럽 앞에 선 프랑스』 발간하다.

1874 예르(Hyères)에서 사망하다(2월 9일). 그곳에 묻혀 있던 미슐레의 유해가 아내 미알라레의 요청에 의해 1876년 5월 파리의 페르 라셰즈 공동묘지로 이장되다. (1893년 국민의 모금으로 건축가 장 루이 파스칼이 세운 기념비가 그곳에 건립되었다.)

미슐레의 민중

초판 인쇄 2021년 6월 11일
초판 발행 2021년 6월 21일

지은이 쥘 미슐레 | 옮긴이 조한욱 | 펴낸이 신정민

편집 강건모 이희연 신정민 | 디자인 윤종윤 이주영 | 저작권 김지영 이영은
마케팅 정민호 김경환 | 홍보 김희숙 김상만 함유지 김현지 이소정 이미희 박지원
제작 강신은 김동욱 임현식 | 제작처 천광인쇄사(인쇄) 경일제책(제본)

펴낸곳 (주)교유당
출판등록 2019년 5월 24일 제406-2019-000052호

주소 10881 경기도 파주시 회동길 210
문의전화 031) 955-8891(마케팅), 031) 955-3583(편집)
팩스 031) 955-8855
전자우편 gyoyudang@munhak.com

ISBN 979-11-91278-50-7 03920